国际化枢纽城市

——郑州国家中心城市建设研究

宫银峰 等 著

中国社会科学出版社

图书在版编目（CIP）数据

国际化枢纽城市：郑州国家中心城市建设研究/宫银峰等著.—北京：中国社会科学出版社，2019.3
ISBN 978-7-5203-4165-3

Ⅰ.①国⋯ Ⅱ.①宫⋯ Ⅲ.①城市建设—研究—郑州 Ⅳ.①F299.276.11

中国版本图书馆 CIP 数据核字（2019）第 045078 号

出版人	赵剑英
责任编辑	卢小生
责任校对	周晓东
责任印制	王　超
出　版	中国社会科学出版社
社　址	北京鼓楼西大街甲 158 号
邮　编	100720
网　址	http://www.csspw.cn
发行部	010-84083685
门市部	010-84029450
经　销	新华书店及其他书店
印　刷	北京明恒达印务有限公司
装　订	廊坊市广阳区广增装订厂
版　次	2019 年 3 月第 1 版
印　次	2019 年 3 月第 1 次印刷
开　本	710×1000　1/16
印　张	19
插　页	2
字　数	292 千字
定　价	80.00 元

凡购买中国社会科学出版社图书，如有质量问题请与本社营销中心联系调换
电话：010-84083683
版权所有　侵权必究

序

郑州的城市发展历史最早可以追溯到我国商代早期的商都，距今已有大约3600年的历史。现有的郑州商城规模宏大，分内城和外城，仅内城城墙就长达7000米，内外城之间有大规模的手工业分布，还有规格惊人的8个铜鼎，最大的有一米见方，充分显现出一代巨都风范。但是，商代之后，郑州作为城市的历史迅速归于沉寂，直到数千年之后的近代，随着平汉铁路和陇海铁路的先后动工兴建，以清政府1905年官文批准设立郑州商埠为标志，郑州作为区域性商业中心才重新回到人们的视野。郑州作为全国两大交通干线枢纽，成为中国铁路的"心脏"，商业日渐繁荣。正如当时有评论所说："汴省自铁轨交通，风气大开，商务、实业，进步甚速。"虽然郑州的城市名称后来因战乱几经易名，但是，大交通枢纽成就的商埠功能却持续蓬勃发展，这可以看成是郑州进入近代之后的第一次历史性跨越期，为郑州以后的城市发展奠定了坚实的根基。

郑州的第二次历史性跨越期是中华人民共和国成立之后，以1954年河南省省会由开封迁入郑州为标志，开启了交通枢纽型省会城市大建设、大发展时期。首先，是国家"一五"计划时期，郑州火车站于1953—1956年实施了较大规模的改扩建工程，集中设置3个大站：一个大型编组站（郑州北站），统一办理两大干线的列车编组和通过作业；一个客运站（郑州站），承担各线的旅客输送业务；一个货运站（圃田西站），担负以零担为主的货运业务，减少折角交换车、中转旅客换乘、中转行包和中转零担货物等的重复作业，零担货物中转量居中国铁路第一位。除以上三个大站外，铁路枢纽内还有配合城市工业发展、担当工厂企业专用线取送车作业的工业站，以及中间站、会让站和线路所等。郑州北编组站规模庞大，布局紧凑，编解能力强，主要承担南北京广线、东西陇海线四个方向货物列车和郑州枢纽地区小运转列车的到达、解体、编组及出发作业任务，是名副其实的巨型"物流中转站"，也是亚洲最大的编组站。其次，在全国交通干线中枢建设基础上，布局了能源、原材料、纺织、机械等一大批工业项目。随着现代工商业跨越式发展，郑州由一个不足10万人的小城迅速发展成为百万人口规模的省会大城市。

国家中心城市建设为郑州实现第三次历史性跨越再次带来了重大机遇。2016年12月，国家发展和改革委员会关于《促进中部地区崛起"十三五"规划》的发布，以及2017年1月国家发展和改革委员会《关于支持郑州建设国家中心城市的指导意见》，正式揭开了郑州建设国家中心城市的新篇章。郑州被誉为现代丝绸之路新亚欧大陆桥的核心节点城市。联结"丝绸之路经济带"和21世纪"海上丝绸之路"的"一带一路"倡议，承接古今、连接中外，赋予古老丝绸之路崭新的时代内涵，它既传承以团结互信、平等互利、包容互鉴、合作共赢为核心的古丝绸之路精神，又顺应和平、发展、合作、共赢的21世纪时代潮流，具有深远的战略意义和全球性影响力。随着"一带一路"建设的深入推进，郑州国家重要的经济中心正在加速形成。以郑州米字形高铁建设为支撑，构建南北分别连接京津冀和长江经济带的两小时高铁交通圈，郑州经济中心的地位更加彰显。以参股卢森堡货运航空公司为契机，郑州着力构建卢森堡货运双枢纽，并以连通国际枢纽机场为重点，积极拓展新的通航城市，打造辐射全球集疏高效的现代空中丝绸之路。以郑州经济开发区、物资集团和连云港港口集团战略合作为基础，进一步吸引天津港、上海港、青岛港等及其货代、船代公司在"无水港"入驻，提高国际货物的中转能力，形成以郑州为核心，半径1500千米的铁路、海运、公路、空运多式联运，覆盖我国3/4省份并延伸至日韩等亚太国家的国内集疏体系。不断加密中欧班列（郑州）开行班次，拓展中欧班列（郑州）运营线路，扩大班列集疏范围和业务规模，现在已达到每周去八回八，干支结合、经济高效的郑欧大通道将更加便捷。以"一带一路"为依托，郑州国际物流中心、国际消费中心正在加速形成中，郑州自贸区、自创区、跨境电子商务示范区等战略平台助力推动，使"一带一路"经济走廊核心节点的生产、流通、市场腹地优势和规模效应日益显现，一座辐射东部、中部、西部的"一带一路"新兴国家中心城市正在迅速崛起，郑州发展将迎来近代百年的第三次历史性跨越！

为促进郑州国家中心城市建设，充分利用好国家战略规划和平台的政策叠加机遇，我们组织有关专家、研究人员，坚持目标导向、问题导向和"创优势、增实力、补短板、能抓住"的指导思路，着力在打造现代产业发展高地、建设国际化现代宜业宜居城市、郑州国际商务服务业发展、建设国家重要的创新创业中心、国际文化大都市等方面做了较为深入的研究，以期为推动郑州发展和建设高质量、高水平的新型地方智库做出新的贡献。

郑州市社会科学院常务副院长　宫银峰　于郑州

前　言

近年来，国家发展和改革委员会先后发布了《促进中部崛起"十三五"规划》和《关于支持郑州建设国家中心城市的指导意见》，为郑州实现新的历史性跨越提供了重要历史机遇。为了充分利用好国家战略规划和平台政策的叠加优势，加快建设国家中心城市，大力促进中部地区崛起，我们坚持目标导向、问题导向和"创优势、增实力、补短板、能抓住"的指导思想，选择郑州都市区全域城市化问题、产业发展战略、现代服务业发展、国际商务服务业发展、全国重要的科教中心建设、国际文化大都市建设等与郑州未来发展紧密相连的关键性战略问题进行了深入研究，以期对相关问题的认识和决策提供参考，书中存在的不足之处，敬请批评指正！

本书由宫银峰等著，具体作者分工如下：总序、第五章，宫银峰；第一章，王保来、景晓星；第二章，牛树海、蒲宁宁；第三章，陈巧云；第四章，段平方、唐平、陈天一；第六章，桂玉；第七章，姜国峰；第八章，贾辰阳；第九章，宫曼琳。

目　录

第一章　郑州建设国家中心城市背景下的产业发展 …… 1
第一节　产业发展是郑州建设国家中心城市的基础支撑 …… 1
第二节　郑州建设国家中心城市的背景分析 …… 3
第三节　郑州产业发展的基础和比较优势 …… 8
第四节　郑州产业发展面临的短板和存在的问题 …… 14
第五节　强化产业基础的对策 …… 18

第二章　郑州现代服务业发展战略（2016—2025年）…… 32
第一节　现代服务业概述 …… 32
第二节　郑州现代服务业发展基础 …… 38
第三节　郑州现代服务业发展蓝图 …… 47
第四节　郑州现代服务业发展重点 …… 54
第五节　郑州现代服务业主要任务 …… 64
第六节　郑州现代服务业重大工程 …… 67
第七节　郑州现代服务业保障措施 …… 70

第三章　郑州国际化商务服务业发展 …… 72
第一节　国际化商务服务业的内涵与意义 …… 73
第二节　典型案例经验分析 …… 76
第三节　郑州提升国际化商务服务业的基础条件 …… 82
第四节　郑州国际化商务服务业发展历程与现状 …… 87
第五节　郑州国际化商务服务业发展前景展望 …… 100

第四章 郑州跨境电子商务产业 …… 106

第一节 郑州跨境电子商务产业发展的基本情况 …… 107
第二节 郑州跨境电商产业布局现状 …… 110
第三节 国内其他城市跨境电商产业发展经验借鉴 …… 117
第四节 郑州跨境电商产业存在的问题 …… 121
第五节 郑州跨境电商产业发展战略 …… 126

第五章 郑州都市区全域城市化问题 …… 130

第一节 未来城市发展战略研究综述 …… 130
第二节 都市区全域城市化基本理念和总体目标 …… 141
第三节 郑州都市区全域城市化基础与空间布局 …… 155
第四节 郑州都市区全域城市化发展战略 …… 164

第六章 郑州建设全国重要的科教中心问题 …… 169

第一节 科教在我国城市分级结构体系中的作用 …… 170
第二节 郑州科教资源调查分析 …… 178
第三节 我国中心城市科教水平比较 …… 181
第四节 我国中心城市科教发展战略比较 …… 186
第五节 郑州科教发展面临的机遇与挑战 …… 201
第六节 郑州建设全国重要科教中心的战略途径 …… 208
第七节 加快郑州科教发展的对策 …… 211

第七章 郑州建设国际文化大都市的路径 …… 216

第一节 国际文化大都市建设的经验考察 …… 217
第二节 郑州建设国际文化大都市的优势与短板 …… 227
第三节 郑州建设国际文化大都市的战略重点 …… 233
第四节 加快郑州建设国际文化大都市的对策 …… 239

第八章　强化城市文化设计与提升城市品质 …………… 245

   第一节　城市、文化与城市品质 …………………………… 245
   第二节　国内外城市文化设计的经验 ……………………… 250
   第三节　郑州城市文化的特色与优势 ……………………… 261
   第四节　城市文化品质的提升战略、评价机制与
   　　　　 具体措施 …………………………………………… 267

第九章　城市慢行交通系统规划与建设 ………………… 274

   第一节　慢行交通的概念 …………………………………… 274
   第二节　城市慢行交通研究与实践 ………………………… 277
   第三节　慢行交通系统规划方法 …………………………… 279
   第四节　慢行交通规划案例剖析 …………………………… 286
   第五节　关于郑州慢行交通规划的建议 …………………… 289

参考文献 ……………………………………………………… 291

第一章 郑州建设国家中心城市背景下的产业发展

为加快郑州国家中心城市建设，郑州市确立了"四重点一稳定一保证"工作总格局，明确了目标导向、问题导向和"创优势、增实力、补短板、能抓住"的工作方针，突出项目带动、项目化推进，形成了新时期推进郑州发展的实践体系。产业是经济发展的基础和载体，产业发展是郑州发展实践体系中的"四重点"工作之一，对郑州国家中心城市建设发挥着基础性支撑作用。为加快郑州产业发展，本章着重讨论郑州建设国家中心城市背景下产业发展的基础和优势、机遇和挑战、问题和短板，提出今后一个时期郑州产业发展的目标方向、战略路径、工作要求，以推动现代产业体系培育、现代化经济体系建设，实现高质量发展。

第一节 产业发展是郑州建设国家中心城市的基础支撑

国家中心城市是住房和城乡建设部编制的《全国城镇体系规划》中提出的处于城镇体系最高位置的城市层级，是在全国具备引领、辐射、集散功能的城市，这种功能表现在政治、经济、文化、对外交流等多方面。2010年2月，住房和城乡建设部发布的《全国城镇体系规划纲要（2010—2020年）》提出建设五大（北京、天津、上海、广州、重庆）国家中心城市的规划和定位。2016年5月，国家发展和改革委员会、住房和城乡建设部联合发布的《成渝城市群发展规划》

提出，成都要以建设国家中心城市为目标，增强成都西部地区重要的经济中心、科技中心、文创中心、对外交往中心和综合交通枢纽功能。2016年12月，国家发展和改革委员会发布的《促进中部地区崛起"十三五"规划》明确提出，支持武汉、郑州建设国家中心城市。目前，北京、天津、上海、广州、重庆、成都、武汉、郑州8个城市正在发挥各自优势，扬长补短，奋发作为，全力推进国家中心城市建设，不断提高城市发展综合实力。

经济基础决定一个城市发展的方方面面，其经济状况则取决于其产业发展状况，用来反映经济状况的生产总值、研究与试验发展（R&D）经费投入强度等指标的数据，正是通过对第一、第二、第三产业的增加值和质量效益的计算分析而得来的。产业是指国民经济的各行各业。从生产到流通、服务以及文化、教育，大到部门，小到行业都可以称为产业。产业是介于宏观经济即国民经济总量（如生产总值、投资、消费等）和作为微观经济的企业、家庭等个体经济行为之间的中观经济，其影响因素既有宏观方面的，也涉及微观方面。[①] 因此，就经济与产业、经济与社会其他方面的相互关系而知，产业发展对一个城市发展的方方面面起着基础性的支撑作用。

2017年1月22日，国家发展和改革委员会出台《关于支持郑州建设国家中心城市的指导意见》，明确提出郑州市要努力建设具有创新活力、人文魅力、生态智慧、开放包容的国家中心城市，在引领中原城市群一体化发展、支撑中部崛起和服务全国发展大局中做出更大贡献。2017年8月14日召开的郑州市委十一届四次全会立足郑州的现实基础、比较优势和发展潜力，明确了郑州建设国家中心城市的六大定位：国际综合枢纽、国际物流中心、国家重要的经济增长中心、国家极具活力的创新创业中心、国家内陆地区对外开放门户、华夏历史文明传承创新中心。[②]

[①] 参考网址：https：//baike.baidu.com/item/%E4%BA%A7%E4%B8%9A%E5%8F%91%E5%B1%95/3839538? fr = aladdin。
[②] 参见马懿在中国共产党郑州市第十一次代表大会上的报告。

这六大定位都依托于产业的发展和振兴，其中，国际综合枢纽、国际物流中心、华夏历史文明传承创新中心既涉及枢纽建设、物流体系建设、文化保护和传承创新体系建设，更依赖于枢纽经济、物流产业、文化产业的繁荣发展；国家内陆地区对外开放门户既需要不断提升对外开放水平，更需要外向型经济的蓬勃发展；国家重要的经济增长中心毫无疑问需要第一、第二、第三产业的持续增长和质量效益的不断提高。

总之，只有产业得到充分而平衡的发展，才能支撑起郑州各领域、各方面的发展，才能确保早日实现郑州建设国家中心城市的宏伟目标。

第二节 郑州建设国家中心城市的背景分析

一 郑州具备建设国家中心城市的能力条件

郑州作为河南省省会、中原城市群龙头城市，有条件、有能力、更有潜力担负起国家中心城市的功能和使命。

（一）郑州的崛起、中原城市群的发展在国家发展全局中具有重要作用

2014年5月，习近平总书记视察河南及郑州时指出，"要把郑州建成连通境内外、辐射东中西的物流通道枢纽，为丝绸之路经济带建设多作贡献"。郑州地处国家"两横三纵"城市化战略格局中陆桥通道和京哈京广通道交会处，是全国重要的综合交通枢纽，在连接东西、贯通南北中发挥着重要作用。同时，郑州是新亚欧大陆桥经济走廊上体量最大、经济实力最强的城市（见表1-1），是"一带一路"倡议核心节点城市和支撑中部地区崛起的增长极。郑州建设国家中心城市，进一步增强龙头带动能力，无论对中原城市群发展，还是对国家实施"一带一路"倡议和中部崛起新十年规划，都具有不可替代的作用，有利于更好地带动区域经济社会发展，更好地为国家发展大局做出贡献。

表1-1　　2012—2017年郑州市经济总量指标情况

年份	生产总值（亿元）	生产总值增速（%）	七大主导产业增加值（%）	所在省份的首位度（%）	全国35个大中城市中排名（位）	全国省会城市中排名（位）
2012	5549.8	12.2	23.1	18.6	16	8
2013	6201.8	10.0	13.6	19.3	16	8
2014	6777.0	9.4	13.2	19.4	14	7
2015	7311.5	10.0	12.6	19.8	15	7
2016	7994.2	8.5	7.8	19.9	14	7
2017	9130.2	8.2	10.1	20.3	14	7

资料来源：数据来自2012—2017年郑州市国民经济和社会发展统计公报。

（二）郑州区域服务功能完善，拥有支撑中部崛起、促进区域协调发展的综合实力

近年来，在中央和河南省委、省政府的支持、推动下，郑州依托"区位+交通"的比较优势，以"大枢纽带动大物流、大物流带动大产业、大产业带动城市群"，强力打造郑州枢纽功能和物流中心功能，着力打造辐射全国、连通世界、服务全球的国际化现代化立体综合交通枢纽，着力打造国际物流中心，已成为集航空、铁路、公路枢纽于一体的综合交通枢纽城市，向习近平总书记视察郑州时提出的"买全球、卖全球"目标迈出了坚实步伐，奠定了郑州"连通境内外、辐射东中西"的物流枢纽优势，郑州服务和带动区域发展的综合能力得到全面提升。

（三）郑州依托、辐射中原城市群经济腹地，引领、带动中原城市群发展，对国家实施区域协调发展战略具有重大意义

中原城市群人口众多，经济腹地广阔，正处于工业化、城镇化快速发展期，具有广阔的发展前景。以郑州为中心的"一小时高铁圈"覆盖河南18个省辖市、人口达1亿;[1]"一个半小时高铁圈"覆盖中原城市群所有城市，总人口超过1.8亿，生产总值超6万亿元。[2] 作

---

[1]《河南省2017年国民经济和社会发展统计公报》。

[2] 参考网址：https://baike.baidu.com/item/中原城市群/10986391?fr=aladdin。

为中原城市群核心城市的郑州市，近年来，统筹推进城乡一体发展，优化城市空间布局，加快交通路网体系建设，发展空间全面打开，为建设国家中心城市奠定了坚实基础。建设郑州国家中心城市、加快中原城市群发展，有利于带动大量人口就地城镇化，有利于发挥优势，推动中部地区崛起，实现区域协调发展。

二 国家和河南省对郑州建设国家中心城市的战略定位

郑州进入国家中心城市行列，符合全国发展大局、顺应区域发展规律，标志着郑州发展站在新的历史起点上，得到了国家和河南省的大力支持。

经国务院批复同意，由国家发展和改革委员会发布了《促进中部地区崛起"十三五"规划》和《中原城市群发展规划》，出台了《关于支持郑州建设国家中心城市的指导意见》，形成了国家层面支持郑州建设国家中心城市的政策体系。《关于支持郑州建设国家中心城市的指导意见》明确指出，郑州要"以改革开放促发展、以全面创新促转型，着力发展枢纽经济，着力提升科技创新能力，着力增强综合经济实力，努力建设具有创新活力、人文魅力、生态智慧、开放包容的国家中心城市，在引领中原城市群一体化发展、支撑中部崛起和服务全国发展大局中作出更大贡献"，并从"夯实产业基础，全面提升综合经济实力；发挥区位优势，打造交通和物流中枢；坚持内外联动，构筑内陆开放型经济高地"等五个方面给予政策支持。

河南省站在全国、全省和中原城市群发展大局，高度重视并大力推动、支持郑州建设国家中心城市。2017年1月，时任省委书记谢伏瞻指出："郑州要发挥优势、真抓实干、重点突破，努力建设国家中心城市，在全省发展大局中更好发挥龙头作用、引领作用、支撑作用。"省长陈润儿在2017年《政府工作报告》中提出："支持郑州建设国家中心城市，推进郑汴一体化深度发展，推动郑州大都市区建设。"

三 郑州建设国家中心城市的总体要求和战略目标

郑州市认真贯彻全国区域协调发展战略，遵循城市群发展规律，深刻认识郑州在中原城市群和中部崛起战略中的责任担当，提出了以

"一枢纽一门户一基地四中心"为支撑,向国家中心城市迈进的目标,并得到了国家的认可和支持,跻身全国城镇体系规划"塔尖"城市行列,扩大了郑州在全国的影响力,提升了整个社会对郑州的预期。

郑州市委十一届四次全会初步明确了建设国家中心城市的总体思路、发展定位和阶段目标,十一届五次全会深入贯彻党的十九大精神,更进一步地提出了未来三年和今后一个时期郑州国家中心城市建设的总体要求和主要目标,开启了郑州全面建设国家中心城市新征程。

当前和今后一个时期,郑州工作的总体要求是:高举习近平新时代中国特色社会主义思想伟大旗帜,全面贯彻落实党的十九大精神,持续落实习近平总书记调研指导河南和郑州工作时的重要指示精神,紧扣社会主要矛盾变化,统筹推进"五位一体"总体布局、协调推进"四个全面"战略布局,坚持以人民为中心,坚持发展第一要务,牢固树立新发展理念,把握稳中求进总基调、奋发有为总要求,以国家中心城市建设为统揽,以"三区一群"建设为引领,以国际化、现代化、生态化为方向,着力培育现代化经济体系,着力提高发展质量和效益,着力补好发展不平衡不充分的短板,着力保障和改善民生,着力加强党的领导推进全面从严治党,不断满足人民日益增长的美好生活需要,加快建设具有发展活力、人文魅力、生态智慧、开放包容的国家中心城市,努力在决胜全面建成小康社会、全面建设社会主义现代化进程中走在前列。

未来三年和今后一个时期,奋力实现以下主要目标:从现在到2020年,开启郑州全面建设国家中心城市新征程,全面建成人民群众认可、经得起历史检验的高质量、高水平小康社会。到2035年,郑州国家中心城市的地位更加突出,对中原出彩的辐射带动和全国大局的服务支撑作用充分彰显,生态环境根本好转,人民生活更为宽裕,争取提前五年在2030年率先基本实现社会主义现代化。到本世纪中叶,全面提升物质文明、政治文明、精神文明、社会文明、生态文明水平,实现治理体系和治理能力现代化,基本实现共同富裕,人民享有更加幸福安康的生活,建成富强民主文明和谐美丽的社会主义现代化强市，成为具有全球影响力的城市。

四 郑州国家中心城市产业发展的战略目标和重点任务

产业发展是指产业的产生、成长和进化过程，既包括单个产业的进化过程，又包括产业总体，即整个国民经济的进化过程。而进化过程既包括某一产业中企业数量、产品或者服务产量等数量上的变化，也包括产业结构的调整、变化、更替和产业主导位置等质量上的变化，而且主要以结构变化为核心，以产业结构优化为发展方向。[①] 因此，产业发展包括量的增加和质的飞跃，包括绝对的增长和相对的增长。

为扎实做好产业发展这一重点工作，郑州市委十一届五次全会做出关于加快培育现代产业体系、打造现代产业高地的战略部署，明确了产业发展的战略目标，提出了产业发展四大任务，着力加快转变发展方式、优化经济结构、转换增长动力，促进产业实现更高质量、更有效率、更可持续的发展，全面支撑郑州建设国家中心城市的战略宏图。

郑州产业发展的战略目标是：紧紧围绕国家中心城市建设，坚持以供给侧结构性改革为主线，以提高供给体系质量为主攻方向，以科技创新为引领，以壮大实体经济为着力点，做强先进制造业、做大现代服务业、做优都市农业、做兴数字经济，不断提升产业的高端化、集群化、智能化、融合化、绿色化水平，构建以先进制造业为支撑、以现代服务业为主导，实体经济、科技创新、现代金融、人力资源协同发展的现代产业体系。

郑州市产业发展四大任务分别是：

（1）大力发展战略支撑产业。聚焦电子信息、汽车与装备制造、现代金融商贸物流、文化创意旅游和都市生态农业五大战略产业，加快产业链垂直整合和集群发展，打造一批百亿级、千亿级的先进制造业和服务业产业集群，形成一批一二三产业融合发展的现代农业

---

① 参考网址：https：//baike.baidu.com/item/%E4%BA%A7%E4%B8%9A%E5%8F%91%E5%B1%95/3839538？fr=aladdin。

基地。

（2）积极发展新兴产业。在共享经济、中高端消费、现代供应链、人工智能、新能源汽车、生物医药、可见光通信、北斗系统应用、人力资本服务等领域培育新的增长点，为郑州未来发展奠定产业基础。

（3）统筹抓好传统产业转型发展。全面实施"互联网+""标准+""品牌+"战略，推动优势传统产业优化升级。围绕实体经济发展，充分发挥政府统筹协调、政策引导、要素保障作用，推动政策、资金、技术、人才等要素向实体经济汇聚。

（4）进一步优化全域产业布局和功能分区。研究完善扶持引导政策，构建产业发展良好生态，全面提升郑州产业的创新力、竞争力和可持续发展能力。

第三节　郑州产业发展的基础和比较优势

一　产业发展基础

郑州市近年来抢抓国家战略平台政策叠加历史机遇，依托区位、枢纽等优势，坚持"稳中求进"总基调、"奋发有为"总要求，经济发展水平和综合实力不断提升，为产业发展打下了良好基础。2015年，清华大学发布的年度《中国城市创新创业环境排行榜》显示，郑州在全国100个地级以上城市中居第9位。2017年，郑州市生产总值增长8.2%左右，由2012年的5547亿元增长到9130.2亿元，主要经济指标在全国35个大中城市中位次持续前移，总量在全国省会城市中由第7位前移至第6位，占全省比重由28%提高到31.3%，综合实力跃居全国35个大中城市第14位、省会城市第7位。[1] 腾讯大数据显示，郑州城市年轻指数全国排名第6位[2]，中国社会科学院全国

---

[1]《郑州市2017年国民经济和社会发展统计公报》。
[2]《全国城市年轻指数（2017）》。

城市综合竞争力评价郑州排名第17位。①

（一）郑州经济结构战略性调整和产业转型升级步伐加快，发展的质量效益不断提升

习近平总书记指出："加快推进经济结构战略性调整是大势所趋，刻不容缓。国际竞争历来就是时间和速度的竞争，谁动作快，谁就能抢占先机，掌控制高点和主动权；谁动作慢，谁就会丢失机会，被别人甩在后边。"目前，郑州市三次产业结构比重由2012年的2.6∶57.8∶39.6调整为1.7∶46.5∶51.8，六大高耗能产业占工业比重降低到42%以下。②上汽60万辆整车项目顺利落地、一期30万辆整车项目已经投产，合晶单晶硅、中铁智能装备产业园、华为等一大批重大项目落地实施。成功获批《中国制造2025》试点示范城市，规模以上工业总产值保持中部省会城市首位，七大主导产业对规模以上工业增长贡献率达80%。③建筑业转型升级步伐加快，获批全国首批装配式建筑示范城市。金融、物流等现代服务业不断壮大，跨境电商、共享经济等新业态新模式快速发展，成功举办首届全球跨境电子商务大会，并入选中国最具竞争力会展城市。都市生态农业稳中调优，建成都市生态农业示范园12万亩，新发展环城都市生态农业15万亩，休闲农业年接待游客3200万人次，实现营业收入35亿元。④产业集聚区总体水平稳步提升，服务业"两区"建设成效明显。转型攻坚扎实推进，"质量+""品牌+""标准+"战略深入实施，绿色发展不断取得新成效。

郑州市2012—2017年产业发展情况大致如图1-1所示。

（二）郑州产业转型升级和构建现代产业体系加快推进，经济综合实力持续稳步提升

郑州市加快建设全国重要的先进制造业基地和国际物流中心、国家区域性现代金融中心，持续推进产业集聚区建设和中央商务区、特

---

① 《中国城市竞争力报告（2017—2018）》。
② 《郑州市2017年国民经济和社会发展统计公报》。
③ 同上。
④ 郑州市农业农村工作委员会提供。

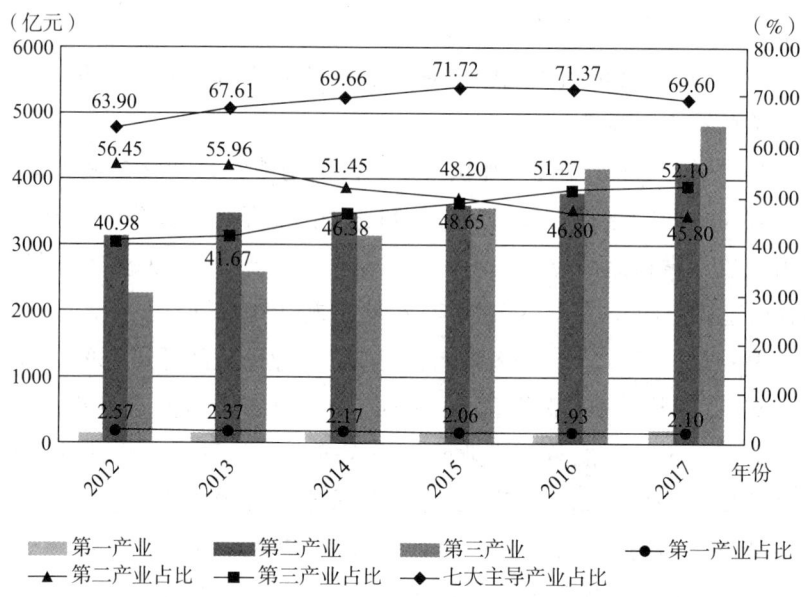

图 1-1 郑州市 2012—2017 年产业发展情况

色商业区服务业"两区"发展,着力构建以现代服务业为主导,以先进制造业为支撑,以都市生态农业为基础的现代产业体系,经济发展和产业转型都取得了长足进步。强力实施"工业强市"战略,着力打造"1+1+10"制造业体系,持续培育一批万亿级、千亿级产业集群和一批百亿级产业园区,建设全球重要的智能终端研发生产基地、世界级汽车生产基地、高端装备产业基地,在智能终端、新能源汽车、通用航空装备、轨道交通装备等产业领域的全球竞争力得以不断提升。成功获批国家服务业综合改革试点城市、电子商务示范城市、下一代互联网示范城市、信息惠民国家试点城市,现代金融、商贸物流、文化创意旅游等现代服务业发展提质增速,金融集聚核心功能区累计入驻金融机构 288 家①,集聚功能进一步增强;会展经济稳步发展,入选中国会展最具办展幸福感城市。坚持都市农业发展方向,持续加快一二三产业融合发展,逐步打造了一批主题突出、特色鲜明的

---

① 郑州市金融工作办公室提供。

休闲观光农业品牌,基本确立了以都市生态农业示范园为载体的都市农业发展格局。以各类开发区、产业集聚区和服务业"两区"为载体,坚持"一区一主业"定位,坚持"引外、培内"并举,大力推进产业结构调整,第二产业在经济中的比重由2012年的57.8%下降到2017年的46.5%,战略性新兴产业比重增加到49.4%[①],实现了服务业比重首超工业、工业中战略性新兴产业比重超过传统高耗能产业的两大历史性转型,产业发展质量、规模、效益和协调性不断提高。

2012—2016年郑州市服务业增加值完成情况大致如图1-2所示。

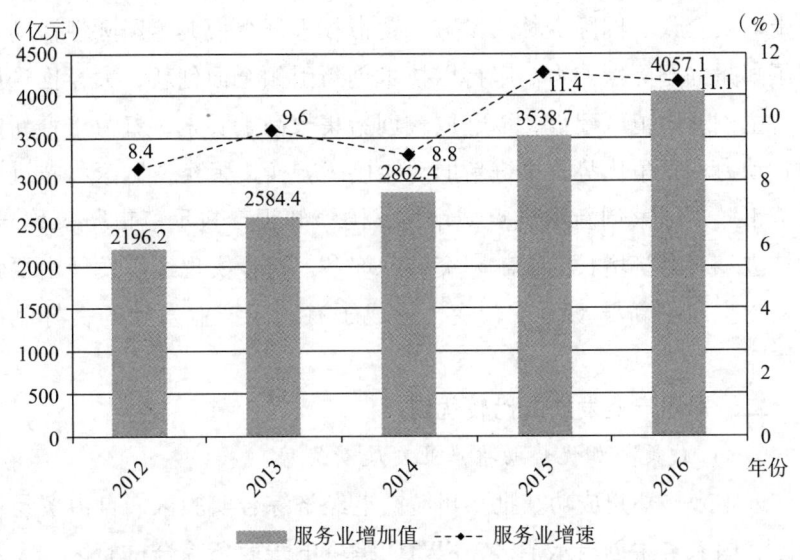

图1-2　2011—2016年郑州市服务业增加值完成情况

(三)郑州深化改革和创新驱动发展战略深入实施,发展动力加速转换

郑州市坚持全面深化改革,大力实施创新驱动发展战略,持续释放改革红利,社会活力不断激发,发展动力加快转换。全面实施以

---

① 《郑州市2017年国民经济和社会发展统计公报》。

"五单一网"为重点的"放管服"改革,"多证合一、一照一码""先照后证"稳步推进,政府性资源市场化配置程度不断提高,市场主体活力、社会创新能力得到显著提升,供给侧结构性改革取得阶段性成果,进一步厘清了政府职责边界,推动权力在阳光下运行,初步形成了"小政府、大服务"的政府服务体系。加快郑州航空港经济综合实验区建设,积极融入"一带一路"倡议,"四港一体"多式联运体系初步形成,"三年打基础"目标全面实现,机场二期建成投用,国际陆港高水平建设功能不断完善,成为全球重要的智能终端(手机)研发制造基地。海关特殊监管区和各类口岸建设成效明显,成为全国拥有商品口岸最多的内陆城市。上海合作组织政府首脑(总理)理事会第十四次会议、国际少林武术节、黄帝故里拜祖大典等国际性活动提升了郑州的国际影响力。坚持以技术创新引领全面创新,大力推进国家自主创新示范区建设,以开放式创新集聚高端要素,着力培育新的增长动力和竞争优势,推进新旧动能接续转换,荣获"国家科技进步示范市""国家创新型试点城市""国家知识产权示范市"等称号,科技进步对经济增长的贡献率突破60%[①],初步实现经济发展由要素驱动为主向创新驱动为主转变,形成了有利于产业发展的良好制度环境。

二 郑州产业发展的比较优势

(一)政策叠加优势助推产业发展新优势

近年来,郑州成功获批郑州航空港经济综合实验区、自由贸易试验区、国家自主创新示范区、EWTO跨境电子商务综合试验区、大数据综合试验区、通用航空产业综合示范区、综合交通枢纽示范工程城市、中欧区域政策合作案例地区等10多个国家级战略平台和改革试点区域城市,政策叠加优势十分突出,为郑州产业发展创造了优良的政策环境,赢得了先发优势。同时,中原城市群、"1+4"郑州大都市区、"空中丝绸之路"等重大战略决策和郑开"双创"走廊产业带等重大产业工程的推进实施,将进一步支持郑州发挥中心辐射作用、

---

① 郑州市科技局提供。

引领带动周边城市发展。

(二) 地理区位优势造就产业发展新地标

郑州地处我国东部向西部的过渡地带，是东部产业梯度转移和西部战略资源输出的枢纽，肩负着服务全国战略资源、能源调配的重大使命，同时郑州也是东部产业投资中经济效益回报率最高的地区。强化郑州的服务、辐射、带动功能，引领中原城市群加快发展，形成全国重要的经济增长板块，有利于中原城市群与长江中游城市群南北呼应，共同支撑中部崛起。郑州市依托地理区位优势提出打造"一枢纽一门户一基地四中心"，对于郑州快速发展和全方位开放、参与全球竞争、集聚高端资源具有十分重要的作用，有利于枢纽经济和外向型经济发展，在郑州全面建设国家中心城市新征程中打造产业发展新地标。

(三) 综合枢纽优势奠基产业发展新高地

郑州区位居中，枢纽是郑州发展的最大比较优势，也是国家战略选择郑州的主要考量。近年来，随着航空枢纽持续打造、米字形高铁加快形成、郑欧班列、郑卢国际航运等多式联运不断发展，郑州正由过去以铁路为主导的国家枢纽向以航空、高铁为主导的国际性综合枢纽转型升级，加快建设国际化、现代化、立体化的综合交通枢纽。发挥枢纽优势，形成国际商贸流通节点，带动要素集聚、城市发展，建设国际枢纽之城，是郑州建设国家中心城市最应突出和强化的战略路径。枢纽是物流的依托，物流是枢纽经济的龙头，郑州发展物流业拥有得天独厚的优势。近年来，郑州以"三网融合、四港联动、多式联运"①为核心，逐步完善布局合理、联动便捷、功能完备、衔接高效的运输体系，持续构建全球通达、全国集疏的大通道体系，依托航空港、铁路港、公路港，对接海港，郑州"陆路丝绸之路""空中丝绸之路""海上丝绸之路""网上丝绸之路"多路并举、多港联动、快速便捷的国际物流通道已经形成，保税物流、电商物流、冷链物流保持快速发展态势。持续巩固和扩大郑州在国内外的物流枢纽地位，建

---

① 《郑州市国民经济和社会发展第十三个五年规划纲要》。

设以郑州为节点连通国际、辐射内陆广大腹地的国际物流中心，符合产业演进规律和发展趋势，必将为郑州打造产业发展新高地奠定坚实基础。

第四节 郑州产业发展面临的短板和存在的问题

国家中心城市是全国城镇体系的"塔尖"城市，是承担一定国家功能、参与国际合作、展示国家形象、引领区域发展的核心城市，也应该是率先高质量发展的城市。对照国家中心城市的定位功能，郑州产业发展还有一定的差距，既有现实短板，又在持续发展中存在一些突出问题。

一 产业发展短板

（一）产业发展不足，经济总量较小

据统计，2016年，国内经济总量超过万亿元的城市已达12个，而郑州的经济总量不足8000亿元，不到天津、重庆的50%，只有武汉、成都的70%（见图1-3）。从省会城市的首位度看，郑州的经济总量占全省的比重为20%左右，低于武汉（37%）、成都（36%）、西安（32%）、沈阳（25%）和杭州（23%）。[①]

（二）产业结构不优，竞争优势欠缺

郑州的工业虽然总量较大，但大而不强、全而不优，相当一部分产品处于产业链的前端、价值链的低端。高耗能资源型产业在工业中的比重虽持续下降，但仍占40%左右。[②] 大型龙头企业较少，先进制造业支撑和现代服务业主导作用还有待提高。近年来，在调整产业结构、培育新的产业支撑过程中，电子信息产业富士康代工生产一枝独

[①] 河南省、湖北省、四川省、陕西省、辽宁省、浙江省、天津市、重庆市、郑州市、武汉市、成都市、西安市、沈阳市、杭州市2016年国民经济和社会发展统计公报。

[②] 《郑州市2016年国民经济和社会发展统计公报》。

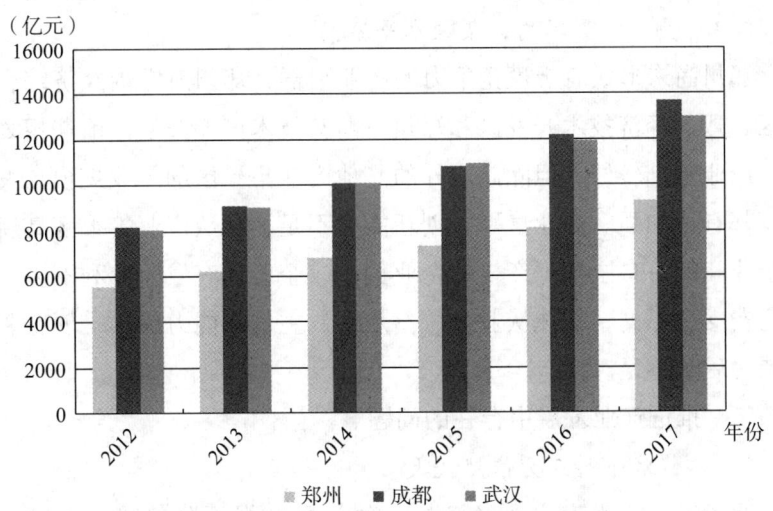

图1-3 郑州市与成都市和武汉市2012—2017年生产总值比较

大,汽车与装备制造业在全国的比较优势还不突出。工业的增加值率仅为22.4%,低于武汉的28.3%和长沙的30.6%。服务业主导作用不明显,专业性生产性服务业和高品质生活性服务业发展还不充分,优势未得到充分彰显。第三产业占生产总值的比重达到51.2%,居35个大中城市第22位、省会城市第17位,与杭州(61.2%)、西安(61.2%)、南京(58.4%)、成都(53.1%)、武汉(52.8%)相比有明显差距。①

(三)科教基础薄弱,创新能力较弱

在郑州的国家及部属重点院校和高层次科研机构较少,在校研究生数量不足武汉的1/10。2016年,专利申请量为2.6万件,不足西安(6.1万件)的1/2,只有成都(7.8万件)的1/3。高层次人才匮乏,科技研发经费支出占1.8%,低于全国平均水平(2.1%),居全

---

① 郑州市、武汉市、成都市、西安市、沈阳市、杭州市、长沙市2016年国民经济和社会发展统计公报。

国35个大中城市第26位、省会城市第20位。①

（四）要素配置不均，集聚水平不高

郑州尚未形成有规模竞争力的产业集群，郑州航空港经济综合实验区、郑州经济技术开发区和郑州市高新技术产业开发区前期规划全面，产业基础较好，但除此之外的其他产业集聚区的产业规模、发展速度都有待加强。产业集聚区创新能力不足，县域产业集聚区高新技术企业和拥有自主知识产权的企业偏少，企业拥有发明专利不多，科技经费支出不高，科技从业人员不足，自主创新能力较弱，创新驱动发展的后劲不足。

二 推进产业发展中存在的问题

（一）经济下行压力依然较大

近几年，郑州市主要经济指标整体呈缓慢下降趋势，虽然与国家、省的发展态势基本一致，但是，作为国家支持建设的国家中心城市，目前的经济运行态势难以对未来发展形成有效支撑。创新投入少、研发活动少、创新人才少、科技进步贡献率较低，新兴产业增长与传统产业下降仍存在较大"剪刀差"，尚未形成对未来高质量发展的强力支撑。社会投资意愿不强，尤其是工业项目投资下滑趋势明显，工业投资增速自2013年年初开始首次低于10%并不断下滑，占固定资产投资的比重已由2012年的38.1%下降至当前的18.5%，下降了19.6个百分点②，过半县（市、区）、开发区工业投资为负增长，个别的下滑严重，高质量的产业投资增长乏力问题突出。

（二）产业转型升级步伐放缓

目前，郑州市服务业中的传统商贸业和房地产业、工业中的高耗能产业依然占比较高，新兴产业尚未形成有效拉动力，产业综合竞争力亟待提升。供给侧和需求侧不够协调，高质量有效供给增加不足，一些传统产业占比高的产业板块转型较为困难。③

---

① 全国、郑州市、成都市、西安市2016年国民经济和社会发展统计公报。
② 《郑州市2016年国民经济和社会发展统计公报》。
③ 郑州市、天津市、重庆市、成都市、武汉市2016年国民经济和社会发展统计公报。

(三) 要素制约实体经济发展

金融机构资金趋紧,债券融资难度加大,融资中间环节费用、融资杠杆仍然较高,企业融资难、融资贵问题依然突出。企业用工成本预计将进一步提高,部分上游能源原材料价格上涨推高企业成本。建筑企业本地市场占有率有待提高,郑州市本地建筑企业在承揽公共服务中心、城中村改造项目、地铁等建设工程方面与中部先进城市有较大差距。

(四) 金融风险防控形势严峻

部分国有企业债券兑付、高杠杆房地产企业、地方融资平台偿债压力大。非法集资、影子银行、互联网金融等风险依然突出。个别县(市、区)被列入地方债务风险预警名单,政府隐性债务风险不容忽视。这些风险相互交织、互为影响,极易引发区域性、系统性风险。

郑州市与其他部分国家中心城市相关指标对比情况如图 1-4 所示。

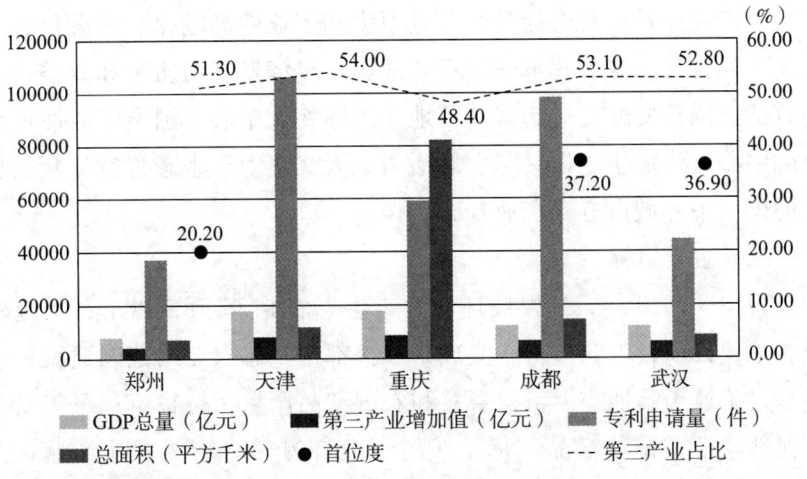

图 1-4 郑州市与其他部分国家中心城市相关指标对比

第五节　强化产业基础的对策

一　基本思路

高举习近平新时代中国特色社会主义思想伟大旗帜，全面贯彻落实中共十九大精神，持续落实习近平总书记调研指导河南和郑州工作时的重要指示精神，紧扣社会主要矛盾变化，统筹推进"五位一体"总体布局、协调推进"四个全面"战略布局，坚持以人民为中心，坚持发展第一要务，深入贯彻新发展理念，以供给侧结构性改革为主线，把握稳中求进总基调、奋发有为总要求，以郑州国家中心城市建设为统揽，以提高供给体系质量为主攻方向，坚持把产业作为立城之本、发展之基，突出项目带动、项目化推进；着力优化产业布局、推进结构调整、转变发展方式；着力培育以产业集聚区和服务业"两区"为载体、以先进制造业为支撑、以现代服务业为主导、以都市生态农业为基础，实体经济、科技创新、现代金融、人力资源协同发展的现代产业体系；着力提升产业竞争力和产业的高端化、集群化、智能化、融合化、绿色化水平，不断地提高经济发展的质量和效益，全力打造全国重要的先进制造业基地、国际物流中心、国家区域性现代金融中心，为加快建设具有发展活力、人文魅力、生态智慧、开放包容的国家中心城市夯实产业基础。

二　主要目标

2018—2020年，新发展环城都市生态农业25万亩以上；实施农业湿地建设项目1.9万亩；完成第三批都市生态农业示范园建设；每年建设菜篮子基地2万亩；畜禽和农副产品产量保持稳定；每年新增农业部认证登记"三品一标"30个；每年新培育市级农业产业化龙头企业10家、农业产业化集群1个；全市休闲农业营业收入年均增长5亿元，接待人数每年增加500万人次以上。

2018—2020年，规模以上工业增加值年均增长8%左右；全部工业总产值年均增长1000亿元；工业投资年均增加100亿元；战略性产业占工业的比重每年提高1个百分点；规模以上工业单位增加值能耗年均下降5%左右；六大高耗能行业比重保持在40%以下；建筑业转型升级取得实质性突破。

2018—2020年，服务业增加值年均增长10%，占生产总值比重每年提高0.5个百分点；服务业固定资产投资每年增长11%，累计完成18700亿元；社会消费品零售总额每年增长10%。

到2020年，完善提升环城都市生态农业隔离带，形成城田相融的田园城市；完成农业湿地建设项目3万亩；建成第一、第二、第三批都市生态农业示范园；菜篮子基地建设达到6万亩；市级以上农业产业化集群达到33个。全部工业总产值突破2万亿元；工业投资达到1700亿元，累计达到6000亿元以上；战略性产业占工业的比重达到55%左右；服务业增加值达到6000亿元，占生产总值比重达到52.5%；服务业固定资产投资达到5365亿元；社会消费品零售总额达到5367亿元。

三　对策措施

（一）深入推进供给侧结构性改革

以供给侧结构性改革为主线，深入推进产业转型发展，提升产业竞争力。

1. 打好转型发展攻坚战

围绕"三个转变"，聚焦制约转型发展的突出"瓶颈"，以高端化、绿色化、智能化和融合化为方向，坚持重点发力与全面推进相结合、短期突破与长期转型相结合、适应性调整与前瞻性培育相结合，集中力量，在观念、结构、体制和创新四个方面实施攻坚。认真落实转型发展攻坚"1+5"方案，坚持以创新引领转型升级，积极推进制造业领域智能化、绿色化和技术化改造，建立全面淘汰落后产能的体制。依据责任分工，深入推进重点行业领域转型发展，加快制定完善卷烟业、建筑装配业、装备制造业、汽车及零部件、新型材料业、能源业、电子信息业、绿色食品业、现代物流业、旅游业、健康养老业和都市生态农业12个转型攻坚行业的方案。突出装备制造、汽车及零部件、现代物流业、旅游业和都市生态农业五大行业，实施重点转型攻坚。梳理完善项目库，坚持以项目带动转型发展，走出一条结构更优、质量更高、效益更好、优势充分释放的发展路子，提高经济整体素质和竞争力，确保转型发展攻坚取得突破性进展。

2. 全力化解过剩产能

运用综合性标准、市场化机制和法治化手段化解过剩产能，严厉打击违法制售"地条钢"行为，化解电解铝等行业过剩产能，确保全面完成煤炭行业化解过剩产能任务，依法取缔"小散乱污"企业。突出工业领域去产能和绿色化、智能化、技术改造等"一去三改造"工作，强化技术创新攻坚。

3. 持续推进降成本工作

积极落实国家和省市降低企业成本等各项要求，健全长效机制，加大减税降费力度，强化金融对实体经济的支持，突出做好降低人工、物流、行政、能源成本的工作，鼓励和支持企业内部挖潜。聚焦制约转型发展的重点领域，攻坚克难、突破"瓶颈"，结合"放管服"改革，充分激发市场主体活力，提高经济整体素质和竞争力。

(二) 着力做强先进制造业

围绕建设全国重要的先进制造业基地，大力实施"制造强市"战略，以制造业供给侧结构性改革为主线，积极创建《中国制造2025》国家级示范区，着力强投资、促整合、转方式、提效能，促进工业平稳较快发展。

1. 建设现代化工业体系

加快打造"3333"先进制造业体系，强化电子信息、汽车和装备制造、新材料三大战略支撑产业引领发展，引导现代食品制造、品牌服装及现代家居、铝及铝精深加工三大传统优势产业转型发展，布局新一代信息技术、生物及医药和智能高端装备制造三大新兴产业跨越发展，推进电子商务、现代物流和研发设计三大生产性服务业加速发展。加快培育世界级产业集群，进一步提升电子信息、汽车、装备制造、新材料、现代食品、铝及铝精深加工6个千亿级产业能级，加快提升生物及医药、品牌服装及现代家居产业规模，着力建设智能终端、客车、轨道交通装备、人造金刚石、冷链食品和铝精深加工等世界级产业集群。

2. 加大新兴产业培育力度

研究出台新兴产业发展指南，建立健全一个产业（项目、企业）、一套班子、一个专案的"三个一"新兴产业培育推进机制，制定实施中铁盾构、智能装备、信息安全、智能传感器和新能源（储能）5个专案，加快培育集成电路、增材制造、基因诊疗、智能机器人等新兴产业，建设一批示范企业，实施一批重点项目，大力培育新兴产业集群。加快布局未来产业，着力发展石墨烯、纳米材料、可见光通信、北斗导航、智能汽车等未来产业，谋划筹建一批未来产业研发生产基地。加快建设制造业开放合作平台，争创国家、省级新型工业化产业示范基地。

3. 积极培育新型制造业模式

深入推进两化融合，积极创建大规模个性化定制、制造业互联网"双创"平台、服务型制造等各类试点示范企业（项目、平台）。加快推进工业智能化改造，大力建设智能工厂、数字车间。实施"百千企业上云"计划，推动规模以上企业上云。积极创建全国工业互联网示范城市，促进新一代信息技术与制造业深度融合，搭建工业互联网平台及应用示范集群，构筑工业互联网产业生态，积极引进培育工业互联网解决方案提供商，搭建工业互联网平台，全力建设汽车、电子信息工业互联网平台应用示范集群。

4. 深入推进制造业绿色发展

大力支持企业节能技术改造，积极淘汰落后产能、化解过剩产能，积极发展循环经济和综合利用，促进工业高效清洁、低碳循环和可持续发展。建立绿色制造评价机制，争创国家绿色工厂、绿色产品、绿色园区，通过环保治理倒逼机制促进工业绿色发展水平提升。

(三) 加快发展现代服务业

围绕国际物流中心、国家区域性现代金融中心建设，以推进服务业供给侧结构性改革为路径，突出发展现代金融、现代物流产业，大力培育新业态新模式，提升传统服务业水平，推动生产性服务业向专业化和价值链高端延伸，推动生活性服务业向精细化和高品质转变。

1. 突出发展现代金融业

完善金融业政策支撑体系，加快金融要素市场建设和金融服务创新，积极探索金融支持服务多式联运、跨境电子商务、智能制造新路径，促进科技和金融相结合，扩大企业直接融资，不断提升社会融资规模。着力构建"融资多元、服务高效、一体联控"的金融服务体系，研究出台《中国（河南）自由贸易试验区郑州片区金融服务体系建设专项工作方案》，为促进投资自由化、贸易便利化提供金融支持。积极推进挂牌上市提速工程，提升金融服务实体经济水平。

2. 全力建设国际物流中心

加快推进国家现代物流创新发展试点城市建设，加快国际航空物流中心建设，加密国际货运航线航班，构建航空货物集疏运网络，扩大航空运力。加快国际陆港建设，开发中欧班列（郑州）北欧新线路，打造"数字班列"，保持领先水平。着力打造国际快递物流枢纽，加快推进郑州京东"亚洲一号"现代化智能物流中心、中通快递国际业务总部、韵达货运华中总部基地等建设。

3. 加快发展文化创意旅游业

研究制定专项扶持政策，促进文化创意旅游业发展。积极开展国家文化消费试点工作，重点培育文化消费市场和新的文化消费增长点。完善文化产业发展体系，深度挖掘历史文化资源，加强文化保护和传承创新，加快推进动漫游戏、演艺娱乐、影视制作、出版印刷、工艺美术和艺术品、广告会展、创意设计、文化旅游8大文化创意产业。深入推进全域旅游发展战略，重点打造"沿黄旅游带"，大力发展乡村旅游，提升旅游接待能力和收入水平。积极推进智慧旅游城市建设，争创国家旅游局数据中心郑州示范基地。加快旅游综合体和旅游度假区建设，大力推进古荥大运河文化片区、商都历史文化片区等重点工程和建业·华谊兄弟电影小镇、宋城·黄帝千古情、黄帝养生度假村等重大项目建设，促进文化旅游消费。

4. 着力培育健康养老产业

出台支持健康、养老产业发展的专项政策措施。深入推进医疗联合体建设，加快实施"互联网+健康"工程，加快心血管、肿瘤、器官移植等6个国家区域医疗中心建设。积极培育体育健身产业，加快公共体育设施建设，打造15分钟健身圈，促进市民健康消费。大力发展武术、航空运动等特色体育产业，延伸产业链条，打造产业基地。提升汽车拉力赛、国际马拉松等赛事水平，打造一批具有国际影响力的赛事活动。加强养老设施建设，推动医养结合，加快建设中西医老年病医院、康复医院、护理院、临终关怀机构，建立以居家为基础、以社区为依托、以机构为补充的多层次养老服务体系。

5. 提升现代商贸会展业发展水平

持续推动二七商圈、郑东CBD等重点商圈改造升级，扶持丹尼斯、大商集团、华南城等做大做强，打造知名商业中心。加大特色商业街区创建力度，培育一批特色商业街区。加强品牌消费集聚区建设，组织开展河南省品牌消费集聚区申报工作，推动传统商业改造升级，发展新型商业业态模式，发挥品牌设施对品牌商品、品牌服务的集聚力和带动力。着力建设国家区域性会展中心城市，加快推进新国际会展中心、嵩山论坛永久性会址等重大会展项目建设。

6. 促进房地产业健康发展

坚持"房子是用来住的、不是用来炒的"定位，加强房地产市场调查研究，研判分析、严格区分刚性需求和投资投机行为，分区域、分层级对房地产业相关数据进行量化分析，研究提出扩大供地规模、增加商品房投放、抑制投资投机、推进租购并举等方面的政策措施，着力培育和发展房屋租赁市场，推动房地产市场均衡发展。扎实做好保障性住房建设工作，加快公共租赁房货币化进程，继续落实好房地产调控政策，确保房地产市场平稳运行。

（四）促进建筑业转型发展

围绕全面推动建筑业转型升级，强化政策引导，促进建筑业从规模扩张向质量效益提升转变。

1. 优化建筑产业结构

加大对优秀建筑企业的扶持力度，全面落实各项扶持政策，促进建筑企业提升资质和管理水平，推动建筑施工总承包企业做大做强。积极发挥政府投资项目带动作用，促进建筑企业向轨道交通、高铁、市政、水利、公路、地下管廊、装配式建筑等领域转型；推进企业联合体发展，扶持大型企业参与PPP项目和重大项目建设，向投资建设运营一体化企业和工程总承包企业转型；做专做精专业分包企业，做优做实劳务作业企业。积极融入"一带一路"建设，鼓励中铁七局、国基集团、市公路工程公司、水利水电十一局郑州公司等海外业务能力强的建筑企业带动其他企业合作"出海"。鼓励投资咨询、勘察、设计、监理、招标代理、造价等企业采取联合、重组、并购等方式向全过程工程咨询企业转型。

2. 大力发展装配式建筑

抢抓全国装配式建筑示范城市政策机遇，进一步完善标准体系，构建产业化标准设计、部品生产、装配施工、质量安全、检查验收等标准体系，制定预制部品认定、定额造价、招投标管理办法；落实市区范围内装配式建筑面积比例要求，统筹规划建设若干个千亩规模的建筑产业园区，重点建设装配式建筑生产基地，支持使用新材料、新工艺的建筑企业集约式、规模化发展，配套完善上下游产业链。

（五）持续做优都市生态农业

围绕全面提升农业综合经济能力，以绿色发展为导向，以农业供给侧结构性改革为主线，突出科技引领、项目推动、机制创新，促进农业布局区域化、经营规模化、生产标准化、产业生态化，提升农业综合效益和产业竞争力。

1. 实施"菜篮子"建设工程

着力建好"菜园子"，丰富"果盘子"，加快建设高标准蔬菜生产示范基地和蔬菜、水果精品示范园。大力发展生态畜牧养殖业，积极创建国家级畜禽标准化示范场，提高水产养殖面积和水产品总产量。加强农产品质量安全监管，鼓励企业进行品牌认证，争创"三品一标"。

2. 实施农业结构调整工程

加快建设环城都市生态农业隔离带，大力发展环城都市生态农业、绿色生态渔业，加强湿地保护，合理规划布局养殖区域，优化养殖方式和品种结构，推动休闲渔业和文化旅游产业发展。加快发展核桃、大枣等特色林果业，着力新造经济林。

3. 实施农业产业化增值工程

积极培育农业产业化龙头企业及集群，加快培育种养加工、农业流通、休闲农业、示范园区和涉农服务5大类型农业产业化龙头企业及产业集群。大力发展农产品加工业，提升绿色食品供给能力，扩大绿色产业规模、品牌公信力和影响力。

4. 实施一二三产业融合发展示范工程

大力实施"乡村振兴战略"，加快全国智慧农业示范市建设，发展绿色农业、智慧农业、景观农业。加快都市生态农业示范园建设，完善提升园区路网、灌排、农业装备、休闲服务和生态环保五大体系，加快推进第三批都市生态农业示范园项目建设工作。加大财政金融支农力度，创新农业保险机制，完善农业产业技术体系，促进"互联网+农业"发展，推动农业生产多种形式适度规模经营发展。促进休闲观光农业提档升级，加大农耕文化、田园文化挖掘和内涵拓展力度，大力开发农业节庆、民俗展览、农耕体验等多种形式的服务产品，重点打造一批都市农业主题公园和田园综合体。

（六）大力支持实体经济发展壮大

坚持质量第一、效益优先，充分发挥政府统筹协调、政策引导、要素保障作用，推动政策、资金、技术、人才等要素向实体经济汇聚，提升经济发展质量和效益。

1. 推动企业做大做强

大力培育工业战略性企业，支持战略性企业加快"走出去"步伐，建成一批跨国公司，发展一批具有国际竞争力的大企业（集团），力争全年新增百亿元企业两家。建立健全百强百高企业动态管理机制，推进百强百高企业加快向国际、国内行业龙头提升迈进。鼓励有条件的企业向平台型企业转变，大力扶持百强百高企业和"专精特新"中小企业，提升行业竞争优势。积极培育细分行业"单项冠军"企业，推进中小企业扩大规模。

2. 实施企业家领航计划

研究出台企业人力资源培育计划，激发和保护企业家精神，弘扬劳模精神和工匠精神，培养引进一批具有全球战略眼光、市场开拓精神、管理创新能力和社会责任感企业家、职业经理人等优秀企业人才。研究建立因政府规划调整、政策变化造成企业合法权益受损的依法依规补偿救济机制，营造促进企业家公平竞争诚信经营的市场环境，引导金融机构为企业家创新创业提供资金支持，探索建立创业保险、担保和风险分担制度，建立健全帮扶企业家的工作联动机制，设立"企业家接待日"，定期组织企业家座谈和走访，帮助企业解决实际困难。

3. 实施"品牌+"工程

深入推进商标、品牌战略实施，以主导产业、创新型企业品牌为重点，加强品牌培育和品牌保护工作，引导企业追求卓越品质，培育一批高端自主品牌、地理标志保护产品，提升企业品牌价值和品牌形象，培育一批全国乃至世界知名的"郑州品牌"。

4. 实施"质量+"工程

创建国家质量强市示范城市，深入开展质量提升行动，大力开展质量标杆、品牌培育活动，发挥质量、计量、标准化、检验检测、认证认可等基础支撑作用，集中开展纺织产品、建筑装饰材料、家具、节能环保产品等10类重点产品质量提升行动，鼓励引导企业实施高标准、追求高质量，着力提升产业质量水平。

5. 全面实施标准化战略

深入开展"标准化+"行动。着力提升产业标准化水平，鼓励企业积极参与国标行标制修订和地方标准制定，加快推进河南机场集团国家级运输服务标准化试点和国际物流园区、德邦物流等省级物流标准化试点项目。

（七）优化产业布局和功能分区

围绕做强先进制造业、做大现代服务业、做优都市农业、做兴网络经济，统筹新兴产业培育和传统产业改造，因地制宜，突出重点，科学确定主导产业，优化区域布局功能。

1. 优化产业布局

围绕经济结构战略性调整，立足于新形势新情况、新实践新发展，研究出台优化产业布局、完善功能分区的实施意见，进一步厘清产业布局和功能分区的思路，明确全市及各县（市、区）、开发区主导产业定位、布局和发展目标，提出促进主导产业发展的政策措施。充分发挥郑州"区位+枢纽"优势和重大政策叠加等比较优势，积极投入各类国家级战略平台建设，市级层面明确若干支撑带动力强、技术先进适用、产业关联度高的主导产业，加大引导扶持力度，推动产业集群发展，促进产业合理布局；各县（市、区）、开发区要站位全局、立足实际，重点发展1—3个主导产业，促进各类要素资源集中集聚、优化配置，打造产业竞争新优势。

2. 优先发展主导产业

强力推进郑州区域性金融中心建设，全力打造国际商品期货定价中心、中原经济金融机构集聚中心、要素市场交易中心、中西部金融创新中心、金融业综合配套中心。优化物流园区布局，吸引境内外电商龙头企业布局建设区域物流节点，加快冷链物流、保税物流等特色物流集群发展，打造全国最大的冷链物流基地和全国性电子商务物流枢纽。加强工业主导产业基地建设，深入推进全国重要的信息安全、新能源汽车、高端装备制造、新型耐材、生物及医药、现代食品、品牌服装及现代家居、铝及铝精深加工等基地建设，打造全球重要的智能终端生产基地、世界级客车生产基地、世界级人造金刚石之都。

3. 促进产业集聚发展

加快服务业"两区"发展，着力抓好主导产业提质、带动能力增强、招商运营推进、要素保障提升等重点工作，促进总部经济、金融商贸、特色楼宇等高成长服务业集中布局。加大现代物流、电子商务、科创服务、文化创意、服务外包、健康养老和专业交易市场7类省级服务业专业园区规划建设力度，推动新兴产业集群发展。加快产业集聚区建设，重点推动集群招商提质、重大项目增效、技术创新提升、要素支撑保障和产城互动，提升产业集聚集群发展水平，促进产业价值链向中高端迈进。

（八）大力培育产业发展新模式

着力发挥郑州市区位和枢纽优势，加快推动互联网、大数据和实体经济深度融合，不断培育经济新增长点。

1. 着力做兴数字经济

加快建设融合、泛在、安全的宽带网络基础设施，加强网络信息安全保障体系建设，推进大数据、云计算、下一代互联网等新一代信息技术与经济社会发展各领域深度融合创新。全面实施"互联网+"战略，加快发展互联网产业，扩大信息消费，促进互联网、大数据、人工智能与实体经济深度融合。加快建立网络化协同创新体系，支持各类创新载体加快与互联网融合创新。加快构建电子商务产业体系，突出发展跨境电子商务，积极培育引进一批物流、快递、软件信息等全产业链相关企业，努力形成产业集聚效应。大力发展数字内容产业，加快建设文化信息供给和服务平台，促进数字内容、产品、服务和运营一体化发展。积极发展以互联网为载体的技术、信息、交易、服务等多种类型的平台服务。积极推进分享经济、人工智能等新技术新模式在数字经济新领域的大规模拓展，培育新型消费，壮大新兴产业。培育网络化、智能化、精准化现代生态农业新模式，加快农业物联网、大数据发展应用，加快农业电商平台建设，推动有条件的专业市场建设网络交易平台，为中小企业提供网络购销服务。加快推动制造业向数字化、网络化、智能化转变，实施"百千企业上云"计划，降低企业信息化成本，提升企业信息化能力；深入推进两化融合，积极创建全国工业互联网示范城市。加快推进互联网与服务业融合发展，促进服务业网络化发展和智能化升级，积极发展数字家庭、远程定制、体验分享等消费模式，支持运用网络信息技术开展服务模式和业态创新，提升服务业专业化和精细化水平。

2. 大力发展总部经济

优化培育壮大一批本土大型企业集团总部，扶持综合实力强、关联带动力强、发展层次高的郑州市企业发展壮大成为总部企业。着力引进一批国内外知名物流企业、国际贸易企业在郑州设立国际总部、地区总部、业务总部以及配送、分拨基地，从落户奖励、经营贡献、办公用房补助等方面加大对物流总部企业支持。加大制造业总部引进力度，积极引进世界500强、中国500强和国内行业20强企业的综合性总部、区域性总部,开辟制造业总部引进"绿色通道",强化制造业总部及实施项目的用地、用工、资金等方面保障,对引进的制造业总部及项目优先享受郑州市总部经济和郑州市建设中国制造强市若干政策措施的扶持。优先解决建筑企业总部企业用地、融资、人才保障等方面的需求,支持有条件、有基础的县(市、区)、开发区发展建筑企业总部基地。加强政策引导,支持特级资质建筑企业、综合甲级设计企业和年产值超百亿建筑企业在郑州市设立总部,优先安排总部办公、科研培训建设用地,鼓励外省市一级以上施工总承包企业、行业甲级以上设计单位总部迁入郑州或在郑州设立高资质独立法人子公司,鼓励外地注册企业与本地建筑企业组建股份制项目公司。

3. 加快发展口岸经济

研究出台跨境电商支持政策,高水平建设 EWTO 核心功能集聚区,构建跨境电商产业生态圈。加快建设郑州—卢森堡"空中丝绸之路",加快组建卢森堡合资货航,提升双枢纽功能。加强海关特殊监管区和功能口岸建设,积极申报平行进口车试点,确保汽车口岸二期建成投用。着力推进智能手机产业园、11 代液晶面板、物流产业园等重大项目,确保智能手机产量突破 3 亿部。完善政策体系,推动飞机租赁业发展取得突破。

(九) 强力实施创新驱动发展战略

坚持把创新作为引领发展的第一动力,以建设国家创新型试点城市为带动,以功能完善、制度创新、平台打造、产业培育为抓手,全面提升创新能力,不断增强发展动能。

1. 大力实施"四个一批"培育计划

围绕打造国家极具活力的创新创业中心,完善支持政策,加快培育创新引领型企业、人才、平台、机构,努力在技术创新和成果转化上实现突破。高质量建设国家级和省级"双创"基地,大力实施众创空间倍增工程、创客育引工程等 6 大工程,积极建设线上线下结合的创客空间、创新工场等新型孵化器,推动大型企业、新型研发机构建设专业化众创空间。进一步加强研发费用统计,确保研发经费投入大幅提升。

2. 深入推进科技服务业发展

加快推进"一谷一中心、五区二十园"建设，高标准规划建设"中原科创谷"，推进国际技术转移中心建设，以高新区为核心区，以航空港实验区、郑东新区、经开区、金水区为辐射区，带动全市20个重点科技园区发展。加快建设科技公共服务支撑体系、科技服务示范企业优质服务体系、科技金融服务体系、知识产权服务创新体系，促进创新资源和科技服务机构集聚发展。加快创投基金小镇、大数据交易中心、知识产权创意孵化中心建设，建成跨区域、跨领域、跨机构的技术流通新格局和覆盖全省、服务企业的技术转移公共基础平台，打造技术转移集聚区。大力推动"大众创业、万众创新"，积极培育创新引领型企业，引导政策、要素、资源向"双创"示范基地和创新创业综合体集聚。

3. 加快推进制造业创新发展

加快创新平台建设，促进制造业动力转换，争创制造业创新中心培育对象、市级以上制造业创新中心、市级企业技术中心，积极创建国家级及省级技术创新示范企业。加快发展优质制造，积极创建一批产业集群区域品牌建设试点及工业企业品牌培育试点企业，着力培育一批世界级品牌企业，提高郑州制造在全球的影响力。加快建设郑州军民融合产业创新基地，规划建设孵化器核心园区、新能源新材料产业园区、航空航天产业园区、健康应急装备园区、高端装备制造园区，打造"一基地五园区"，积极承接央属军工集团以及省市军民融合重大工程项目，引进一批军工企业和科技创新中心，逐步形成全省军民融合技术孵化和产业发展的龙头。

4. 加强科技人才队伍建设

深入推进"智汇郑州"人才工程，多方式、广领域引进国内外高层次人才，大力吸引、鼓励、留住青年大学生在郑州创新创业，加快引进领军人才和高层次紧缺人才、领军型科技团队和"两院"院士、国家"千人计划""万人计划"等海内外顶尖人才，积极认定行业技术领域院士工作站。

（十）加强产业招商

坚持把招商引资作为产业发展"一号工程"，抢抓郑州国家中心城市建设等多重国家战略叠加机遇，强力推进产业项目招商工作，着力引进一批"四力"型项目，支撑带动未来发展。

1. 加强招商引资工作

进一步完善招商引资政策措施，强化"五职"招商、领导分包等推进机制，着力引进集聚一批具有战略性、引领性、带动性的先进制造业、战略性新兴产业、高端生产性服务业和科技服务业龙头项目和企业。充分利用各类投资贸易洽谈平台，结合郑州市情谋划项目和在谈项目，有针对性地拜访一批闽商企业，确保对接一批招商项目。强化全产业链招商，推进产业集群式引进，大力开展与京津冀、长三角、珠三角等重点地区的项目合作，组织中国（郑州）承接产业转移等系列对接活动，力争华为、新明天、金水国际 AR/VR 产业基地等项目尽快落地。强化落地项目服务，优化要素配置，跟踪项目实施，优先保障资金、土地、环境容量等招商项目需求。

2. 积极扩大利用外资

创新外资投资管理体制和服务体系，全面落实国家放宽服务业、制造业、采矿业等领域外资准入限制政策，推进内外资公平竞争。引导外资投向信息、高端装备制造、汽车制造、现代物流、电子商务、文化创意、环保、健康等重点产业领域，高水平打造国际产业合作园区。深化国际产能和装备制造合作，引导重点企业、产业集聚区与发达国家（地区）开展"一对一""点对点"对接，推进郑州制造融入全球制造格局。鼓励外资参与政府与社会资本合作（PPP）、特色小镇、美丽乡村等项目建设、运营。充分利用拜祖大典等平台，推动境外华人产业、资本、人才、科技等全方位、多领域地汇聚郑州。

第二章 郑州现代服务业发展战略（2016—2025年）

第一节 现代服务业概述

一 现代服务业的概念及分类

现代服务业是伴随着信息技术和知识经济的发展产生，用现代化的新技术、新业态和新服务方式改造传统服务业，创造需求，引导消费，向社会提供高附加值、高层次、知识型的生产服务和生活服务的服务业。现代服务业，是服务业发展的高级阶段，是衡量一个国家或地区经济社会发展现代化程度的重要标志。现代服务业以生产服务业为核心，以信息化、知识技术密集和高增值为特征，其发展水平对于区域产业结构优化与产业竞争力提升具有重大的推动作用，已成为现代经济的主要推动力。

"现代服务业"是一个具有中国特色的词汇，最早出现在1997年9月中共十五大报告中。现代服务业源于社会进步、经济发展、社会分工的专业化需求，既包括新兴服务业，也包括对传统服务业的技术改造和升级，其本质是实现服务业的现代化。与之相关的类似概念主要有第三产业、服务业等，它们之间既有共通之处，也略有区别。

一般认为，服务业是指生产和销售服务产品的部门及企业的集合。服务产品具有非实物性、不可储存性和生产与消费同时性等特征。目前，我国未将服务业作为单独分类统计，一般将服务业等同为第三产业。实际上，在我国国民经济核算中，服务业和第三产业的统计口径略有不同，农林牧渔服务业在服务业的涵盖范围内，但是，1985年国家统计局将它划归第一产业，因此，服务业为农林牧渔服务业与第三产业之和。

现代服务业是随着工业化进程不断深化而逐步发展起来的。工业化以前，服务业主要是以医疗卫生、餐饮住宿、修理、商业等传统生活消费服务业为主。随着工业化进程、社会生产分工不断深入和技术水平的提高，为第一产业、第二产业提供支持的如金融、物流、研发、商务（包括法律咨询、会计审计、工程咨询、认证认可、信用评估、广告会展）等生产性服务业逐渐兴起。特别是随着国际分工深化、贸易物流效率提高和竞争加剧，世界一流跨国公司通过业务外包，将低端的制造业环节转移到低成本的发展中国家，日益专注于原本属于服务性质的研发、品牌、渠道、生产者金融等高附加值环节，转变成为服务主导企业，制造业服务化成为发达经济体的一个显著特征。资料表明，目前生产性服务业在发达经济体占GDP的25%以上，成为现代服务业的核心。

随着科技进步、互联网和信息技术的发展，传统服务业改造提升加快，远程教育、网络服务、电子商务、服务外包、创意产业等新型服务方式及新型经营形态不断涌现，研发设计、咨询、文化传媒、广告、解决方案提供等知识密集型服务业正在兴起。据统计，欧盟服务业近50%的工作机会是知识密集型服务行业提供的，美国知识密集型服务业对GDP的贡献率高达50%，韩国也达到了22.1%。新兴、知识密集型服务业日益成为现代服务业的重要内容和经济新增长点。

按其主要功能和服务对象，现代服务业可划分为三大类：（1）生产和市场服务（生产服务业，包括现代金融、现代物流、高技术服务、商务服务、信息服务等）；（2）生活消费服务（包括医疗保健、住宿、餐饮、文化娱乐、旅游、房地产、商品零售等）；（3）公共公益服务（包括公共管理、基础教育、公共卫生、家庭社区以及公益性信息服务等）。现代服务业分类大致如图2-1所示。

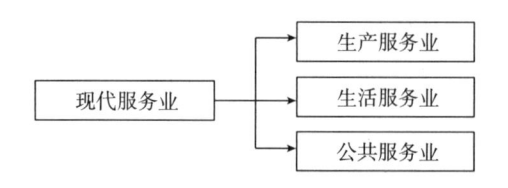

图 2-1 现代服务业分类

二 现代服务业的特征[①]

（一）融合性

现代服务业是社会化分工的结果，它依附于制造业，贯穿于企业生产的上游、中游和下游各环节中，服务业和制造业的融合在不断加强，在制造业的产前、产中和产后服务中起着增加价值、实现价值的重要作用。同时，服务业内部的行业融合特征也较为明显，并产生出许多新业态。如数字内容是将图像、文字、影像、语言等内容，运用数字化高技术和信息技术进行整合的服务，它横跨通信、网络、媒体及传统文化艺术等各个行业，是服务业行业融合的产物。

（二）关联性

从产业关联效果看，现代服务业是为生产者提供服务投入的行业，与其他产业关联效果大。在整个产业链中，上下游各种服务相互关联、相互依存，服务提供与客户消费密不可分。服务业的发展既降低了企业的生产经营成本，又使敏捷制造、零库存、虚拟企业成为可能，是经济发展所不可或缺的。

（三）知识性

现代服务业以先进科技、专业人才为主要生产要素，技术和知识含量较高。软件、信息传输、研发等行业的服务过程和服务活动以脑力劳动和智力型服务为基础，以现代高技术特别是信息技术为重要支撑，以知识的生产、应用和传播为服务业过程，注重以知识提高服务的科技含量，具有高知识和技术密集度的特征。如研发服务业就是运

---

① 本部分参见李江源、彭波《以生产性服务业为突破口加快江西现代服务业发展》，《理论导报》2009 年第 1 期。

用各种科学技术进行研发创新，为其他行业提供研发成果。

（四）创新性

现代服务业是高技术和新产品研发的重要推动力，能够对制造业技术变革和产品创新起到引导作用。创新才能生存，激烈的市场竞争推动了制造型企业向服务型企业的转型。例如，IBM 由制造大型机转向 IC 设计服务业和更大范围内的全球信息技术服务业，成为"服务业和制造业一体化的企业"；通用电器（GE）通过发展金融业为其客户提供贷款等金融服务而不断地提高产品销量。现代服务业是整个经济中最为活跃、创新能力最为强劲的一部分。

三 现代服务业发展趋势[①][②]

（一）制造业服务化

自 20 世纪 80 年代以来，欧美发达国家除留下部分高端制造业外，加速向发展中国家转移劳动密集型制造业，大力发展技术研发、品牌经营、营销等高端服务业，极大地提高了经济核心竞争力。资料表明，制造服务业已经成为产品价值链中价值增值的主要来源，产品价值构成中，有高达 75%—85% 与生产服务活动有关，计算机市场上增值部分的 60%—70% 来自软件和维护服务。[③] 因此，有效率的制造服务是制造业提高劳动生产率，增强产品竞争力的前提和保障。例如，IBM 曾经是世界最大的计算机硬件制造跨国公司。20 世纪 90 年代开始，强化产品维护服务、IT 专业服务、集成和开发服务、IT 管理外包服务等，控制价值链上关键的技术环节和核心业务，实现从制造商到服务商转变的战略转型。2010 年，拥有全球雇员 30 万人，业务遍及 160 多个国家地区，约 55% 的收入来自 IT 服务，研发专利 22358 项，连续十多年在全美专利注册排行中位列榜首，营业总收入达到

---

① 本部分参考了徐冠华等《现代服务业的发展趋势与对策》，《中国科学院院刊》2009 年第 3 期。

② 本部分参考了陕西省政府研究室课题组《现代服务业的内涵及发展趋势研究》，2013 年 5 月。

③ 绍兴县委党校课题组：《加快生产性服务业发展，推动县域经济转型升级》，《当代社科视野》2009 年第 3 期。

999亿美元，占据行业领先地位。

（二）服务业集群化

各国经验表明，服务业倾向于相对聚集在一定的空间范围内，集群化发展。服务业对制度和商务环境的需求更甚于制造业，聚集发展便于制度和商务环境供给，促进服务创新和知识交流、业务互补，实现服务业组织机构的网络化，提高行业效率和服务企业的竞争力。

例如，华尔街金融区集中了大银行、保险公司、交易所及上百家大公司总部，是美国纽约现代服务业集群发展最高的地区。好莱坞是全球音乐、电影产业的中心地带，梦工厂、迪士尼、20世纪福克斯、哥伦比亚公司、索尼公司、环球公司、华纳兄弟（WB）等电影巨头，还有顶级唱片公司都汇聚于此。作为一种流行文化的标志，向世界各地扩散，放映总收入达到全球放映总收入的75%。硅谷是美国高科技服务集聚区，集聚了上万家高科技企业，服务类公司就多达5425家。

（三）服务外包高端化

多年来，与劳动密集型的制造业外包和转移相对应，发达国家劳动密集型服务业也大举外包。特别是国际大公司和领军服务业巨头，纷纷把后勤办公、顾客服务、商务业务、资讯分析和高风险研究开发等中低端和高风险服务，分离与外包给新兴发展中国家和其他公司，他们更专注品牌经营、渠道控制、核心技术研发和关键零部件制造等价值链的高端环节与核心领域。外包不断高端化，中端甚至部分高风险高端环节也开始分离与外包。从产业来看，外包已经不再仅仅是玩具、内衣、机电加工产品等劳动密集型产业，以软件、生物制药、信息技术为主的中高端服务业也开始外包；从生产环节来看，外包也由简单的制造加工环节，发展到设计研发、供应链管理、金融服务等部分高端业务环节。

（四）制造与服务融合化

现代服务业和制造业之间关系越来越密切，服务业和制造业之间的边界越来越模糊，现代服务业和新型工业化相互融合，相互支撑，日益交织，使资源配置更加合理，推动产业结构日趋高度化。制造业是服务业发展的前提和基础。美国投入产出数据表明，生产性服务业的48%服务于制造业。同时，现代服务业是制造业的重要支撑。金融、保险、电信、会计、技术服务、咨询、研发、物流等生产性服务业的快速发展，极大地提高了制造业劳动生产率和产品附加值，推动制造业整体水平和产品品质提升。

四 不同经济发展阶段服务业的发展特点

根据英国经济学家克拉克和美国经济学家库兹涅茨的研究成果，产业结构的演变大致可以分为三个阶段：第一阶段，生产活动以单一的农业为主的阶段，农业劳动力在就业总数中占绝对优势；第二阶段是工业化阶段，其标志是第二产业大规模发展，工业实现的收入在整个国民经济中的比重不断上升，劳动力逐步从第一产业向第二产业和第三产业转移；第三阶段是后工业化阶段，其标志是工业特别是制造业在国民经济中的地位由快速上升逐步转为下降，第三产业则经历上升、徘徊、再上升的发展过程，最终将成为国民经济中最大的产业。

对照工业化阶段规律，服务业结构演变同样具有规律性。一般来讲，这种规律性大致表现如下：

在初级产品生产阶段，以发展住宿、餐饮等个人和家庭服务等传统生活性服务业为主。[1]

在工业化初期阶段，从全球工业发展历史看，制造业是产业的主体，制造业企业进行工业生产的过程中所需要的各种生产性服务大部分是由企业内部提供，生产性服务业主要以交通、运输、邮电等行业为主，这些生产性服务业能够为工业生产提供必要的辅助服务。

在工业化中期阶段，制造业迅速发展，知识密集和技术密集型制造企业生产的中间环节，对从事工业产前、产中和产后服务的生产性服务业提出了更广泛的需求。这一阶段，除交通、运输和邮电等行业进一步发展外，金融、保险和物流等生产性服务行业得到了较快发展。生产性服务业对制造业的迅猛发展和工业化进程的加快起到了非常重要的促进作用。

---

[1] 赵弘：《全球生产性服务业发展特点、趋势及经验借鉴》，《福建论坛》（人文社会科学版）2009年第9期。

在工业化后期阶段，随着制造业企业规模的扩大、国际市场竞争加剧，特别是高新技术的发展，企业内部的服务项目不断分离出来，广告、咨询调查、中介、营销等商务服务业发展较快。同时，生产性服务业的内部结构调整加快，研发设计、电子商务、移动增值等一些新型业态开始出现并迅速发展。

在后工业化阶段，高技术产业成为主要支撑产业，经济由制造业经济转向服务业经济，服务经济全面发展并日趋成熟，生产性服务业成为经济发展的主导，逐步向服务化社会迈进。这个阶段，金融保险、商务服务等行业得到进一步发展，科技研发、信息服务、教育培训等现代知识型服务业加快崛起为主流业态，而且发展前景广阔、潜力巨大。生产性服务业成为后工业化社会经济发展的主导。

表 2-1　　　　　不同发展阶段代表性生产性服务行业

发展阶段	代表性生产性服务行业
初级产品生产阶段	住宿、餐饮等个人和家庭服务等传统生活性服务业
工业化初期阶段	商业、交通运输、通信业
工业化中期阶段	交通、运输、邮电、金融、保险和物流
工业化后期阶段	广告、咨询调查、中介、营销、研发设计、电子商务、移动增值
后工业化阶段	金融保险、商务服务、科技研发、信息服务、教育培训

资料来源：根据上文整理。

第二节　郑州现代服务业发展基础

一　现状特点[①]

（一）产业规模持续扩大

2015 年，郑州服务业实现增加值 3539 亿元，按可比价计算，增

---

① 本部中郑州的数据均来自《河南统计年鉴》《郑州统计年鉴》及《郑州市政府发展报告》等公开出版物。

长 11.4%，高于全国 8.3% 和全省 10.5% 的增长率。服务业增加值占 GDP 比重达到 48.4%，比 2014 年同期提高了 2 个百分点，高于全省 39.5% 的平均水平，低于全国 50.5% 的平均水平。服务业对 GDP 增长贡献率达 47.1%，仅比工业低 0.5 个百分点，比 2014 年提升了 7 个百分点。2015 年，全市服务业税收收入完成 950 亿元，同比增长 20.1%，高出全市税收总收入增速（9.3%）10.8 个百分点，占全市税收总收入的 69.6%。服务业用电量稳步提升。2015 年服务业实际用电量 96 亿千瓦时，同比增长 10.2%，高出全市平均增速（0.8%）9.4 个百分点。其中，水利、环境和公共设施业及房地产业用电量分别增长 26.5% 和 17.7%。企业规模继续扩大。2015 年，郑州规模以上服务业企业营业收入总计 1314 亿元，比上年同期增长 16.5%，显示服务业经济在平稳增长的同时，规模总量也在不断扩大。服务业对经济增长和社会就业有较强的支撑和促进作用。

（二）行业结构不断优化

"十二五"时期，郑州以现代物流、现代金融为主体的现代服务业迅速发展，以文化创意、高技术服务、快递等为代表的新业态不断涌现。2015 年，郑州物流业完成增加值 325 亿元，同比增长 2.2%。从交通业务量分析，2015 年，郑州完成货运量 24567.8 万吨，同比增长 8%；完成货运周转量 548 亿吨千米，同比增长 2.2%。其中，铁路运输业务量持续下降，完成货运量 2744.5 万吨，同比下降 9.1%；完成货运周转量 172.7 亿吨千米，同比下降 13.4%。2015 年，郑州市金融业完成增加值 667 亿元，同比增长 19.1%。金融机构人民币各项存款余额 16936 亿元，同比增长 16.6%；各项贷款余额 12650 亿元，同比增长 16.4%。保费收入 338.5 亿元，同比增长 21.8%。2015 年，郑州文化创意旅游业完成增加值 667 亿元，同比增长 112.4%。来郑州旅游人数达到 8674 万人次，同比增长 11.7%，郑州旅游总收入实现 1004 亿元，同比增长 12.5%。随着信息产业的高速发展和"互联网+"概念的提出，高技术服务业将成为服务业发展的新的经济增长点。2015 年，郑州高技术服务业完成增加值 166 亿元，同比增长5.9%。规模以上高技术服务业共有单位393家，占全部规模以上服务业单位的31.2%，实现营业收入373.6亿元，占全部规模以上服务业单位的34.2%，同比增长6.1%；营业成本达到282亿元，同比增长8.9%；实现利润总额11.3亿元，同比增长58.3%；应付职工薪酬达到65.1亿元，同比增长14.7%；从业人员7.5万人，同比增长2.4%。快递行业日益规范，保持高速运营。2015年，快递业务量和业务收入在经过几个月的高速增长之后均有所回落，进入平稳发展期。2015年，郑州市快递业务量完成2.9亿件，同比增长78.6%；实现快递业务收入37.7亿元，同比增长62%。跨境贸易充满活力。郑州市跨境贸易全年走货量达到5189万包，完成货值41亿元。

（三）集聚程度不断提高

根据郑州市政府办公厅印发的《2015年郑州市服务业集聚区建设专项工作方案》，2015年，郑州市规模（限额）以上服务业企业超过600家，形成5个营业收入超100亿元、6个超50亿元的服务业集群。初步形成以郑东新区中央商务区为重点，积极推进金融改革创新，金融业增加值超过110亿元，打造奥特莱斯等高端商贸品牌，构建全国知名国际会展中心。二七区特色商业区以打造"千亿级商圈"为目标，管城回族区特色商业区发展现代商业集群，打造黄金珠宝交易集散地。金水区特色商业区与阿里巴巴合作，电子信息服务业主营业务收入达到100亿元。以上街区通航特色商业区为主体，推动通航运营服务业、通航会展旅游业、通航教育培训业发展。

（四）投资规模稳步增长

2015年，郑州服务业固定资产投资完成4796.9亿元，高出全市固定资产投资增速（19.6%）7.8个百分点，占全市固定资产投资的75.28%；2011年，郑州服务业固定资产投资完成1761.27亿元，占全市固定资产投资的58.61%。2011年和2015年分行业全社会固定资产投资情况如表2-2所示。

表2-2　　2011年和2015年分行业全社会固定资产投资　　单位：亿元

	2011年	2015年
批发和零售业	67.11	214.08
交通运输仓储及邮政业	203.52	515.79
住宿和餐饮业	14.28	34.37
信息传输、软件和信息技术服务业	13.41	69.45
金融业	6.93	2.85
房地产业	1102.36	2699.6
租赁和商务服务业	8.87	153.78
科学研究和技术服务业	10.39	71.15
水利、环境和公共设施管理业	160.16	771.93
居民服务、修理和其他服务业	10.64	2.22
教育	80.72	93.92
卫生和社会工作	45.08	72.7
文化、体育和娱乐业	28.25	62.05
公共管理、社会保障和社会组织	9.55	33.01
合计	1761.27	4796.9

资料来源：《河南统计年鉴》（2012、2016）。

（五）改革开放持续深化

服务业综合改革、跨境电商、现代物流、农村金融、养老服务等国家级试点工作深入推进，服务业市场化、社会化、产业化水平不断提高。中国（郑州）跨境电子商务综合试验区建设稳步推进，中欧班列（郑州）、跨境电子商务等品牌化发展，建设出口产品海外仓，开辟加密了中欧班列（郑州）至卢森堡、汉堡等线路，构建联通全球的物流大通道，共发250多班次，货值突破11亿美元，总毛重超10万吨，稳居全国中欧班列榜首。河南电子口岸、肉类口岸通关运行。

总体来看，"十二五"时期，郑州市服务业发展迅速，现代服务业亮点纷呈，生产性服务业对制造业转型升级的引导作用、生活性服务业对居民生活水平提高的促进作用明显增强，服务业在三次产业中的地位进一步提高，为2016—2025年郑州市服务经济加速发展、促进制造业转型升级、提高城市竞争力、建设"一带一路"核心节点城市、国际商都建设奠定了坚实基础。

二 郑州现代服务业发展SWOT分析

(一)发展优势

1. 得天独厚的交通区位优势

郑州位于中原腹地,是全国承东启西、连南贯北的重要交通枢纽,区位优势十分明显。郑州铁路枢纽是京广铁路和陇海铁路(新欧亚大陆桥)两大铁路大动脉,和京港高铁(世界最长的高铁线路)和徐兰高铁(新欧亚大陆桥)两大时速350千米及以上高铁交通大动脉的交会点,居于全国路网中心的重要位置上,素有"中国铁路心脏"之称,具有重要的战略地位。公路运输体系也日渐完善。航空运输快速发展,郑州新郑国际机场已开辟多条国际国内航线。2015年,年客运周转量已达65.4亿人千米,增长6.9%;同时,航空港的建设发展也极大地带动了机场及周边交通设施建设。2015年,货物周转量达548.2亿吨千米,比上年增长2.2%,其中,铁路货物周转量为172.7亿吨千米,公路370亿吨千米,民航5.4亿吨千米。货运量24568万吨,包括铁路货运量2745万吨,比上年下降9.1个百分点;公路货运量21813万吨,比上年增长10.7%;民航货运量10.3万吨,较上年增长4.3%。同时,2015年客运周转量为279.6亿人千米,环比增长1.2%。客运量18725亿人千米,其中,铁路客运量4349万人,环比增长4.4%;公路客运量13914万人,环比增长0.5%;民航客运量462.2万人,较上年增长5.1%。交通区位优势为郑州市现代服务业提供了良好的发展基础。

2. 经济基础雄厚

郑州地理位置优越,自然资源丰富,拥有良好的工业基础。2015年,郑州全年规模以上工业企业完成增加值3312.3亿元,增长10.2%;非公有制工业完成增加值2539.3亿元,增长11.7%;高技术产业完成增加值514.5亿元,增长25.5%。其中,汽车及装备制造、电子信息、新材料、生物及医药四大战略性产业完成增加值1637.5亿元,增长14.1%,总量占规模以上工业增加值的49.4%,

比上年提高2.6个百分点；六大高耗能行业完成增加值1330.6亿元，增长6.8%，总量占规模以上工业增加值的40.2%，比上年下降2个百分点。2015年，郑州全年规模以上工业企业完成主营业务收入13434.1亿元，比上年增长9.2%；实现利税1541.3亿元，增长6%；实现利润1057亿元，增长6.7%；产销率达到98%，比上年提高0.3个百分点。2006—2015年郑州主要经济指标情况如表2-3所示。

表2-3　　　　　2006—2015年郑州主要经济指标

年份	城区面积（平方千米）	人口（万）	GDP（亿元）	人均可支配收入（元）	固定资产投资（亿元）	商品房销售面积（万平方米）	商品零售总额（亿元）	本外币存款（亿元）	居民存款（亿元）	财政收入（亿元）
2006	282	724	2002	11822	1031	801	822	3560	1621	202
2007	294	736	2423	13692	1367	1098	979	3938	1659	278
2008	329	744	3004	15732	1773	700	1206	4916	2067	680
2009	337	752	3300	17117	2289	1199	1439	6540	2511	522
2010	343	863	4000	18897	2757	1559	1678	7990	2911	643
2011	355	885	4911	21612	3003	1557	1987	8964	3252	820
2012	373	9031	5547	24246	3670	1442	2290	10448	3846	975
2013	383	919	6201	26615	4509	1622	2586	12450	4475	1116
2014	413	937	6783	29095	5355	1592	2914	13955	4839	1269
2015	438	956	7315	26502	6288	1899	3295	16936	5696	1162

资料来源：《河南统计年鉴》（2012、2016）。

3. 丰富的资源优势

郑州拥有良好的自然禀赋，为现代服务业发展提供了充足的生产要素，也为其竞争力的提升创造了基本条件。2015年年末，郑州市占地437.6平方千米，矿产丰富，水源富足，黄河、淮河两大水系均流经郑州，南水北调中线工程将汉江上游的丹江口水库引水跨长江、淮河、黄河和海河四大流域，经郑州、石家庄等城市一直流向北京、天津。同时，作为华夏文明的发源地，郑州市具有龙文化、炎黄文化、武术文化等深厚的历史文化，孕育着丰富的历史人文资源，如少林寺，为文化及旅游产业的发展创造了有利条件。另外，郑州市作为河南省省会，劳动力资源丰富，完全满足现代服务业发展对劳动力的需求。

4. 科教事业迅速发展

近年来，郑州大幅增加教育和科技投入，研发和创新能力得到进一步提高，为现代服务业发展提供了必要的智力及技术支持。2015年，郑州在校研究生22067人，普通本专科在校学生824152人，普通中等专业学校在校学生278432人。全年共组织实施科技项目1007项，其中，省级以上项目335项，增长18.8%；郑州共有国家级企业技术中心18个，省级企业技术中心321个，省重点实验室26个。同时还拥有国家级创新型试点企业4家，省级创新型试点企业获得国家科技进步奖12项，增长50%；省级科技进步奖36项，增长5.8%。除此之外，全年完成重大科技成果576项，增长12.7%；全年专利申请量达到26406件，增长8.6%；授权量16125件，增长30.9%；全年共签订技术合同4599份，增长8.3%；技术合同成交金额达130.1亿元，增长17.3%。

（二）发展劣势

1. 收入水平较低，服务消费潜力不足

消费者的收入是促进现代消费性服务业发展的主要动力来源。郑州居民收入水平相对较低，增长速度缓慢，对消费需求有严重的制约作用。2016年，郑州全年完成生产总值7315.2亿元，比上年增长10.1%，但与发达地区水平相比，仍有较大差距。2015年，郑州人均生产总值77217元，远远低于北京、上海等一线城市；郑州农村居民人均可支配收入17125元，与全国平均水平21281元相差4156元。与此同时，由于受到收入水平的制约，城乡居民的消费侧重于生活用品类，对现代服务业需求的拉动力十分有限，需求潜力不足。

2. 质量不高，市场开放程度不足

服务业知名品牌数量少、国际化程度不高，缺少规模化、专业化的核心企业，与其他城市在集聚国际资本和跨国公司总部等方面差距明显。服务业体制机制改革仍需深化，政府对新兴服务业的管理模式还需进一步完善，部分行业准入门槛过高，部分领域行业垄断依然存在、市场开放度不够。

3. 技术创新对服务业的驱动和支持作用不足，科技与服务业的融合发展有待加强

现代服务业具有高文化品位和高技术含量，高增值服务、高素质、高智力的人力资源结构以及高感情体验、高精神享受的消费服务质量等"四高"的特点，需要大量高素质的专业人才。尽管郑州市拥有丰富的劳动力资源，近年来，科教事业发展也较为迅速，并不缺乏一般的服务业从业人员，但高素质服务业专门人才仍然极度匮乏，远不能适应其快速发展的需要。显然，高素质专门人才紧缺已成为制约郑州市现代服务业发展的主要原因之一。

（三）发展机遇

1. 产业结构调整加快，有利于推动现代服务业迅速发展

伴随着生产力的快速发展，郑州三大产业结构正发生着重大变化，从"一二三"格局到"二一三"格局，进一步演进为"二三一"格局，已完成由传统农业为主向新兴工业为主的转变。但是，在新时期，为了实现经济持续高速的增长，仍需加快转变经济增长方式，加快产业结构调整，最终实现"三二一"格局。

2. 资源环境约束增强，加快现代服务业发展成为必然选择

目前，郑州资源环境形势日益严峻，传统的高消耗、高污染的粗放式发展模式已然行不通，必须开展集约化生产。现代服务业的低资源消耗性和低环境污染性，使其发展可以加快经济增长方式的转变，减轻环境污染，保护自然资源，推进资源集约和循环利用，使其能够更好地处理经济发展与环境保护之间的关系，实现经济的健康可持续发展。

3. 服务业全球化进程加快，为郑州市承接现代服务业转移创造了条件

现代信息、互联网、生命科学等技术的不断创新，引领全球产业加速、跨界融合发展，促使服务业模式和业态日新月异，为服务业发展提供新动力。进入 21 世纪以来，在经济全球化的背景下，服务业

国际转移快速增加，全球服务业外商直接投资占全部投资的2/3以上，服务贸易成为世界贸易中最具增长活力的引擎。受国际金融危机的影响，发达国家服务业资金、技术、人才等要素加速向中国等新兴经济体流动。郑州市凭借突出的区位、产业和资源优势，将成为重要的现代服务业转移承接地区。

4. 良好的政策环境，有利于郑州市现代服务业快速发展

国家供给侧结构性改革和"一带一路"倡议的实施、河南省"五大国家战略"深入推进以及中等收入群体逐步升级的消费需求，为服务业发展带来新空间；国家和河南省加快发展生产性服务业和生活性服务业、推进文化创意与设计服务和相关产业融合发展、加快科技服务业发展等一系列政策举措的出台，为服务业发展提供了新保障，郑州市将获得更多政策、资金和项目上的支持，郑州市经济社会发展也将站上新的战略起点，进入全面提升产业层次、加快经济社会转型、促进统筹协调发展的新阶段，这将为现代服务业带来空前的发展机遇。

(四) 面临挑战

1. 国际经济发展不利因素的影响

在国际金融危机的冲击下，为了保护本国就业，必将施行更加多样化、更加隐蔽的贸易保护主义，从而加剧贸易摩擦，进一步提高了我国出口产品面临的贸易壁垒。同时，随着货币战的加剧，将增加人们对人民币汇率升值的预期，从而加大汇率波动幅度，这同样会阻碍我国的出口贸易，并且人民币升值的预期会在一定程度上削弱跨国公司对华的投资意愿。上述种种原因都会在某种程度上影响郑州市现代服务业的发展。

2. 经济全球化带来竞争的加剧

随着全球化进程加快，周边国家和地区纷纷采取各种优惠政策及保障措施，不断改善投资环境，积极吸引外资，促进本地区现代服务业的发展，这无疑将在外资利用和服务产品销售上对郑州市现代服务业造成不利影响。中国加入世界贸易组织以后，对外开放水平进一步加深，一些国外企业凭借雄厚的资本、先进的技术和管理经验，在我

国现代服务市场具有较强的竞争力。而郑州市现代服务业产业层次较低，竞争能力较弱，根本无法与国外大企业展开直接的竞争，必然会使郑州市现代服务业企业的市场份额减少。

3. 有效供给不足和能级水平不高成为服务业发展的主要挑战

当前，郑州人口环境资源约束日益加剧与居民消费需求不断升级之间的矛盾逐步显现，养老、健康等生活性服务业有效供给不足，房地产市场结构布局不合理的问题凸显，研发设计等新兴领域规模不大、比重不高。

4. 面临其他省市强有力的竞争

目前，全国各省（直辖市、自治区）基本均已明确了发展现代服务业的重要性，并且争相出台相关优惠政策，鼓励和支持本地区现代服务业的发展，同时积极改善投资环境，吸引投资，引导资金流向现代服务部门。因此，郑州在发展现代服务业的过程中，必将会与其他省市在获取产业资源、抢占市场先机、拓展市场空间等方面展开激烈的竞争。

第三节　郑州现代服务业发展蓝图

一　指导思想

全面贯彻中共十九大精神以及习近平总书记系列重要讲话精神，深入落实"四个全面"战略布局，坚持"创新、协调、绿色、开放、共享"发展理念，抢抓国家"一带一路"倡议、"中部崛起""郑州航空港经济综合实验区""郑洛新国家自主创新示范区""河南自贸区"及"国家中心城市"建设战略机遇，以服务业供给侧结构性改革为主线，坚持以现代金融商贸物流业和文化创意旅游业为战略支撑，结合高成长性、战略新兴、不同类型传统支柱服务业各自发展特点，着力构建特色鲜明的现代服务业产业体系，努力推动服务业发展提速、比重提高、水平提升。重点大力发展推动电子商务、金融、旅游等高成长性服务业，培育发展教育培训、商务服务、养老及家庭服务、科技服务等战略性新兴服务业，改造提升房地产业、商贸流通等传统支柱服务业。把郑州建成全国重要的现代服务业中心和产业创新服务中心，为建设国家中心城市、实现2049远景目标奠定坚实的产业基础。

二 规划原则

1. 以人为本，服务共享

以提高居民幸福指数为宗旨，强化为民服务、为企服务和为城服务；发展生活性服务业，满足居民生活需求；发展生产性服务业，满足企业生产需求；发展公共性服务业，满足城市公共需求，创造民生共享环境。

2. 高端引领，集聚发展

重点发展知识密集型服务业，促进产业高端化和绿色化。遵循产业发展规律，发挥市场在配置资源中的决定性作用和企业作为服务业发展主体的地位，引导服务业集聚发展，加强现代服务业集聚区建设。

3. 国际品质，郑州特色

强化国际视野、战略思维，大力引进一批国际知名的服务业企业，谋划一批富有郑州文化特色的重大全局性项目，完善城市的现代化创新功能、商务功能、文化功能、会展旅游功能和人居功能。

4. 统筹城乡，协调发展

依托服务业集聚区、功能性载体和平台，引导服务业资源合理布局，加快形成专精特新、协调联动的服务业发展格局。完善中心城区商务楼宇综合服务功能，促进高端服务业提升能级；推动郊区加快发展生产性服务业和特色生活性服务业，促进制造业转型升级和经济社会协调发展。

5. 深化改革，创新创业

发挥创新对服务业的驱动作用，鼓励企业深化推进技术创新、模式创新、业态创新和管理创新，在创新中提升供给质量，满足需求、引导消费。着力发展与制造业密切相关的生产性服务业、与人民生活密切相关的生活性服务业，带动扩大社会就业，推动产业跨界融合、产城深度融合，让全社会共享服务业的发展成果。

三 战略取向

（一）创新驱动战略

创新是提升现代服务业效率和质量的关键要素，现代服务业领域创新主要包括制度创新和技术创新两个方面，实现这两方面的创新，就等于增强了服务业发展的原动力。

制度创新的着力点是充分发挥市场机制对现代服务业发展的基础性作用，而市场机制的核心是价格机制，因此，要理顺好现代服务业价格形成机制和定价机制，特别要运用好价格机制支持和促进服务业关键领域的发展。当今社会，最紧迫的是要尽快实行与工业用水、用电、用气、用地等方面平等的价格政策，为现代服务业发展争取一个平等的制度环境。同时，还要加强对服务价格的管理，推动管理制度改革，建立符合市场化改革要求的服务业价格分类管理制度。

技术创新是服务业现代化和提升服务业综合竞争力的重要动力，而技术创新又源自研发投入。目前，世界上大部分国家的现代服务业研发经费比重正逐步增加，尤其是美国等发达国家，服务业研发经费比重的上升趋势更加明显。现代服务业研发费用的增加直接导致了其技术进步与技术创新，改变了人们对服务业劳动密集型产业和低劳动生产率产业的传统看法。此外，信息技术特别是互联网技术的运用，创新了更多的服务领域、业态和模式，既使现代服务业越来越个性化，也增强了现代服务业的可实现性。

总体来看，郑州市服务业现代化程度较低，要以科技进步和科技创新为切入点，大力推进服务业现代化，着力培育新业态，全面提升服务业效率、质量和知识含量，进而增强郑州市现代服务业在市场中的竞争力。

（二）融合发展战略

产业间融合已成为现代产业发展的一个重要特征。当今世界，服务业与制造业、农业之间的关系越来越密切，是在融合与互动中发展的，服务业和制造业的关系正在变得越来越密切，主要表现为制造业的中间投入中服务的投入大量增加。多数国家的产品生产中，服务投入增长速度明显快于实物投入增长速度,越来越多的制造商加入培训、咨询服务等服务,从新的服务领域获取竞争优势。

制造业与服务业的融合发展表现出两种趋势:一是制造企业服务化;二是服务型制造。当今社会,信息技术应用日益广泛和深入,全球制造业正在从生产型制造向服务型制造转变。服务型制造的一个重要特点是产品越来越"软化"和"个性化",郑州正在致力于走新型工业化道路,致力于摆脱处于价值链低端的局面,出路就在于大力发展生产性服务业,并促进生产性服务业和制造业融合与互动发展,这是我们产业政策的一个新的着力点,是要长期坚持的一个战略选择。

(三)集聚发展战略

集聚发展是现代服务业发展的又一重要特点和趋势,是我们必须遵循的发展方向。把大量服务业企业及相关机构集中于某个特定区域的模式反映了现代服务业发展的内在要求,也在某种程度上决定了其所在城市经济的繁荣及其辐射力和竞争力的高低。

服务业在空间上的集聚是规模经济和范围经济的必然选择。但是,集聚发展切忌陷入"为集聚而集聚"的道路,集聚只是手段而不是目的,走集聚发展的道路要避免从空间上将一系列看似关联的企业集中到一起,这样做只是在表面上实现了企业集聚,但是,各个企业之间并没有相互联系,没有产生协同效应。真正的集聚发展是在地理上集中且有相互关联性的企业、服务供应商、相关产业的厂商、相关研发机构和相关产业协会等构成的群体,它是在某一特定领域中大量产业中联系密切的企业以及相关支撑机构在空间上集聚,并形成强劲、持续竞争优势的现象。走集聚发展道路,一定要避免"形聚而神不聚";走集聚发展道路,首先是要尊重企业的自主选择,其次要发挥政府的积极作用,如加强服务业集聚区建设规划引导,充分完善公共服务平台建设,建立集聚区标准与考核评价体系等。

优化服务业空间布局,完善生产力要素布局,促进"产业集聚、企业集群、资源集约",提高服务业重点功能区和集聚园区对全市服务业发展的支撑引领和示范带动作用。

第二章 郑州现代服务业发展战略（2016—2025年）/ 51

（四）区域协调发展战略

郑州地处中原腹地，在"中部崛起战略"与"中原经济区建设"的支持引导下，发挥承东启西的区位优势，拓展现代服务业领域，完善服务体系，不断提高服务业对经济增长的贡献率，发展壮大具有比较优势的现代服务业，积极承接国际服务外包和东部地区现代服务业转移，提升服务业产业发展层次，发挥科技教育资源优势，提高自主创新能力，巩固提升综合交通运输枢纽地位，推进现代物流基础设施建设，是义不容辞的责任，也是郑州市现代服务业发展的必然选择。

健全区域现代服务业协调互动机制，按照"发挥比较优势、提升服务层次、加强薄弱环节"的原则，优化现代服务业发展布局，深化区域现代服务业合作，通过健全现代服务业市场机制，打破行政区域的局限，健全合作机制，逐步形成主体功能定位清晰、良性互动、统一有序、各具特色的区域现代服务业发展格局。

四 发展目标

（一）总体目标

以打造郑州国家级服务中心为目标，加快郑州航空港经济综合实验区、郑洛新国家自主创新示范区、中国（河南）自由贸易试验区、中国（郑州）跨境电子商务综合试验区和河南省国家大数据综合试验区建设，积极融入全球产业链、价值链和供应链，加强资源要素集聚，完善区域服务功能，提高服务经济外向度，增强辐射带动能力，打造国际物流中心、"丝绸之路经济带"商贸中心、中西部地区金融中心、科技创新中心、区域文化中心和医疗中心，在全省率先建立以服务经济为主导的现代产业体系。力争到"十三五"期末，现代服务业对经济社会发展的支撑和贡献进一步加大，服务于产业创新和区域发展的能力进一步增强，构建起结构完整、布局合理、特色鲜明、集聚力强、辐射面广的现代服务业产业体系；到2025年，基本建成国家级服务中心和产业创新服务中心。

（二）具体目标

1. 产业发展迈上新台阶

"十三五"期间，服务业增加值年均增速超过地区生产总值增速，服务业固定资产投资占全市投资的比重保持在75%以上，年均增长15%；服务业税收占全市税收比重保持在75%以上；服务业对经济社会发展的贡献持续提升。到2020年，力争服务业增加值达到5722.56亿元，年均增长10%以上，服务业增加值比重达到56%；到2025年，力争实现服务业增加值比重达到64%。

2. 产业结构不断优化

金融、物流、科技、信息、商务等生产性服务业加快发展，到2025年，生产性服务业增加值占全市服务业增加值的比重达到60%以上，旅游、商贸流通、健康服务等生活性服务业引领消费，实现特色化、规模化、健康服务等生活性服务业引领消费，实现特色化、规模化、高端化发展。生产性服务业功能显著增强，消费性服务业品质提升，新兴服务业蓬勃发展。在新兴服务业领域，培育形成2—3个在全国具有综合竞争力的产业门类。

3. 空间格局拓展优化

注重现代服务业带动新型城镇化，服务业空间格局向外围拓展，基本形成"一核三园十一区"的产业格局。一核是指郑东新区中央商务区；三园是指登封市"天地之中"文化旅游专业园区、中牟绿博文化产业园区和金水区工业设计产业园；十一区是指二七区、管城、惠济、金水、中原、上街区通航、登封、中牟、荥阳、新密、新郑特色商业区。

4. 载体建设成效显著

推进重点新兴服务业集群培育工程。郑东新区金融集聚核心功能区建设、郑州北斗导航产业基地建设初见成效；重点建设郑州国际物流中心、郑州国家电子商务示范城市、郑州国际文化旅游名城；推进建设河南国家知识产权创意试点园区、郑州中原国家广告产业园、国家动漫出版产业发展河南基地；加快河南郑州国家知识产权服务业集聚区建设。到2025年，主体功能突出、辐射带动作用强的服务业发展载体不断壮大，形成30家年营业收入过百亿的服务业企业，15个营业收入超百亿的服务业集群，5个超千亿的服务业集群，基本形成以服务经济为主导的区域性现代服务业基地。

5. 发展环境明显改善

公平竞争的市场环境基本建立，服务业创新创业、行业自律、市场管理等方面的体制机制继续完善。创新竞争力显著增强：理念创新、技术创新、管理创新、业态创新和商业模式创新能力日益增强，新技术、新业态、新产业不断涌现，形成一批有较强市场竞争力的重点企业和具有较大影响力的服务业品牌。服务业双向开放水平显著提升。

郑州2015年、2020年和2025年服务业发展主要指标如表2-4所示。

表2-4 郑州2015年、2020年和2025年服务业发展主要指标

	2015年 增加值（亿元）	2015年 占比（%）	2020年 增加值（亿元）	2020年 占比（%）	2025年 增加值（亿元）	2025年 占比（%）
服务业合计	3553.26	48.58	5722.56	55.78	9216.24	64.05
批发和零售业	546.86	7.48	880.72	8.58	1418.41	9.86
交通运输仓储及邮政业	408.40	5.59	657.73	6.41	1059.28	7.36
住宿和餐饮业	251.01	3.43	404.25	3.94	651.06	4.52
信息传输、软件和信息技术服务业	154.14	2.11	248.24	2.42	399.80	2.78
金融业	701.44	9.59	1129.68	11.01	1819.35	12.64
房地产业	399.92	5.47	644.08	6.28	1037.29	7.21
租赁和商务服务业	202.78	2.77	326.58	3.18	525.96	3.66
科学研究和技术服务业	173.85	2.38	279.99	2.73	450.92	3.13
水利、环境和公共设施管理业	24.53	0.34	39.51	0.39	63.62	0.44
居民服务、修理和其他服务业	118.21	1.62	190.38	1.86	306.61	2.13
教育	188.18	2.57	303.07	2.95	488.09	3.39
卫生和社会工作	141.09	1.93	227.23	2.21	365.95	2.54
文化、体育和娱乐业	77.67	1.06	125.09	1.22	201.46	1.40
公共管理、社会保障和社会组织	164.19	2.25	264.43	2.58	425.87	2.96
GDP	7315.00		10259.67		14389.71	

注：GDP按年均增长7%计算，服务业按年均增长10%计算。

资料来源：《河南统计年鉴（2016）》。

第四节　郑州现代服务业发展重点

2016—2025年，郑州要重点发展现代金融、物流、信息服务、商贸商务、会展、科技、文化旅游及健康养老八大行业，构建现代服务业产业体系。

一　现代金融

健全现代金融组织体系，壮大中原银行、中原农业保险、中原信托、中原证券、中原资产、中原股权交易中心等金融主体，组建法人寿险公司、财险公司、民营银行、再担保公司、消费金融公司、金融租赁公司、融资租赁公司和金融资产交易中心等，设立一批产业投资基金、股权基金和创业投资基金。大力引进国内外各类金融机构，培育服务小微企业的中小金融机构。大力发展金融新业态，发展融资担保、金融租赁、消费金融、股权投资、互联网金融等新业态，大力发展离岸金融。引导金融服务实体经济，支持引导银行机构加大对优势行业的中长期信贷支持，健全金、政、企合作长效机制，引导和支持有条件的企业挂牌上市，持续推动企业进入多层次资本市场融资。发展多层次资本市场，增强金融创新和服务能力，构建具有较强融资和国际结算能力的区域金融体系，建成中原经济区金融机构及企业总部集聚中心、商品期货交易与定价中心、要素市场交易中心、金融后台服务中心和金融服务改革创新试验区，提升郑州区域性金融中心的竞争力和集聚辐射能力，打造郑州区域性金融中心。建设基于大数据的金融信用和风险防控体系，实施"互联网+"普惠金融行动，加快建设金融云服务平台，大力发展离岸金融，加强绿色金融、消费金融、跨境金融、科技金融、供应链金融等产品和服务方式创新。

金融业主要以郑东新区中央商务区为主体，围绕打造全国重要的区域金融中心，加快金融集聚核心功能区发展，推动龙湖金融中心和金融后台服务园区建设，加快实施中交建整体开发、方正金融中心、平安金融中心等一批重点项目，积极培育创业投资、股权投资、融资租赁、互联网金融等新兴业态，推进高端服务业集聚发展，区域综合竞争力和辐射带动能力显著增强。

金融服务业增加值年均增速10%以上，到2020年，金融服务业增加值达到1129.68亿元，占GDP的比重达到11%；到2025年，金融服务业增加值达到1819.35亿元，占GDP的比重达到12%，形成与郑州经济发展相适应的现代金融机构体系，将郑州打造成为我国现代金融基地。

二　现代物流

深度融入"一带一路"倡议，依托现代综合交通枢纽和网络优势，健全国际物流、区域物流、城市配送多层次大物流体系，推动重点领域提质增效，提升物流服务能级水平，金融服务业增加值年均增速10%以上。到2020年，现代物流业增加值达到657.73亿元，占GDP的比重达到6%；到2025年，增加值达到1059.28亿元，占GDP的比重达到7%。

强化郑州国际物流中心功能，大力发展空、铁、公、海多式联运，加快郑州航空港、国际陆港物流枢纽建设，构建贯通全球的航空物流网络和东联西进的铁路物流网络，扩大国内集疏范围，打造国际航空物流中心和亚欧大宗商品商贸物流中心。强化郑州新郑国际机场枢纽功能，加快启动第三跑道建设，加快建设北货运区国际货物转运中心、跨境电商物流中心、航空邮件集散分拨中心、快件公共转运中心等，建设郑州南站高铁物流基地。推动郑州—卢森堡"双枢纽"建设，构建联通全球主要货运枢纽机场的空中通道。扩大国际航空集散和中转业务规模，拓展到京津冀、长三角等区域的卡车航班网络。加快郑州班列"一干三支"铁、海、公多式联运国家示范工程建设，加快郑州铁路国际枢纽口岸及一级、二级铁路物流基地建设，建成汽车整车进口、进境粮食等指定口岸，启动国际陆港第二场站建设。依托国家陆桥通道，向西开辟加密郑州—土耳其—卢森堡、郑州—汉堡等线路，增加东欧、北欧、日韩等境外集疏网络，向东开通连接沿海主要港口的"五定"（定点、定线、定车次、定时、定价）班列。到2020年，中欧班列实现每日往返对开各一班；2025年，中欧班列实现每日往返对开达到2—3班。拓展国际物流园区公路港功能，加快电子商务快递、冷链、汽车、医药等物流功能区建设，完善与航空港、国际陆港联络通道，吸引国内外知名第三方物流企业入驻。

实施智慧物流建设工程。推进智慧物流园区、信息平台、云仓储和智能分拣配送设施建设，建成一批跨境电商、车联网、库联网等物流交易平台，建设省级交通运输物流公共信息平台，推广无车承运人模式，建设产业集聚区公共外仓，开展统一采购、动产质押、供应链金融等增值服务。到2020年，建成3—5个智慧物流园区和2—3个全国性专业服务平台。

实施特色物流提升工程。以航空、冷链、快递、保税等领域为重点，培育形成一批具有全国影响力的物流集群和龙头企业。扩大国际航空物流集散和中转业务规模，建设全国性冷链资源交易平台和生鲜食品、药品、农产品冷链物流基地，发展一批跨境电商仓储物流中心和电商快递产业园，力争培育国家和省级示范物流园区5—10家，4A级以上物流企业20家。

完善物流节点网络，加强物流节点城市区域分拨和城市配送网络建设，改善农村物流基础设施，建立城乡一体物流体系，发展"互联网+城乡配送"，鼓励物流企业在乡镇设立服务网点，布局村镇共同配送末端网点，提高"最后一公里"物流配送效率，促进城乡商品双向流通，完善快递物流二级节点，推动与国内主要经济区物流通道和物流基础设施互联互通，形成内捷外畅的物流快速集散体系。加强物流标准化和信用体系建设，降低社会物流成本。

到2025年，郑州作为全国性综合交通物流枢纽城市的作用进一步强化，打造国家交通物流中心，把郑州建设成为服务能力强、辐射范围广、功能齐全、设施先进的现代物流基地。

三 信息服务

重点发展电子商务、大数据、云计算、物联网等领域，开展试点示范，强化应用普及，完善基础设施，全面提升信息服务渗透融合能力。力争到2020年，电子商务交易额超过1万亿元，网络零售额超过500亿元。

实施电子商务推进计划。加快中国（郑州）跨境电子商务综合试验区建设，实施电子商务产业融合、电子商务进农村综合示范、跨境电子商务提升、电子商务物流配送、电子商务集聚发展五项工程，研究制定跨境电商技术规则和技术性贸易措施，推进郑州、洛阳等国家电子商务示范城市和安阳国家工业电子商务区域试点建设，培育壮大河南省优秀和特色电子商务平台。力争跨境电商交易额超过3000亿元。

实施"互联网+"行动。重点在协同制造、高效物流、现代农业、创业创新等领域开展试点示范，推进国家大数据综合实验区建设。

大力打造北斗产业链，突出军民融合，加强特色应用，实施基础设施、核心技术产业化、高端产品制造、特色应用示范和标准化战略五大工程，引进一批北斗领域中央企业的龙头项目落户郑州，孵化一批北斗产业链相关创新企业，建成从研发、芯片、终端、应用到市场的全北斗生态产业链。

加强虚拟现实产业应用，推动虚拟现实技术在影视、旅游、文化、工业、医疗、教育、房地产等行业的应用，培育较为完整的产业生态链，打造用户、技术、硬件、内容、开发、渠道、资本共同推动的产业发展生态圈，形成全国领先的产业集聚区和产业应用示范区。

建设云服务基地，打造国家级绿色数据中心、全国具有影响力的行业数据开发服务中心、大数据交易中心。开辟农村信息消费的蓝海，积极推进农村宽带建设，创新农村支付体系，加强农村综合信息服务平台建设，大力发展农村信息产品消费、应用服务购买消费、信息技术平台农民再消费，助推"三农"发展。加强网络基础设施建设，实施宽带提速工程、光纤到户工程、4G网络建设工程、下一代互联网升级改造工程和宽带乡村建设工程。

到2020年，以金水区电子特色商业区、金水区工业设计产业园区为主体，主要推进电子商务、信息服务、电子产品商贸等产业发展。推进正弘数码港三期、硅谷广场、创新大厦二期等重点项目建设，形成以电子信息产业为主导，带动多个现代服务产业发展的特色集群。推进金泰信息技术服务中心、新科技市场、朗驰智能机器人等重点项目建设，加快产业集群培育。

四 商贸商务

大力发展线上线下互动，拓展新型业态，创新商业模式，推动商贸流通转型升级。加快跨区域农产品流通基础设施建设，推进城乡流通网络一体化，优化商业网点布局，建设一批全国性、区域性商品交易市场。加快推动传统商业向主题型、体验式、智慧化商业中心转型，培育和发展品牌消费集聚区。鼓励零售企业利用互联网技术推进实体店铺数字化改造，增强店面场景化、立体化、智能化展示功能，开展全渠道营销。大力发展社区商业网点，加快电子商务进社区，推广"电子商务平台＋社区智能便利店＋集成网络终端"社区商业模式，打造一刻钟便民服务圈。推动住宿餐饮业特色化、绿色化、品牌化发展，保护老字号企业，发展绿色饭店、主题酒店、客栈民宿、有机餐饮、快餐团餐、农家乐等新型业态，建设中央厨房、电子商务平台、食品安全体系等配套设施。完善星级酒店监督机制，开展农家宾馆星级评定。

加强商业中心发展，构建以市级商业中心、区域商业中心、大型城市综合体为支撑，以中央商务区、大型城市综合体、特色商业街、专业市场等为内容的商圈网络。推动特色商业街（区）建设，重点建设二七区、管城、惠济、金水、中原、上街区通航、登封、中牟、荥阳、新密、新郑特色商业区，大力发展以点式地铁商业、条式地铁商业、立体化地铁商业为要素的地铁商业经济。大力发展社区商业，鼓励大型流通企业开拓社区服务，发展集商品预购、网购线下体验、试穿试用服务、金融服务、便民服务、智能快递柜等功能于一体的全渠道社区商业。提升农村商业发展层级，鼓励连锁经营等现代流通方式进入农村市场，构建以城区配送为龙头、乡镇店为骨干、村级店为基础的农村现代流通网络，打通农村商业"最后一公里"，大力发展农村电子商务。构建大市场发展格局，加快推进大围合区域市场外迁工作，进一步完善市场群空间布局。深化商贸模式创新，推进互联网、云计算、物联网、移动通信等现代技术在商贸领域的应用，加快培育

"智慧商店""智慧商圈"和"智慧流通"。

2020年，主要以各特色商业区为主体，依托商业综合体，对传统商贸业态改造提升，引导现代商贸服务企业集聚，融入电子商务发展模式，增强体验式消费功能，大力发展高端商贸流通业、高端商务服务业等新兴业态，不断完善高端商业、商贸、商务配套服务功能，提升特色商业区现代商贸业辐射带动力。

五　会展服务

围绕发展会展经济，完善会展配套基础设施，完善会展产业链，推动会展业专业化、品牌化、国际化发展。加快郑州国际会展名城建设，推进区域中心城市会展业发展，积极承接国际性、全国性展会，做精做强具有产业和地方特色的常设性会展，培育一批综合性龙头展会和专业品牌展会，争取更多品牌展会列入商务部支持展会目录，加快郑州航空港区绿地会展城等一批核心展馆设施建设，完善会展信息服务平台。推动会展业与文化、旅游等产业融合发展，拉长会展产业链条，培育会展产业集群，构建会展经济圈。组织好中国中部投资贸易博览会等重大展会活动，引进一批国际高端展会落户郑州，积极发展"网上会展"和会展电子商务。

到2025年，郑州会展产业形成千亿元产业，将郑州打造成为中部会展高地。

六　科技服务

到2025年，实现科技服务产业增加值年均增长10%，争取建成1—2个国家级制造业创新中心，建设2—3家国家级工业设计中心，基本形成市场化机制与公益性服务相结合、覆盖科技创新全链条的科技服务体系，全力打造国家创新中心，将郑州打造成为我国的科技服务基地。

积极发展与制造业联系紧密的研发设计、知识产权、检验检测、节能环保服务等服务业，引导生产企业加快服务环节专业化分离和外包。加快发展研发设计服务，创新众包设计、云设计等新型设计模式，提升新材料、新产品、新工艺研发设计能力，推动工业设计向高端综合设计服务转变，建设一批具有较强竞争力研发设计基地和中心。大力发展知识产权代理、信息咨询等服务，提升知识产权分析评议、运营实施、评估交易、保护维权、投融资、保险和证券化服务水平，构建全链条的知识产权服务体系，支持科技服务机构面向重点产业领域建立知识产权信息服务平台，提升产业创新服务能力。加快第三方检验检测认证服务机构发展，加强计量、检测技术、检测装备研发等基础能力建设，完善检验检测认证服务体系。大力发展第三方节能环保服务，积极推行合同能源管理，强化环境污染治理设施的市场化、企业化和专业化运营管理，发展再制造专业技术服务。加快国家技术转移郑州中心建设，建成郑州国家知识产权集聚发展试验区，引进和培育一批高水平、专业化的知识产权服务品牌机构，加快国家专利审查协作河南中心建设，推动建设中部知识产权运营中心。加快国家质检中心郑州综合检测基地建设，促进其和技术机构组建或参与技术合作联盟，搭建公共技术服务平台。

壮大特色研发设计业，加速推进新材料、新产品、新工艺的研发和应用，提升工业设计、平面设计、手工艺品设计、数字媒体设计、勘察设计等领域水平，重点建设金水区工业设计产业园。

七 文化旅游

加快全域旅游、乡村旅游和智慧旅游发展，壮大数字传媒、创意设计、现代演艺、动漫游戏等文化产业规模，推动文化与旅游深度融合。力争到2025年，文化产业增加值突破200亿元。全力打造国家创意中心，将郑州建设成为全国文化创意之都。力争到2025年，全省年接待海内外游客突破2.5亿人次，旅游总收入达到2600亿元。

大力发展文化创意，激发文化产业发展活力，推动文化产业加快发展成为国民经济支柱性产业。重点扶持数字传媒、创意设计、动漫游戏、工艺美术、新闻出版、广播影视等产业，加大公共服务平台建设力度和技术研发投入，提高原创能力、开发能力和制作水平，打造从创意设计、制作开发到交易推广的完整产业链条。推动郑州国际文化创意产业园建设，重点发展中牟绿博文化产业园区和登封市"天地之中"文化旅游专业园区。积极开展国家级文化产业示范园区创建工作，培育规模超百亿元的文化产业园区1—3家。推动文化与旅游、制造、农业、科技、体育等产业融合发展，建设省级文化科技融合示范基地，培育5家创新能力强的文化科技融合型骨干企业，打造1—2家综合实力跻身全国前列的新型媒体集团，扩大少林武术等国际品牌影响力。以中原文化和豫派原创为重点，在影视、出版、动漫、演艺等领域，创作开发10—15部具有全国影响力的文化精品，培育一批知名演艺品牌和文化名家大师，鼓励组建演艺院线等行业联盟。重点推进创新创业综合体建设，大力支持社会自发形成的创客空间、创新工厂、创业咖啡馆等众创空间。深化政、产、学、研、商合作机制，探索以创新人才发挥效能的良性发展新模式。充分利用园区集聚优势，对不同的创意资源进行整合、培育、升级，形成创意产业发展的整体合力。构建完善的激励和保护创意成果创造与运用的平台，使平台为更多的省内外设计及制造型企业服务。

加快发展特色文化行业，做大文化旅游、工艺美术等特色行业，深度挖掘历史文化、红色文化、山水文化、影视文化、民俗文化等独特资源发展文化旅游，发展利用优秀非物质文化遗产开发的文化产品和服务。

加快文化产业园区建设，以优势产业、龙头企业、重大项目、知名品牌为依托，建设一批特色鲜明、效益明显的文化产业园区，形成以国家级文化产业园区为龙头、省市级文化产业园区为骨干、各特色文化产业群为支点的发展格局。扩大文化消费需求，加大文化基础设施建设，加快发展大众文化消费，开发中高端文化消费，培育特色文化消费，形成新的文化消费增长点。实施文化"走出去"战略，推动文化产品和服务输出，鼓励对外文化投资，支持文化企业采用多种形式开拓海外市场，扩大对外文化版权贸易。

围绕大众旅游需求，推动旅游产品向观光、休闲、度假并重转变，依托黄河、少林拳、嵩山、古都等优势资源，打造中国功夫、古都文化、山地休闲、健康养生等特色旅游目的地品牌。创建国家全域旅游示范区和国家级旅游度假区。将乡村旅游作为产业扶贫的重要抓手，实施乡村旅游扶贫工程，扶持贫困村发展乡村旅游合作社，促进贫困地区资源优势向市场优势转化。大力发展智慧旅游，开发线上线下有机结合的新型旅游体验产品，利用大数据技术开展精准营销，加快旅游服务设施智能化改造，打造集服务、营销、管理为一体的智慧旅游体系。培育旅游休闲消费新业态。强化公共服务保障，构建多种交通方式无缝衔接、零距离换乘的综合旅游交通体系，建设一批自驾车（房车）营地，完善旅游咨询、应急救援等服务体系。积极拓展海内外市场，实施入境游市场促进政策。加快建设郑州国家智慧旅游试点城市。

以国家知识产权创意产业试点园区、郑州国际文化创意产业园、登封"天地之中"文化旅游专业园区、管城回族区特色商业区、中原区特色商业区为主体，充分挖掘历史文化、休闲旅游等优势和潜力，推进文娱休闲、文化旅游、会展等产业，实现商、文、旅协调共融发展。加快推进推动建业·华谊兄弟电影小镇等一批重点项目，打造东方"奥兰多"。鼓励商都文化特色商业区依托商代都城遗址等著名历史文化古迹，打造复合型文化商业综合体。推动登封文化创意园、天中大观园（世界功夫中心）等项目建设，提升其作为"河南省文化产业示范园区"的影响力和带动力。

八　健康养老

创新服务模式，引进优质资源，丰富服务供给，推动健康养老服务专业化、规范化发展。到2025年，全面建成以居家为基础、社区为依托、机构为支撑、社会为主体的城乡养老服务体系，将郑州建设成为我国健康产业基地。

大力发展医疗卫生服务，鼓励社会资本举办医疗机构，形成以非营利性医疗机构为主体、营利性医疗机构为补充，公立医疗机构为主导、非公立医疗机构共同发展的多元办医格局。加快发展中医药体系，重点扶持发展中医医院的重点专科建设和基层中医药事业，建设一批中医名院和特色中医专科，鼓励社会资本举办中医或中西医结合医疗机构，鼓励有条件的医药企业开设中医坐堂诊所。构建健康管理服务体系，积极开展健康教育、健康体检、营养保健、妇幼保健、心理健康、公共卫生服务等健康管理服务项目，培育发展健康养老、健康保险、健康体育、健康旅游、健康制造业等相关产业，实现公共卫生服务均等化、健康教育全民化、健康管理信息化、健康体检普及化。发展健康保险体系，开发和丰富商业健康保险产品，开发长期护理商业险以及与健康管理、养老等服务相关的商业健康保险产品。鼓励以政府购买服务的方式，委托具有资质的商业保险机构开展各类医疗保险经办服务。推进健康产业集聚发展，推动第三方专业体检中心、健康咨询服务中心和远程医疗中心建设，打造集医疗康复、保健养生、健康产品开发于一体的健康服务园区。积极开展疾病管理、居民健康管理等网络服务，探索互联网在线医疗新模式。做大做强体育健康产业，推动全民健身和全民健康深度融合，完善体育场馆设施，扩大体育健身休闲、体育竞赛表演、体育培训与教育等体育产业规模，打造一批体育产业示范基地。加快郑州国家级区域医疗中心和高端医疗集聚区建设，加快建设郑州国家体育产业基地和郑州上街航空体育基地，培育国际知名的少林武术教育集团。

发展养老服务机构，重点发展家庭养老、社区养老和机构养老，加强居家养老、日间照料中心、社区敬老院、老年护理院、老年医院、老年公寓、农村幸福院等养老服务机构的建设，扶持发展康乐年华、万众和、康乃馨等企业，鼓励社会资本投资开发以老年公寓、疗养医院等为主要内容的养老服务综合体。鼓励养老机构创新服务，支持养老机构为老年人提供日托照料、呼叫送餐、钟点护理、动态监测、紧急呼叫、信息传播、交流互动、心理咨询、精神慰藉、临终关怀等综合服务，积极发展社区健康养老服务。发展医养结合产业，推进医养融合改革，构建养老与医疗相结合的服务体系，建立医疗、康复、护理和临终关怀四位一体的养老服务体系，促进养老事业与医疗事业同步发展。拓宽养老产业服务领域，加快发展旅游娱乐、教育培训、咨询服务等老年服务业，支持老年卫生保健品、日常用品、防滑器具、交通工具、服装等老年用品行业发展。推进智慧养老工程建设，推广智慧养老模式，将物联网、传感网、4G移动通讯、云计算、大数据等先进技术应用于养老服务领域，普及全智能养老理念。创新金融支持养老方式，鼓励金融机构开发适合老年人的储蓄、保险、投资等金融产品，适时开展以房养老试点。

第五节 郑州现代服务业主要任务

优化产业空间布局，增强创新发展能力，推动产业融合发展，促进产业集聚发展，拓展网络经济空间，深化改革扩大开放，全面提升服务业核心竞争力。

一 优化产业空间布局

实施"一核三园十一区"的服务业发展空间布局。一核是指郑东新区中央商务区，郑东新区中央商务区是郑东新区的核心组成部分，也是郑州现代服务业发展的核心，以建设国际化中央商务区和国际化区域金融中心为目标，打造中原经济区金融集聚区和总部经济中心、高端商务商贸中心和科技服务中心。

"天地之中"文化旅游专业园区位于三皇寨景区以东、207国道以西、少林景区以南、郑少洛高速以北区域，是打造登封国际文化旅游名城的核心区，是登封"一城三区"组团的重要功能组成部分。区域周边有少林寺、会善寺、嵩阳书院、大周封祀坛、少室阙、静义寺、音乐大典、莲花寺等著名景点，少溪河从北至南贯穿全境，拥有马庄水库、万羊岗等一系列山水景观，与嵩山风景区融为一体。园区由多个旅游服务功能区串联而成，是一个人文与自然相得益彰、嵩山文化浓郁、中原风情独特的新区。主要发展养心禅修、养体健身、深度体验、高端居住、商业贸易和文化创意等产业。

中牟绿博文化产业园区位于郑州、开封之间，是郑汴产业带的核心区域，规划面积132平方千米，以"文化创意、时尚旅游、高端商务"为主导产业，重点突出"以绿、水为主导"和"以休闲、慢生活为主体"的低碳生态田园城市，全力建设"国际化、现代化时尚创意旅游文化新城"，打造"东方奥兰多"。

金水区工业设计产业园主要是以工业设计为主的创意产业园，打造具有创意设计、研发、制作、交易、展览、交流、培训、孵化、评估及公共服务等综合功能的创意设计文化产业园区。

二七区特色商业区以历史文化游、商业文化游和红色文化游为主题，形成了商、旅、文合一的集聚发展模式。金水区特色商业区通过加强人才网、阿里巴巴专业市场电子商务平台和ITpar电子商务平台建设，主要以电子信息为特色。上街区通航特色商业区通过引进"啸鹰飞机组装试飞"和"飞机展示交易中心"等项目，以通航试验区为牵引，主要形成通用航空产业。

其他县级特色商业区也形成了各具特色的现代服务业。

二 增强创新发展能力

加速服务业技术创新，鼓励企业增加研发投入，加快突破智能服务、大数据、云计算等领域核心技术，构建开放共享、协同创新的服务业技术创新体系。推进服务业态创新，加速互联网信息技术的应用，促进产业重构与衍生，发展网络物流、互联网金融、远程诊断、在线教育等新兴业态。鼓励商业模式创新，全面推进服务业众创、众包、众扶、众筹，推进专业空间、网络平台和服务企业内部众创，推广研发创意、知识内容和生活服务众包，积极发展众创众扶、分享众扶和互助众扶，稳步推进实物众筹、股权众筹。加强品牌质量建设，建立服务质量标准，制定行业规范公约，实施国家质量政策，鼓励引导企业以品牌质量竞争实现创新发展，树立全球品牌意识，重视商标品牌培育，着力建设一批行业领先的优势品牌。推进服务业标准化工作，全面贯彻服务质量国家标准和行业标准，对优势产业适时制定地方标准，鼓励企业开展国际认证。

三 推动产业融合发展

服务业与制造业深度融合，大力发展服务外包，推动制造业企业"主辅分离"，提高第二、第三产业集聚配套水平，打造制造业与服务业共同增值的融合型产业价值链，实现制造业服务化与服务业制造化相向发展。服务业与农业深度融合，大力发展面向农业生产经营的金融服务、科技服务、流通服务、农机服务、电子商务等，构建农业社会化服务体系，以现代服务业引领现代农业发展。服务业内部融合，以企业为主体，以技术为手段，促进文化、旅游、休闲、体育、信息、物流、金融、科技等深度融合，形成创新升级的联动效应。服务业与城镇化融合，构建以现代服务业为主导的城镇产业体系，形成以服务业集聚为特征的城镇产业空间布局，充分发挥现代服务业在城镇建设、提供就业、服务民生等方面的作用，促进新型城镇化进程。服务业与农村融合，推动现代服务业向农村进军，重点发展农村商贸流通、信息消费、观光休闲产业，开辟农村现代服务业发展的蓝海。

四 促进产业集聚发展

围绕投资规模与强度、回报周期、财税结构、创业就业等要素，采用产业链招商、以商招商等方式，重点引进产业链长、带动能力强的重大项目，培育发展服务业集聚区的龙头项目、龙头企业和主导产业。促进企业集聚发展，以规划为引导，制定集聚优惠政策，吸引生活性服务企业向城市综合体、专业市场、商业街区、旅游景区集聚，吸引生产性服务企业向高端楼宇、总部基地、中央商务区、产业园区集聚。打造示范集聚区，以产业集聚、企业集中、功能集成为路径，精心打造一批年营业收入"千亿级""百亿级"的服务业示范集聚区。建设总部经济集聚区，以高端楼宇为载体，引进一批带动力强的总部企业。强化公共平台支撑，搭建投融资、科技信息、商务服务、政务服务、人才培训等公共服务平台和公共技术平台，为集聚区企业提供专业化服务。

五 拓展网络经济空间

构建高效的信息网络，完善新一代高速光纤网络，构建先进泛在的无线宽带网，加快信息网络新技术开发应用，全面向互联网协议第6版（IPv6）演进升级，推进宽带网络提速降费。加快发展应用基础产业，重点是服务业云平台、物联网、移动智能终端产品制造、移动互联网软件平台、应用软件、信息服务等产业。实施"互联网+"服务行动，培育"互联网+"服务体系，推动"互联网+"益民服务、高效物流、电子商务、便捷交通、电子政务、便民司法、地理信息、教育培训、文化旅游、普惠金融、医疗等新兴业态发展。促进大数据推广应用，加快政府数据开放共享，充分发掘数据资源在商业模式、服务模式、管理模式、供应链、物流链等环节的商业价值，加快完善大数据产业链。大力发展分享经济，尤其是基于移动互联网的分享经济，积极发展城市出行、库存房屋等方面的个人分享，培育发展生产设备、物流设施等方面的企业分享，大力支持代驾、民宿租赁、在线雇用、旧货在线买卖等业态，打造分享型城市。

六 深化改革扩大开放

深化体制机制改革，面向社会资本扩大市场准入，加快开放市政公用等行业的竞争性业务，完善各类社会资本公平参与教育、托幼、养老等领域发展的政策，减少前置审批和资质认定项目，扩大政府购买服务范围，推动竞争性购买第三方服务。融入"一带一路"倡议发展，发挥综合保税区、跨境电商等开放平台作用，推动服务业深度融入全球产业链、物流链和价值链。扩大服务业利用外资，重点引进一批国际知名企业来郑州设立地区总部、服务中心、分支机构、研发中心、采购培训基地等。大力发展服务贸易，发展跨境电子商务、市场采购贸易、保税展示交易、外贸综合服务体等新型业态，提升服务贸易国际竞争力。支持企业"走出去"，鼓励服务业企业参加境外展览展销，支持有实力的企业在境外建立基地，开展跨国兼并收购，创建国际化营销网络和知名品牌。

第六节 郑州现代服务业重大工程

2016—2025年，为了实现规划目标，针对郑州市服务业发展的薄弱环节和关键领域，把实施服务业重大工程放到突出位置，在充分发挥市场机制作用的基础上，强化政府的引导支持作用，引导资源要素合理集聚，加大资金投入力度，推动服务业的跨越发展。

一 集聚（集群）发展工程

把握现代服务业发展在空间上相对集聚，有利于降低成本和促进规模经营的特征，推动服务业的集聚发展，建设和培育一批定位科学、特色鲜明、功能完善的现代服务业集聚区。在服务业集聚发展的基础上，以优势服务行业为切入点，通过延伸产业链、产业互补，促进服务业相关行业的融合与渗透，推动服务业从集聚向集群方向发展,提高现代服务业发展的共振效应。重点建设中央商务区、城市商圈、特色街区、总部经济区、现代物流园、文化创意产业园、工业设计园区、专业市场群八类现代服务业集聚（集群）区。

二 共性服务平台建设工程

针对不同行业生产性服务的共性需求,以产品检测、质量认证、技术标准、知识产权保护等公共服务平台建设为重点,建设和完善一批规模大、效率高、服务范围广的商品交易、国际采购、价格指数发布、产权交易、国际认证、专业会展、产学研合作等行业共性服务平台。重点建设优势产业商品交易平台（国际采购平台）、产权交易平台、专业会展平台、检验检测认证平台、省部院产学研合作平台、技术标准公共服务平台。

三 制造业企业主辅分离工程

鼓励制造业企业将生产流程中的研发设计、物流配送、采购分销及其他专业配套服务等环节分离出来新设立独立的服务业企业,支持将服务业务外包给专业化、社会化的服务业企业,促进企业做强核心业务,提升专业化水平。一是鼓励新设服务企业。鼓励制造业企业分离技术研发、工程设计、物流仓储、广告策划、采购分销、售后服务、后勤服务、教育培训等辅助性服务环节,作为新的独立核算服务业企业进行注册登记。二是鼓励服务业务外包。鼓励制造业企业将研发、物流、采购、营销、专业配套等服务业务外包给专业化、社会化服务业企业；鼓励服务业企业承接制造业企业服务业务的外包。

四 龙头企业带动工程

充分发挥龙头企业、重点项目的示范引领作用,以点带面,带动服务业的全面发展。在服务业重点领域中,遴选一批规模庞大、业态新颖、创新力强、示范带动作用大的龙头企业,作为行业的标杆,引领全行业的发展；建立以服务业集聚区、共性服务平台等为主体的服务业重点项目库,作为招商引资和政府扶持的重点,带动服务业的全面发展。一是遴选一批服务业龙头企业。在服务业各个重点领域中,每个领域遴选1—2个企业作为行业的龙头,鼓励支持牵头制定国家、行业、地方标准或行业规范和组建行业联盟。二是建立服务业重点项目库。建立一批以现代服务业集聚区和以共性服务平台等为主体的服务业重点项目库。

五 服务品牌建设工程

实施服务品牌发展战略，培育一批国家级、省级名牌服务企业；对没有等级标准的服务行业，要以顾客为中心，以提高顾客满意度为原则，广泛推行服务承诺、服务公约、服务规范等制度，提高服务质量；在研发设计、创意产业中，建设一批国家级、省级研发设计和创意产业机构；积极鼓励服务业企业申请国际等级认证；支持市级名牌服务（企业）申请成为省级、国家级服务名牌（企业）；重点培育一批名牌服务企业，着力培育一批国家级、省级研发设计和创意产业机构，定期评选市级名牌服务（企业），支持市级名牌服务（企业）申请成为省级、国家级服务名牌（企业）。

六 信息化提升工程

鼓励物联网、云计算、4G移动通信等现代信息技术在服务业中的应用，大力发展新一代电子商务、网络商城、区域品牌电子认证、电子物流、电子金融、电子会展等新兴服务业态，提高服务业信息化程度，促进服务业资源整合。着力提高服务业信息化程度。构建智慧商贸流通体系，建设国际投资促进平台、跨境应用项目推广平台、第三方电子交易平台。

七 服务创新工程

鼓励服务创新，积极向国家、省申请成为服务业创新发展的相关试点或者先行试验区，争取政策支持，促进服务业的业态创新、模式创新和功能创新；利用现代技术，重点培育战略性新兴服务业。培育发展云服务企业、物联网服务企业、服务外包企业、新材料研发企业、生物医药研发企业。

八 区域合作工程

按照服务业网络性发展的要求，打破区域分割，加强与发达地区优势服务业的交流与合作，迅速提升服务业发展水平。重点加强中原城市群服务业合作，扩大服务供给，重点建设高新技术研发与转化基地、金融（后台）服务与创新基地、工业设计与创意产业基地、现代物流基地等现代服务业园区。加强与京津冀、长江经济带、关中经济带、武汉都市圈等经济区服务业的对接，发展高端服务业。利用优势产品的品牌效应，扩大以连锁经营、品牌加盟、特许经营等形式在其他地区建设一批销售名优产品的"郑州商城"，推动优势产品向国内其他地区拓展销售渠道，提高市场占有率。

第七节　郑州现代服务业保障措施

一　加强组织领导

建立健全服务业工作协调机制。发挥郑州服务业发展领导小组作用，统筹协调郑州市服务业发展中的跨区域、跨领域和跨部门重大问题。各行业主管部门负责制定各领域发展规划和年度工作计划，研究制定相关行业政策。各区县成立相应的协调推进机构，落实配套政策，推进各类服务业集聚区和重大项目建设。加快服务业行业协会建设，各服务业行业协会要主动作为，规范市场秩序，引导企业诚实守信经营。

二　完善政策支持

研究制定专项支持政策，基本建成分类指导、重点突出、覆盖全面的产业发展政策体系。加大政策扶持力度，促进产业政策、人才政策、财税政策的协调统一；落实现有的产业扶持政策，整合现有扶持现代服务业发展的专项资金，形成政策合力；鼓励社会各类资本参与现代服务业投资，利用多层次资本市场筹集现代服务业发展资金。通过挖潜盘活、增减挂钩节余的土地指标，对列入国家和省市鼓励类的服务业项目在供地安排上给予倾斜。针对现代服务业产业链的关键环节和薄弱环节，及时出台专项扶持政策，明确政策实施部门，建立健全政策执行的跟踪、监督和反馈机制。

三　强化人才支撑

开展服务业人才技能提升计划，加强服务业相关学科专业建设，支持高等学校、职业学校和科研院所与有条件的企业合作建设人才培养和实训基地。鼓励采用"订单式"教育、"定制式"培养等方式，为服务业发展输送更多适用性、高技能人才。在国家职业资格和职称制度体系下，加大培训项目开放力度，根据行业特点开展多元评价，推动人才国际合作。完善以知识资本化为核心的激励机制，通过技术入股、管理入股、股票期权激励等多种分配方式，吸引集聚服务业领军人才、高端人才和综合性人才，并在住房、配偶就业、子女上学等方面提供相应政策支持。

四 建设公共平台

建成信用信息平台，集合金融、工商登记、税收缴纳、社保缴费、交通违章等方面的信用信息。构建融资租赁平台，提高服务业资产与金融资本配置效率。构建产权交易平台，统筹物权、债权、股权、排污权、知识产权等交易服务。建设创业孵化平台，为服务业创业提供信息资讯、投融资、科技成果转化、资源共享等专业服务。打造公共信息平台，逐步开放经济建设、资源环境、教育科技、道路交通等部分公共数据资源，为企业提供信息查询服务。完善服务业统计工作平台，健全统计部门和行业主管部门分工合作的统计工作机制，做好重点产业统计工作。

五 加强监督评估

提高政府内部监督效果，根据部门职责及任务分解对郑州市区各部门落实服务业发展规划情况进行监督，督促各部门按时保质完成下达任务。强化社会外部监督效力，发挥新闻媒体、网络、群众社团的外部监督作用，促进各项规划任务顺利完成。增强考核指挥棒作用，郑州市服务业发展领导小组要定期对各部门落实服务业规划执行情况进行评估，建立健全规划执行的跟踪、监督和反馈机制。

第三章 郑州国际化商务服务业发展

近年来，随着对外开放步伐加快，郑州市深入实施"大交通、大物流"战略，全面融入国家"一带一路"倡议，加快"引进来、走出去"步伐，发挥经济腹地和双向衔接功能，强化商贸、金融、制造、人文等领域对外交流与合作，不断提升郑州国际知名度和影响力。其间，郑州商务服务业也迅速发展，一些商贸园区、物流园区、跨境电子商务集聚区、货运集散分拨中心相继建成，商务综合服务平台和大数据、云计算中心、E博馆及跨国采购平台、中部进口商品集散展示交易中心等开始运营，E交会、跨境电子商务保税展销会、借助"丝绸之路"国际交流会、跨境电子商务峰会也相继展开；同时，建设了一批境外经济贸易合作园区，积极融入构建全球供应链体系，通过加强货物贸易、服务贸易合作，支持企业联手开拓中亚、西亚、东欧市场，扩大进出口贸易；并举办和参加"丝绸之路经济带"国际经贸活动，培育和引进了一批知名品牌展会，提高了郑州在世界上的知名度和影响力。

郑州在"十三五"规划中强调要加快发展现代服务业，其中，对商务服务业的定位是：鼓励商务服务业专业化、规模化、网络化发展，加大品牌培育力度，积极开拓国内外市场；培育一批著名商务服务企业和机构，建设一批影响力大的商务服务集聚区；大力发展会展业，加快区域性会展中心建设，完善提升会展基础设施，积极引进和举办各类大型展会，提升会展业层次和水平，培育一批知名会展品牌，引进一批国家级、区域性品牌展会，培育30家经营性人力资源服务机构。总之，在"十三五"期间，借助郑州建设国家中心城市的机遇，郑州国际化商务服务业一定会在服务郑州经济贸易全球化过程中有新的突破和作为。

第一节 国际化商务服务业的内涵与意义

一 内涵与外延

（一）小商务概念

我国统计口径的商务服务业基本上采用的是小商务概念。按照我国 2002 年颁布的《国民经济行业分类与代码》（GB/T4754—2002），商务服务业（含租赁业）主要包括租赁业、企业管理服务、法律服务、咨询与调查、广告业、知识产权服务、职业中介服务、市场管理、旅行社、会展等其他商务服务十个方面。

（二）大商务概念

国际上商务服务业通常采用大商务概念，不仅包括我国统计意义上的商务服务业，还包括计算机与软件服务和科学研究、技术服务。比如，经济合作与发展组织国家商务服务业又叫产业服务或企业服务，包括计算机软件与信息服务、研发与技术检验服务、经营组织服务（包括管理咨询与劳动录用服务）与人力资源开发服务。

二 商务服务业的产业特性

综合发达国家、地区和我国商务服务业发展的实践，商务服务业的产业特性可以归纳为以下四个方面：

（一）高成长性

商务服务业作为现代新兴的生产服务业，一个突出的特点就是成长性强，尤其是在工业化中后期表现出较高的增长速度。

（二）高人力资本含量、高技术含量、高附加值

商务服务业提供的服务以知识、技术和信息为基础，对商业活动的抽象分析和定制化程度高，以知识要素投入生产过程，表现为人力资本密集型。

（三）具有顾客导向型的价值增值效应

商务服务企业通过与顾客的不断交流和合作，提供专业化的增值

服务，使其自身蕴含的价值效应得以放大和增强。知识、经验、信息、品牌和信誉是知识密集的专业服务公司赖以创造价值的要素，也是专业服务公司各条价值链的主体部分。

（四）强集聚性和辐射力

国际经验表明，商务服务业高度聚集于国际大城市，强力辐射相关工业产业。跨国公司以此进行全球统一管理和协调，提高其区域控制力。

三 郑州提升国际化商务服务业的重要意义

（一）促进郑州开放经济发展的需要

随着郑州航空港经济综合实验区上升为国家战略后，国家"一带一路"倡议明确定位郑州市为节点城市和内陆开放型经济高地。近年来，郑州市坚持以航空港经济综合实验区为统揽，对外开放实现新跨越，初步构建了与沿海相当、与国际接轨的开放体系，航空经济、国际陆港、郑欧班列已成为享誉全国的开放品牌，这些都对郑州商务服务业的国际化、高端化提出了新的要求。《郑州市服务业发展三年行动计划（2016—2018年）》提出，郑州要"加快现代金融、商贸物流、文化创意旅游、信息服务、科技服务、健康产业和房地产7大现代服务业发展，构建具有国际影响力、中西部领先的国际商都"。因此，郑州商务服务业走向高端化、国际化势在必行。

（二）郑州融入全球化贸易的需要

近年来，郑州对外贸易迅猛增长，以航空港、国际陆港、郑欧班列、跨境贸易电子商务、特种商品进口口岸五大开放平台建设为重点，着力"筑巢创优"，增强开放型经济承载能力，营造国际化营商环境，在内陆地区形成了对外开放新优势。从交通互联走向经济贸易，从航空物流走向产业合作，形成了"郑州卢森堡""双枢纽"战略，通过人流、物流、信息流、资金流等深度融入全球经济，以更大力度、更宽领域、更高水平，加快郑州航空港的开放发展。这些新业态需要新的服务模式和平台，如国际交易规则研究中心、高效率结算中心、人才培训中心、区域金融中心、信息咨询中心、国际会展中心等都需要高端商务服务业提供高效服务。

（三）郑州提升国际竞争力的需要

从国家层面看，服务业在我国 GDP 中所占比重于 2015 年第一次超过 50%，2017 年达到了 51.6%。2017 年，服务业对国民经济增长的贡献率高达 58.8%。[①] 同时，我国服务出口快速增长，服务出口结构持续优化，服务贸易国际地位有所提升。"十二五"以来，郑州市服务业也取得了长足发展，为适应构建开放型经济新体制的新要求，不断推动加工贸易扩大规模、提高质量，发展服务贸易，努力形成以技术、品牌、质量、服务为核心的出口竞争新优势。在进出口贸易、通关形式等方面形成了新的配套服务，如商业快件、邮件、海外仓等多种创新物流服务同步出现，信用卡、第三方支付、银行转账等多种跨境支付方式共存。2017 年，与郑州市有跨境贸易往来的国家和地区达到 182 个。

同时也应该看到，目前在服务业所达成的优惠贸易安排以及制定的贸易政策的友好度上，我国远低于发达国家的平均水平，也低于发展中国家的平均水平，因此，进一步扩大服务业对外开放，以开放促改革、促发展、促创新，在更大范围、更宽领域、更高层次上参与服务业国际合作与竞争，对提升我国服务业发展质量和国际竞争力有重要意义。

（四）郑州促进现代产业转型升级的需要

现代产业转型升级，不仅需要发展先进制造业，也需要发展与之配套的高端商务服务业，有了高端商务服务业的支持与保障，才能使先进制造业拥有发展所必备的人才、信息、品牌、技术等优质资源以及优良的信誉、服务环境。如目前世界各国正计划进行 5G 投资，中国企业正在推进基础设施和机型更新，争夺市场份额，其中，优势比较明显的是监控摄像头，海康威视和大华技术公司分别居第一位和第二位。再如，随着中欧班列的开通，越来越多的中欧班列走向世界，也带动了铁路行业的蓬勃发展，很多高科技设备开始运用到列车检查

[①] 来有为：《推动服务业高质量发展需解决的几个关键问题》，《经济日报》2018 年 7 月 12 日第 15 版。

工作中，原来常用的锤子成了辅助工具，而代之的是 TFDS 系统，该系统可以通过高速摄像机对列车运行中各个部位的图像进行采集然后回传，在室内通过显示器上的回传图片就能对车辆故障进行判别，既提高了工作效率，又降低了劳动强度[1]，并形成了新的经济增长点。

第二节 典型案例经验分析

一 国外经验

（一）案例1：印度尼西亚以营商环境促进投资增长

改善营商环境，吸引更多的国内外投资，是印度尼西亚政府的重要施政目标。自2015年年初以来，印度尼西亚实施了16项组合政策，以放松管制，优化营商环境。2016年，印度尼西亚总统佐科签署投资负面清单，列出了对外国投资开放和关闭的商业领域。得益于宏观经济环境、金融市场发展和创新的显著改善，2017年第三季度，印度尼西亚的外国直接投资创新高，印度尼西亚在世界银行的营商环境排行榜中上升19位。[2]

推出基建项目，注入发展动力。"要致富，先修路"，发展基建已成为各国的共识。印度尼西亚总统佐科提出"全球海洋支点"战略构想，大力发展基建、打造"海上高速公路"是其核心内容。为有效地联通印度尼西亚国内上万个岛屿，改变各个岛屿之间"老死不相往来"的局面，印度尼西亚政府提出要大规模修缮已有港口、建设新的港口，计划投资总额约合574亿美元，建设24个商业港口、1481个非商业港口以及采购相关船只。最近，印度尼西亚政府加快了对基础设施的投资审批流程，目前已有包括公路、港口、发电厂和铁路运输等37个项目被列入基础设施优先项目清单，并计划在2019年前完

---

[1] 齐慧：《为服务"一带一路"感到骄傲和自豪》，《经济日报》2018年7月10日第6版。

[2] 徐惠喜：《亚洲经济体有望超预期增长》，《经济日报》2018年3月30日第15版。

成。为了解决资金短缺问题，政府正在邀请国内和外国投资者参与。印度尼西亚2018年1月出口同比增长8.6%，2月进一步提速至11.8%。

世界贸易组织的统计显示，印度尼西亚近来空运量、集装箱吞吐量、电子贸易和出口订单等指标都在上升。出口需求增加激活了当地制造业，还拉动了港口和机场、物流以及贸易融资等相关领域的发展。

（二）案例2：日本、美国编制严密信用网

1. 日本信用体制完善

"人无信不立"，这句中国名言也原封不动地被日本引用。在工商业文明极度发达的日本，信用是商业社会和高度秩序性社会正常运转的必要条件。经过数十年的积累和发展，日本已经用一张大网编织形成了十分完善的信用体制。CIC公布的数据显示，截至2018年5月20日，该机构保存的信用信息总数达7.18亿份，总"异动信息件数"达到1661万，约占整体的2.2%。滞纳期超过3个月、贷款主体破产等情况都被称为异常变动，将会作为"事故信息"列入黑名单。在日本，个人消费违约达到一定次数都会进入信用黑名单，例如，多次拖欠信用卡、恶意欠缴手机费。进入黑名单的人在贷款等方面会受到限制，严重的可能还要被告上法院。值得一提的是，在处理这些造假案例过程中，相关方没有任何包庇，如日本媒体也没有因为神钢和三菱汽车为民族品牌、支柱产业而有丝毫的手下留情，它们毫不留情地挖掘细节并公之于众。可以说整个社会对造假和失信零容忍，造假和失信的"毒株"才能成为无源之水、无本之木。

2. 美国征信公司运营成熟

自1860年成立第一家私人信用机构起，经过100多年的发展，美国已经形成了自主运营、成熟完善的社会信用体系。美国的个人信用体系主要涉及三方面：一是个人信用资料的收集、评估机构，即征信公司；二是个人信用的"消费者"，即金融机构、用人单位等部门；三是个人信用资料的产生者和监督者，即个人。这三方面力量的良性运转形成了美国现在发达的社会信用体系。首先，银行等金融机构把客户信息输送给征信公司,这项工作至少每月进行一次,最多不可超过两个月。除了银行,用人单位、法院也要把相关个人在就业、诉讼方面的信息统统提交给征信公司。美国的征信公司主要有全联(Trans Union)、艾贵发(Equifax)和益百利(Experian)三家。然后,征信公司对个人信息数据进行处理和评估。三家征信公司的评分标准稍有不同,但采用的都是世界上通用的 FICO 个人信用评分模式。最后,形成个人信用报告。信用分数最高 850 分,最低为 300 分。一般来说,700 分以上就代表信用良好。

一般金融机构发放个人消费信贷、租赁公司考察个人用户、税务部门征收税款以及公司追讨债务时,为了降低风险,都愿意花钱购买个人信用报告。正因为个人征信体系已经渗透到消费者工作和生活的方方面面,美国人对自己的信用报告格外关注,而美国的信用管理法律对个人信用体系的有效运作提供了保障。美国有比较完备的涉及信用管理各方面的法律体系,建立了一个涵盖信用产品加工、生产、销售和使用全过程的信用管理框架,以规范信用服务机构操作,保护消费者利益。

美国法律规定每个消费者每年都有权向信用评级公司免费索要一次信用报告,以便掌握个人信用情况,及时纠正信用记录可能存在的差错。法律还规定,消费者偶尔忘记还款等情况可以与金融机构及时沟通,以确保自身信用所受影响降至最低。[①]

二 国内经验

(一)案例1:上海自由贸易试验区"跨境通"平台提升服务质量

上海自由贸易试验区 2013 年 10 月推出了"跨境通"平台,在这个平台上,合作商户都经过海关备案,避免了买到假冒伪劣商品的风险,全程电子化管理也可实现商品的追溯,让消费者获得服务保障。"跨境通"平台上的所有商品都会标明商品本身的价格、进口关税和物流费用,使消费者对自身购买商品所需要支付的所有费用一目了

---

① 华义:《国外如何建设社会信用体系》,《参考消息》2018 年 6 月 28 日第 11 版。

然，避免商家在价格上"打埋伏"。消费者还能获取相应的缴税凭证，购物渠道更规范透明、价格比境内实体店更实惠、商品来源更安全可靠。确定购买、生成订单后，由于消费者在平台注册后是经过实名认证的，确认商品符合海关规定的个人物品合理自用数量及金额限定后，消费者就可以直接网上支付。

就海外品牌而言，"跨境通"不仅为其提供了产品展示平台，也为其提供了电子商务配套的物流清关、关税申报以及售后支持等服务；就消费者而言，只需在平台上付款下单、坐等收货，不用再担心以往代购、海淘物品被海关扣押或被罚没风险，平台负责关税申报。而且，以往15—20天的海外代购物流周期，今后在该平台上也将缩短为2—3天内即可完成。

（二）案例2：成都推广盈创动力完善信息服务体系

以成都高新区为主体的成都高新自贸试验区，2017年4月挂牌，在转变政府职能、深化金融领域改革、推动贸易便利化等方面，做出了很多有益的探索。如获得多方点赞并被推广的盈创动力，依托成都高新区盈创动力科技金融服务平台，搭建起债权融资服务、股权融资服务和增值服务三大信息服务体系，为中小企业提供全方位、一站式投融资信息服务。目前，盈创动力累计为超过4900家中小企业提供债权融资逾400亿元，为1.6万余家中小企业提供投融资增值服务。

2017年5月，全国首单银行间市场"双创债"由成都高新投资集团正式发行，以支持一批诚信优质"双创"企业获得稳定低成本融资，解决"融资难、融资贵"的问题。截至目前，首次发行的5亿元都已投放到急需之处，其中1.5亿元置换载体建设贷款、3亿元用于新一代信息技术孵化园等载体建设、5000万元投资"双创"企业股权。

成都高新自贸试验区还在全国首创"创新信用券"，以信用评级体系为核心，引入市场化机制，实现政府、企业和服务机构三方共赢，并创新运用区块链技术，对小贷公司、担保公司等地方金融机构资金往来实现全流程监管。

成都高新自贸试验区挂牌不到一年，已吸引来自医疗、软件、金融、建筑规划等多个行业的企业入驻,让成都高新自贸试验区的改革创新从政府一家的"独角戏",发展成为政府与多元化市场主体共同参与的"大合唱"。此次发布的40项制度创新成果中,有5项来自企业,涵盖了人民群众普遍关心的医疗服务、金融服务等多个民生领域,真正实现了提升人民群众的"获得感",成为2017年成都高新自贸试验区探索实践的一大亮点。自2017年4月1日挂牌,至2017年12月31日,成都高新自贸试验区活力迸发,市场主体持续增长,共新登记各类型企业15010户,新增注册资本(金)1483.88亿元。[①]

(三)案例3:嘉兴华新模式服务系统助力品牌

在中国最大的羊毛衫集散地浙江省嘉兴市,企业家沈建华提出"小舢板成航母,你创业我服务",在洪合镇建起了首个毛衫业科技创业园孵化基地。从办理执照、主动纳税、创建品牌开始,现代化、规模化的经营理念已经深入人心,而当地的产业也就在无形之中迈向了升级和创新发展之路。如今,鄂尔多斯、恒源祥等知名毛衫品牌都纷纷在洪合镇和濮院镇设立了生产基地。而这里的产品更是远销到了数十个国家和地区。企业有选择订单的权力,也就意味着在国际贸易中拥有了一定的话语权,这也就是浙江华新实业集团有限公司董事长沈建华所说的"小舢板成航母"的魅力所在。而中国纺织工业联合会将其定义为华新产业集聚成长模式(简称华新模式)。华新模式直接孵化、培育、服务创业企业2000家左右,几乎覆盖产业链条上的每一个环节,不少中小企业已走上了品牌之路。

具体而言,在洪合镇孵化基地获得成功后,沈建华又在濮院镇搭建了国家级示范中小企业公共服务平台,并进一步扩展到毛衫行业的上游,在位于河北省邢台市的清河县和南宫市两地的原料市场也建立了服务基地。在这些基地里,有最先进的、个体户买不起的打版机,如果客户需要新款样衣,在基地可以轻松完成;这里有全套的现代化

---

① 钟华林:《成都高新自贸区争当改革创新领头羊》,《经济日报》2018年1月8日第2版。

财务系统，小企业不需要另请会计，只要在基地申请一个入口就可以；这里还有新产品研发、产品检测、技术培训、电子商务等种种服务。此举不仅整合了毛纺织产业链资源，还给创业者提供了一个高起点、一条有奔头的成长路径。

华新模式值得借鉴，这种模式培育出来的中小微企业成长得很好很快，一批小商户都走上了品牌之路。可以说，是"华新"在拉着企业往上走。①

（四）案例4：厦门优化营商环境提升商务软实力

营商环境的改善绝非一日之功，厦门从改革开放初期就开始频频率先试点全面改革。1986年，厦门被确定为全国第一批机构改革试点城市，厦门在全国首次提出"小政府、大社会"原则，建立精简、高效、廉洁、团结的政府；推动金融机构企业化经营，成立华侨投资公司和地方保险机构，建立厦门外汇调剂中心等，许多思路和举措在全国具有开创性和前瞻性，为厦门经济社会发展注入磅礴活力。此后，厦门又在全国最早进行政企分开试点改革，在全国率先实践"多规合一""三证合一"并形成经验模式。如今厦门市行政服务中心1—3层共设有10个审批服务大厅，320个柜台，637个审批室工作位，进驻单位数量达100多个，审批服务事项844项，入驻项目覆盖率超过94%。除车驾管办证大厅、口岸联检大厅、出入境办证大厅以外，厦门市直部门和下属单位所有行政审批和配套的公共服务项目都进入行政服务中心集中办理。真正实现了"一口受理、同步审批、限时办结、信息共享"的并联审批机制。

2014年以来，厦门市更是连续三年委托第三方评估机构，主动参照世界银行营商环境评价指标体系"找差距"，突出问题导向，聚焦企业需求，以评促改，不断推进营商环境改善提升。经第三方评估机构评估，2017年厦门营商环境排名相当于全球经济体的第38位，较2014年排名上升23位。

税收环境是营商环境的重要组成内容，"降成本"是打造良好营

---

① 李哲：《创客孵化创客 升级倒逼升级》，《经济日报》2018年1月8日第4版。

商环境的首要切入点。2017年,厦门市积极推动供给侧结构性改革,开展新一轮"降成本优环境"行动,取消、停征、免征涉企收费47项,为企业减负超250亿元。

营商环境的持续改善提升,激发了经营主体的活力和创造力。2017年,厦门新增商事主体11.9万户,增长22.8%,民间投资增长20.4%。营商环境的持续优化,更吸引了越来越多的企业来到厦门设点布局。厦门市总部企业的聚集区——思明区,2018年前5个月75家总部企业纳税27.82亿元,同比增收4.23亿元,增长17.94%,占财政总收入的22.6%。

优越的硬环境和软环境加持,2017年厦门岛的人口密度高达每平方千米12931人,远远超过香港;每平方千米创造出2.23亿元GDP,经济密度居全国城市第五位。[①]

第三节 郑州提升国际化商务服务业的基础条件

国际化商务服务业服务的对象是国际贸易企业与体系,它包括的内容相当广泛,特别是随着互联网技术的应用,跨境电子贸易发展迅速。这就要求商务服务业扩容增速、提质增效,不仅要做好基础性服务,还要在发展中求生存、求壮大,融入世界贸易格局,在国际贸易竞争中立于不败之地。30多年来,郑州商务服务业飞速发展,也促使各种基础条件不断改进和完善。

一 通达的交通网络

近年来,郑州一直在构建国际化现代化立体综合交通大枢纽体系,以"三网融合、四港联动、多式联运"为核心,着力完善布局合理、联动便捷、功能完备、衔接高效的运输体系,加快构建全球通

---

① 薛志伟:《生态环境高颜值 经济发展高素质》,《经济日报》2018年6月25日第1—3版。

达、全国集疏的大通道体系，建设国际化、现代化、立体化的综合交通枢纽；建设三网融合、内捷外畅的立体交通网络，以航空网为引领，以铁路网为骨架，以高等级公路网为支撑，强化多种交通运输方式的高效衔接，打造连接国际、辐射全国、带动全省、高度融合的交通网络。

2017年《国务院关于印发"十三五"现代综合交通运输体系发展规划的通知》（国发〔2017〕11号）中，国家首次将郑州定位为国际性综合交通枢纽，郑州为全国十二个最高等级的国际性综合交通枢纽之一。综合交通枢纽是综合交通运输体系的重要组成部分，是衔接多种运输方式、辐射一定区域的客、货转运中心。通过国际性综合交通枢纽的建设，将强化国际人员往来、物流集散、中转服务等综合服务功能，打造通达全球、衔接高效、功能完善的交通中枢，将为郑州建设现代化国际性都市提供规划指引，为郑州建设国家中心城市奠定基础。郑州作为"一带一路"倡议重要节点城市，新欧亚大陆桥的战略支点城市，被国家赋予建成连通境内外、辐射东中西的物流通道枢纽，实现"买全球、卖全球"的重任。

二　良好的营商环境

良好的营商环境是商务服务业得以健康发展的根基，郑州充分发挥跨境贸易电子商务服务试点先行优势，紧密结合郑州各类口岸和海关特殊监管区域的开放功能，探索建立全国领先的跨境电子商务通关、物流、财税、贸易、金融等全产业链新体制；支持河南保税物流中心做大做强，鼓励新郑综合保税区、出口加工区、铁路口岸、机场口岸、邮政口岸等区域多元化开展业务，打造全市功能共享、产业一体、业务规模化发展的跨境电子商务集聚区，为国内外贸企业提供出口一站式服务，引导出境购物消费资金回流；建设全国跨境电子商务综合服务平台和大数据、云计算中心，推动郑州经验上升为国家标准；建好E博馆，举办E交会，开展跨境电子商务保税展销业务，引导企业在郑州构建跨国采购平台，打造腹地企业跨国采购首选基地和中部进口商品集散展示交易中心；公路港以郑州国际物流园区为主体，加快建成集现代物流、信息交换、金融结算、报关报检等公共服务功能于一体的内陆港；创新口岸通关物流机制，深化"三个一""三个互"通关模式改革，以电子口岸、各类政务和商务信息系统为支撑，打造四港一体化的多式联运口岸综合服务平台，推动各口岸之间多种运输贸易方式自由转换、货物进出集拼转功能全覆盖、物流转运业务标准化无缝衔接；通过推进商务领域监管体系建设、商务监管服务平台建设、商务诚信体系建设等，营造竞争有序的法制化营商环境。

三 高效的通关模式

2012年8月11日，国家发展和改革委员会批准郑州开展以下试点工作，"研究制定跨境贸易电子商务的通关、结汇、退税等方面的管理办法及标准规范，建设进口服务、出口服务、用户管理、外部数据接入、安全认证保障、应用支撑、基础支撑等系统，构建郑州市跨境贸易电子商务服务平台，主要包含业务服务、技术支撑服务及配套监管服务三项内容"。2013年5月31日，海关总署原则同意郑州市试点项目实施方案（署科函〔2013〕128号），郑州成为首个方案获批的试点城市。2014年5月10日，习近平总书记实地考察了郑州试点，总书记对郑州试点的创新发展模式给予了认可，勉励试点要朝着"买全球、卖全球"的目标迈进，构建对接世界市场的航空物流体系和陆地多式联运体系，积极打造全球网购商品集散分拨中心。

2018年6月4日，郑州海关发布消息称，从今年6月起，河南省全面取消出入境货物通关单，企业办理法定检验检疫物品的通关流程，从原先的申报两次缩减为一次，通关效率将大幅提升。与此同时，借助互联网和大数据，海关内部进行了通关流程改革。据了解，企业以往需要向原检验检疫部门和海关分别提交的数据，如今通过"互联网＋海关"及"单一窗口"的一次申报，在海关内部就实现了数据流通和共享，对企业做到"一次放行"，跟以前相比，节省了一半的时间。这些措施也为企业赢取客户、扩大经营规模、拓展进出口渠道提供了更大机遇，无形中提升了企业的竞争力。①

四 完善的物流体系

随着物流信息化、标准化、集约化水平不断提升，智慧物流、冷链物流、多式联运等先进模式加快应用，流通成本呈现持续下降趋势。如2017年我国社会物流总费用占GDP的14.6%，比上年下降0.3个百分点，比2012年下降3.4个百分点；每万元GDP所消耗的物流费用为1460元，比上年下降30元，比2012年下降340元。通过实施物流标准化专项行动，试点企业标准托盘占80%—100%，装卸货效率提升3倍以上，车辆周转效率提升1倍以上，货损率降低20%—70%，综合物流成本降低10%。②

E贸易对于郑州的意义，绝不仅仅是对于税收的贡献，已经吸引了诸多知名电商、物流等企业进驻郑州开展跨境电商业务，形成产业集聚，提升了郑州在国际市场上的竞争力。物流企业集聚郑州，也改变了物流格局，使郑州参与国际物流市场的竞争，形成了全球和全国分拨中心，国内国际物流快速增长，带来了航空、海运、陆运国际运输业的发展，使国内物流企业参与国际段承运。据统计，E贸易进出口的货物中，其中，80%是国际航空货物，对推动郑州航空港经济综合实验区发展起到了很大的促进作用。同时，随着信息技术的发展，经营模式不断创新，管理水平稳步提高，推动流通效率进一步提升，如网络零售方面，电子商务与快递物流协同发展不断深入，物流配送效率明显提升，充分满足了消费者的网购需求。

五 先进的信息技术

随着移动互联网、大数据、云计算、虚拟现实、人工智能等技术日新月异，电子支付、虚拟试衣、顾客识别、智能橱窗等商业应用快速推广，2017年全国手机支付用户达5.3亿人，线下消费的手机支付比例达65.5%，比上年提高15.2个百分点。全国4000多万户小商家

---

① 孙静：《河南全面取消出入境货物通关单"单子"再减通关更快》，大河网，2018年6月5日。
② 商务部：《2017年中国国内贸易发展回顾与展望》，2018年6月1日，商务部新闻办公室。

利用二维码扫描实现了收银环节的数字化。在内外贸融合发展方面，跨境电商、市场采购、汽车平行进口等新兴贸易方式快速发展，内外贸融合趋势不断加快。借助于互联网技术的快速发展，智慧发展将成为新的商业业态，如智慧商圈、智慧商店、智慧生活、智慧物流，都会加速推动高端服务业的强劲发展，也会带动无人机、无人车、无人仓等设施设备的发展，加强大数据共享和社会化协同，提升智能化水平。

近年来，郑州市高新区主导产业集聚效应初步显现，聚集电子信息产品制造业、软件与系统集成及相关企业400多家，拥有10家主板上市公司，35家企业登陆"新三板"，有河南省70%以上的骨干软件企业、动漫企业、电子商务企业，已初步形成了电子商务、信息枢纽、软件网络、文化创意等电子信息主导产业"六大产业集群"，中原产业园、河南电子商务产业园中，腾讯、阿里巴巴、甲骨文软件、百度等名企云集；主导产业规模进一步扩大，中国联通集团中原数据基地项目一期、郑州IT产业园等项目正加快建设。目前，郑州正在着力依靠创新，推动产业结构优化升级，打造"新兴产业之城、创新创业之城"特色的"郑州科技城"。

六 发达的商贸体系

经过30多年的发展，郑州的商贸业由传统到现代、由低端到高端、由内陆到开放，已发展成为以商圈经济、开放型经济、城市综合体、大型商超为特点的多种业态共存的商贸体系。《郑州市现代化商贸城建设总体规划（2009—2020年）》和《郑州市城市商业网点规划（2009—2020年）》，将郑州战略定位于有一定国际影响力的中部领先、全国重要的商贸城市，规划了二七广场商圈、紫荆商圈、郑东新区CBD商圈和新郑州东站商圈等市级商业中心，提升改造3个、新建6个区域商业中心，建设109个社区商业中心，形成较为发达的商业流通网络；确定了10万平方米以上大型商业综合体布局、大型专业批发市场布局和四星级、五星级酒店布局。到目前，已基本形成了覆盖全市、对接国外的大商贸体系。

第四节 郑州国际化商务服务业发展历程与现状

一 郑州商务服务业发展历程

由于地处全国交通枢纽要道，商贸业一直是郑州的主要支柱产业之一，从而催生了商务服务业的快速发展。经过改革开放40年的发展，郑州商务服务业与商贸业齐头并进，形成了比较明显的三个阶段，即以商贸城建设为引领的传统服务业阶段、以郑东新区建设为引领的现代服务业阶段和以郑州航空港建设为引领的高端服务业阶段，每一个阶段都呈现出不同的特点。

（一）以商贸城建设为引领的传统服务业阶段

传统的服务业是指为人们日常生活提供各种服务的行业，如餐饮、酒店、商业等。在建设中原商贸城的过程中，郑州形成了商圈经济以及外向型经济。以二七商圈为代表，形成了酒店业、大型商超、批发市场等发达的商务服务业体系。其特点如下：

1. 观念突破

改革开放后，郑州的商贸业蓬勃发展，出现了强劲势头，而且由于其先进理念引领中原潮流，20世纪90年代，由亚细亚等几大商场参与的全国著名的郑州商战曾在这里爆发，引发了郑州乃至全省的商业变革。风靡一时的"郑州亚细亚"吸引了八方来客，催生了郑州商务服务业的迅猛发展。

2. 产业基础

改革开放后，郑州市的工业经济保持了较快发展，尤其在纺织、机械、建材、能源和原辅材料产业上具有明显的优势，并形成了有色金属、食品、煤炭和卷烟等主导产业。截至2009年年底，郑州市工业企业5万余户，其中规模以上工业企业2510家，全年完成规模以上工业增加值1298.5亿元。传统服务业的发展依托于比较发达的工业基础，因此，郑州市良好的工业基础，为大力发展传统服务业创造了难得的条件。

3. 商贸特色

20世纪80年代中期和90年代，郑州提出了建设中原商贸城。1996年6月，江泽民总书记视察郑州时亲笔题词："把郑州建设成为社会主义现代化的商贸城市。"1997年，国家五部委正式批准郑州为全国商贸中心改革试点城市。1998年，郑州市制定《郑州商贸城总体建设规划》。大型的高档商场在郑州聚集，如丹尼斯百货、大商新玛特、百盛广场等，吸引了南来北往的人，也带动了郑州高消费群体的形成。2002年，郑州出台《郑州市商业网点规划纲要》，在郑州逐渐形成了几个大的商圈。这些商圈凝聚了大量物流、人流，也带动了房地产市场的快速发展，同时促进了城市的进一步扩张。经过一轮又一轮的新旧更迭，二七区逐步形成了以零售业为主的二七商圈和以批发业为主的火车站商圈。二七商圈成为中原地区第一个集购物、娱乐、餐饮于一体的步行商业街——德化步行商业街，汇集了世界500强之首——商业零售巨头沃尔玛公司、金博大购物中心、北京华联、上海世纪联华、天津家世界等数十家大型商业企业和正弘国际名店、国美家电等大批商家；火车站商圈建成了拥有经营商户5000余家的银基商贸城和敦睦路服装批发中心，以及通信器材大世界、郑州鞋城、华中食品城、灯城等40余个大型专业批发市场。以"亚细亚"购物中心为先导的一批大型批零商业率先展开商业竞争，对全国商流形成了巨大的吸引力，商业辐射半径迅速扩大，不少商品来自全国，又辐射全国。统计显示，传统服务业比重占郑州市服务业增加值的2/3以上。在国家一级粮食批发市场基础上发展起来的我国第一个最规范的商品交易所——郑州商品交易所，把郑州推向了全国市场建设的前列。

4. 商务网络

郑州商务服务业的快速发展，促进了城市化进程。在商贸城建设过程中，郑州形成了商圈经济。在火车站商圈和二七商圈的带动下，郑州市又相继形成了紫荆山商圈、碧沙岗商圈、龙湖商圈等。它们由商业企业网点集聚形成，而对周围企业、消费者产生交互作用，包括辐射、吸引双向活动等，不仅是城市居民生活便利的必要保证，同时也是一个城市繁荣繁华的象征。这些商圈都成为城市发展新的增长点，带动着周边地区的快速发展。特别是由于郑州市近几年发展迅速，郑州市又形成了一些新的商圈，如花园路商圈、经三路商圈以及郑东商圈等。这些遍布城市重要位置的商圈布局，促进了城市的扩张步伐，推动郑州发挥引领区域发展的重心作用，推动区域一体化发展，加强了与周边经济区的合作联系，主动融入沿海开放型经济体系，形成内部融合、联动周边、贯通东西的发展态势。

（二）以郑东新区建设为引领的现代服务业阶段

现代服务业是指在工业化较为发达阶段产生的，主要依托现代科学技术和管理理念发展起来的信息及知识相对密集的服务业，它以知识密集型服务为标志，以生产性服务为主体，既包括伴随信息网络高速发展而产生的新型服务业，如网络通信、数字影视、信息服务、动漫游戏、电子商务等，也包括伴随产业分工深化而形成的新兴服务业，如研发服务、市场营销服务、中介咨询服务、创意产业、外包服务、工业设计等，还包括以现代化的专业技术、运营业态、服务方式改造和提升的传统服务业，如通信业、信息咨询、金融服务业、旅游业、品牌连锁服务等，其本质是实现服务业的现代化。

1. 观念突破

随着郑州经济的发展，单群的商贸中心建设已难以带动整个城市的发展，加之陇海、京广铁路对市区的交叉分割，使其发展空间受到挤压，无法满足郑州向国家区域性中心城市转变的需要，必须寻求新的发展空间。2001年，郑州市提出"高起点、大手笔、重新规划郑东新区"；2009年，河南省政府批复《郑汴新区建设总体规划总体方案》，提出用5—10年时间，将郑汴新区建设成为"现代产业集聚区、现代复合型新区、城乡统筹改革发展试验区、对外开放示范区、环境优美宜住区和为全省乃至中西部地区服务的区域服务中心"。

2. 产业基础

郑州市2009—2014年产业结构优化升级，提出了"构建以现代农业为基础、先进制造业为重点、现代服务业为核心的产业结构发展层次"。农业现代化建设借助农业科技创新全面推进；在工业方面，加快推动现代工业转型发展，重点发展汽车及装备制造、电子信息、商务金融、物流商贸、文化创意旅游等战略支撑产业，培育发展航空制造、生物医药、新材料等战略新兴产业，优化提升铝加工等传统优势产业；在服务业方面，通过全力推进中心商务功能区建设，建立了城市综合商务服务功能区，加快主城区市场外迁，加快特色商业街区建设，实现了现代服务业的提速增效。在此期间，产业集聚区发展从起步到成熟，成效显著。郑州市规划了市级产业集聚区 40 个，其中省级产业集聚区 15 个。产业集聚区建设按照竞争力最强、成长性最好、关联度最高的原则，延伸产业链条，搞好产业配套。原则上每个产业集聚区只确定一个重点扶持产业，并推进产城融合发展。加快产业集聚区建设，不仅是承接产业转移的需要，也是破解土地"瓶颈"制约，为郑州都市区建设创造和拓展空间的需要。

3. 商贸特色

发达的现代服务业是中心城市一个显著特点，依据区位优势和功能定位，郑东新区以金融、总部经济、会展、商贸、旅游、文化、研发和房地产八大支柱产业为重点，大力发展现代服务业（见表 3 - 1）。

表 3 - 1　　　　　　现代服务业八大支柱产业发展政策

现代服务业八大支柱产业	具体内容
金融建设国家区域金融中心	(1) 发展壮大银行业，促进银行总部集聚发展；(2) 强化期货交易龙头地位，打造郑州商品期货交易与定价中心；(3) 培育发展资本市场，构建中部地区产权（股权）交易中心；(4) 发展壮大保险业，完善保险机构体系
总部经济建设中部地区总部经济中心	(1) 吸引全国 500 强和中央企业区域总部入驻郑东新区；(2) 吸引河南省 100 强大型企业入驻郑东新区；(3) 积极引进大型跨国公司区域总部入驻郑东新区
会展建设国家中部会展之都	(1) 加强配套设施建设，形成会展优势平台；(2) 打造国内外知名会展品牌，加快会展产业升级；(3) 积极培育会展主体，推动会展业国际化；(4) 全面拓展会展领域，扩大会展溢出效应

续表

现代服务业八大支柱产业	具体内容
商贸建设现代化商贸中心	(1) 打造休闲型、个性化的 CBD 商业中心；(2) 科学合理设置精品商业中心和大型购物中心；(3) 打造批发型、专业化的生产资料批发市场；(4) 建设物流信息平台，满足商贸中心发展需要
旅游建设中原旅游集散中心	(1) 形成"三带、五区、六品"的旅游产业体系；(2) 重点建设五大主题旅游区；(3) 重点打造六大系列产品；(4) 加强酒店业的配套建设
文化建设、文化娱乐与文化创意产业基地	(1) 传媒产业；(2) 出版产业；(3) 演艺娱乐产业；(4) 动漫创意产业；(5) 职业技能培训产业
研发建设生产性服务业基地	(1) 引进各类研发机构集聚郑东新区；(2) 优化空间布局，强化科技支撑功能
房地产建设中部地区宜居之地	(1) 开发建设标志性商务办公楼群；(2) 开发建设高品位商品住宅小区

资料来源：根据马懿、欧继中等《郑东新区率先建成"现代化、国际化、信息化和生态型、创新型"新城区发展规划研究》成果（2009年3月）整理。

4. 商务网络

为了有效地统筹区域经济发展，国家继续深入推进"西部大开发""中部崛起"战略。"中部崛起"有利于提高郑州作为中原核心城市的"发展力、辐射力、带动力、创造力、影响力、凝聚力"，推动郑州市实现跨越式发展。中西部地区经济的快速发展，增加了对物流交通行业的强大需求，郑州作为国际陆港中心，我国的"铁路心脏"的交通枢纽优势进一步凸显，带来了现代物流业、金融业以及信息物联网服务业的快速发展；同时，随着国际跨国公司和国内知名企业、行业在郑东新区的进驻，引发了一系列促进商务服务业发展的连锁反应，总部经济进程加快，中央商务区规模渐成，继而促进商务管理、金融保险、设计咨询、会展营销、文化创意、保健餐饮、酒店等服务业的良性发展，推动郑州现代服务业的飞速发展。

（三）以郑州航空港建设为引领的高端服务业阶段

目前，高端服务业还没有一个准确的定义，但已经成为经济的皇冠、发展的动力源和火车头，并且具有高智、高效、高资（本）、高收（益）、高时（尚）"五高"特征。根据百度百科的解释，高端服务业通常是指智力化、资本化、专业化、效率化的服务业，其研究领域包括科技、教育、总部经济、金融、三四方物流、休闲旅游业、医疗保健、文化娱乐、咨询信息、创意设计、节庆、会展、IT资讯、订单采购、商务活动、企业服务业（智力资本、商务活动）和专业中介17大类。高端服务业是农业工业化、工业服务化的产物，更是价值经济的具体表现。

1. 观念突破

金融危机加大了全球化进程的复杂性，但产业转移的规律和趋势不会发生根本改变，甚至在一定程度上呈现出加速特征。主要表现在：现代服务业和高新技术产业成为转移到发展中国家的热点领域；以服务外包为特征的项目外包日益成为现代高端产业转移的重要方式。郑州认识到了对外开放的重要性，围绕航空港经济综合实验区的建设，加快了融入全球化贸易体系的步伐。

2. 产业基础

"十二五"时期，市委、市政府大力推进产业集聚区、服务区"两区"建设，促进块状经济向现代产业集群转变，以做大服务业为目标，规划了以高端商务、金融、文化旅游为主导的17个特色商业区，以做强工业为目标，确立了15个省级产业集聚区和17个市级工业园区，明确工业和服务业主导产业定位及布局，实现产业集群发展。产业集聚区成为郑州经济发展的重要增长极、转型升级的突破口、招商引资的主平台，对郑州市经济在复杂形势下保持平稳增长发挥了重要支撑作用。

以航空港产业集聚区为例，建设引进的富士康项目，对加快郑州市工业经济发展有着十分重大的意义。可以说，引进一个项目，带来一个产业链，繁荣一座城。以富士康项目为代表的电子信息产业发展迅猛，2012年航空港产业集聚区率先成为全省首个千亿级产业集聚区，2015年主营业务收入达到2800亿元。随着一批电子信息、生物医药、航空运输等企业加快向郑州航空港集聚，美国联合包裹等国际知名企业已进驻发展，郑州已经成为全球最大的智能手机生产基地。航空枢纽建设和航空关联产业互动发展的良好局面初步形成。

"十二五"期间，郑州经济技术产业集聚区，以大项目的带动、开放体系的完善、创新载体的实施，聚集了各类企业3000余家，世界500强企业36家，占全省的40%以上。实施汽车及零部件、装备制造、现代物流三大主导产业，构建现代产业体系；打造了跨境贸易电子商务、郑欧班列、国际陆港、出口加工区等对外开放平台，确立了"联通境内外、辐射东西部"的"丝绸之路经济带"物流枢纽通道地位，努力打造"买全球、卖全球"的全球网购商品分拨中心，使郑州经济实现了质的飞跃，从"创业期"走向了"创新期"。[①]

3. 商贸特色

2014年7月21日，《郑州市商贸业空间发展布局规划（2014—2020年）》获得市政府批复。规划中提出：加强规划对城市空间的引导和控制，形成"国际商业中心—都市商业中心—市级商业中心—片区级商业中心—社区商业中心"五级商业中心体系的空间结构，构建现代商贸设施体系，推进商贸业持续健康发展。以E贸易和期货交易所为引领，以综合交通、信息枢纽和综合性大口岸等政府性要素平台为支撑，以空港、陆港、产业集聚区、商务中心区、特色商业街区为载体，构建以信息经济和智慧经济为统领、以先进制造业和高成长服务业为主体的现代产业体系，建设国际化商都。2014年8月27日，郑州E贸易试点开馆，E贸易、中大门等设在郑州经济技术开发区，这是郑州跨境电子贸易的新起点。郑州市民可以不出家门就能买到正品的外国货物，也可以亲自到E贸易馆进行线下体验，快捷、方便、质优价廉，真正体现了"买全球、卖全球，关口在郑州"的新理念。

4. 商务网络

郑州市自2013年7月跨境贸易电子商务服务试点开始到"十二五"末，累计完成走货量5236万包，货值42.1亿元，郑州市跨境贸

---

① 郑州市统计局：《新跨越　新突破　新成就——郑州十二五发展辉煌成就》，2016年2月。

易电子商务呈现井喷式增长。[①] 2017年，全年实现进出口总值596.3亿美元，比上年增长8.4%。其中，出口345.6亿美元，增长9%；进口250.7亿美元，增长7.5%。全年实际利用外商直接投资40.5亿美元，比上年增长0.4%。跨境电商综合服务平台在降低外贸门槛、处理外贸问题、降低外贸风险等方面为相关企业提供了便利和解决方案。自"十二五"以来，亚洲、欧洲和北美洲仍是郑州市出口主要市场，新兴市场出口增速较快。郑州市对亚洲、欧洲和北美洲出口总额达283.6亿美元，比"十一五"时期的25.8亿美元增长9倍。

2010年和2015年11月郑州向各大洲出口总额情况如表3-2所示。

表3-2　　　　　　　郑州向各大洲出口总额　　　　　单位：万美元

地区	2010年	2015年11月
出口总额	331272	3124586
亚洲	139046	909164
非洲	32269	58531
欧洲	72617	442520
拉丁美洲	30463	145144
北美洲	46396	1485611
大洋洲	10482	83616

资料来源：郑州市统计局：《新跨越　新突破　新成就——郑州十二五发展辉煌成就》，2016年2月，第64页。

二　郑州国际化商务服务业发展的显著成效

（一）跨境电子商务异军突起

2012年8月11日，国家发展和改革委员会批准同意郑州开展以下试点工作："研究制定跨境贸易电子商务的通关、结汇、退税等方面的管理办法及标准规范，建设进口服务、出口服务、用户管理、外

[①] 郑州市统计局：《新跨越　新突破　新成就——郑州十二五发展辉煌成就》，2016年2月。

部数据接入、安全认证保障、应用支撑、基础支撑等系统，构建郑州市跨境贸易电子商务服务平台，主要包含业务服务、技术支撑服务及配套监管服务三项内容。"

经过几年的努力，郑州 E 贸易产业园已初具规模，被定位为跨境贸易特色商务型城市综合体、"中大门"电子商务产业园区，目标是打造国家跨境贸易电子商务示范区、中原国际电子商务总部集聚区、区域创新型直购综合体验中心；构建五大基础功能平台，即信息服务平台、商务运营平台、政务管理平台、物流服务平台和支付结算平台；带动四大延展功能平台，即情景体验平台、实体展销平台、服务咨询平台和配套支撑平台，同时具备"休闲娱乐、酒店会展、教育培训"等辅助功能，最终实现"买全球、卖全球，关口在郑州"目标。截至 2014 年年底，跨境 E 贸易参与试点项目的企业共备案 350 家，其中，电商 203 家、网商 83 家、仓储企业 49 家、物流企业 8 家、报关企业 7 家。已入驻园区企业 60 家，正在办理入驻企业 28 家。邮政、顺丰、中通、申通以及阿里巴巴委托代理企业香港嘉宏物流、DHL 委托物流企业圆通快递均已入驻园区。通过一年多招商运营，引进了韩国 QOO10、天猫国际、唯品会、聚美优品、敦煌网、日本 Kenko、中国台湾东森、泰国王权、加拿大中华商会、阿里支付等世界知名企业，累计完成商品备案 49029 项。主要货源来自美国、德国、英国、法国、意大利、荷兰、巴西、韩国、澳大利亚、新西兰、新加坡、日本、中国台湾、中国香港等国家和地区。进口国内收件人几乎覆盖全国各省、直辖市。

（二）现代物流体系不断完善

2013 年，郑州机场海关快件监管中心获得国家批准，成为中部地区唯一开展国际快件业务的机场；通往 13 个国际城市的航空快件总包直封权获邮政总局批复；南航河南航空有限公司正式挂牌成立，俄罗斯空桥等航空公司进驻开展业务，机场货运支撑体系不断完善。2014 年，顺利完成对世界全货运航空巨头卢森堡货运航空的收购，并将郑州机场作为其全球第二大枢纽机场；与 UPS 战略合作继续深化，筹划在郑州设立 UPS 亚太区供应链管理中心，增开飞往欧洲航线；同年，国际民航组织航空货运发展论坛在郑州成功举办，来自全球的 28 家航空公司、37 家机场公司以及百余家航空产业链企业参加了论坛。

2014 年 5 月 10 日，习近平总书记实地考察了郑州试点，勉励试点要朝着"买全球、卖全球"的目标迈进。2014 年 8 月 11 日，河南省政府与海关总署在京签署合作备忘录，支持郑州市在保税进出口模式试点的基础上增加一般进出口模式的试点。目前，河南邮政速递物流已经在保税中心开展一般模式出口业务，保税中心公司旗下公司 EHL 已成功竞标中国邮政速递物流股份有限公司的国际邮件航空运输服务采购项目，取得了中国邮政的全球物流货运承包运营权，业务覆盖欧美 19 个城市，EHL 将利用运营权把这些国际邮件集中到郑州进行集散。2014 年 7 月 1 日，国务院正式批复同意郑州设立汽车整车进口口岸（国办函〔2014〕61 号），并于 2014 年 9 月 26 日正式通过海关总署、质检总局、工信部、商务部四部委的联合验收，至此，郑州汽车整车进口口岸成为全国唯一的"不沿海、不沿边、不沿江"的内陆汽车整车进口口岸。2014 年 12 月 3 日开行了首班国际邮包实验班列，另外，郑州正加紧对接冷链、跨境电子商务等产品的业务承运工作，形成了以特种商品口岸建设和业务多元化为关键的竞争优势。

（三）信息服务技术加快升级

郑州加快了信息系统 3.0 版建设，郑州试点信息化平台系统分为四个阶段进行升级开发，目前已经完成第一阶段和第二阶段的开发，分别实现了海关方面进口商品申报、税单生成和试点商品电子数据申报等功能。第三阶段信息系统 3.0 版总体上已经完成，分为海关和国检业务上线运行两个方面。海关方面，业务已经通过系统 3.0 版与 2.0 版并行工作的方式上线运行，所有参试企业与海关监管端实现了商品信息的直接传输和电子报关单据申报。国检方面，业务已经通过系统 3.0 版上线运行，使用 3.0 版的参试企业与国检监管端实现了商品信息的直接传输和电子报检单据申报。同时，已经启动第四阶段（4.0 版）升级开发工作，增加工商、税务、外汇管理一体化服务功能，实现与税务、工商、外汇管理等相关职能部门进行有效的衔接。

（四）国际交往日益密切

"十二五"以来，郑州市围绕铁路、航空两个一类口岸和新郑综合保税区、出口加工区和保税物流中心三个海关特殊监管区基础优势，打造内陆开放的高地。以河南民航发展投资有限公司（全货运航空公司）正式落户郑州航空港经济综合实验区为标志，从而构建起了以郑州为亚太物流中心、以卢森堡为欧美物流中心，并覆盖全球货运航空网络的"郑州—卢森堡"双交通枢纽。身处内陆的郑州航空港区是全国首个上升为国家战略的航空港经济综合实验区，郑州直飞卢森堡航线已经为"丝绸之路经济带"沿线国家的物流开辟出了一条黄金通道，"走出去"氛围业已形成。截至2015年年底，郑州市已核准设立的境外投资企业达到36家，占河南省的53.1%。2015年郑州市对外经济技术合作营业额达到20.9亿美元，年均增长21.2%；境外投资额9.3亿美元，年均增长23.5%。五年累计完成对外经济技术合作营业额81.5亿美元，境外投资额36.9亿美元。①

"新丝绸之路"是中国与欧洲的商贸往来之路，既要买全球，也要卖全球，大门在郑州。目前，按照欧洲、北美洲自贸区"保税展示交易"的海关监管制度，河南省进出口物资公共保税中心有限公司将在俄罗斯、加拿大的海外仓里设立"中国国家馆"，将中国的智能手机、电子配件、日用品销售到国外，朝着"买全球卖全球"的目标不断迈进。

（五）城市商贸综合体助力大型商圈参与国际贸易

城市综合体是集商业、办公、居住、酒店、展览、餐饮、会议、文娱和交通等城市生活空间的组合，是一种相互依存、相互助益的商贸综合体。目前，郑州市的城市综合体发展非常迅速，如万达广场、万象城、大卫城、锦艺城等陆续形成新的商贸业态，带动周边商贸、文娱、餐饮等零售业蓬勃发展，不断地为郑州市消费品市场发展注入活力，不仅增加了人们的购物热情，同时也带动其他消费市场的发

---

① 郑州市统计局：《新跨越 新突破 新成就——郑州十二五发展辉煌成就》，2016年2月。

展，带动内需升级。截至2018年7月初，中欧班列（郑州）货物覆盖省内丹尼斯、北京华联、正道思达等300余家大型商超和120多家直营店，2018年前6个月，线上线下总销售额达到5000万元。①

三 郑州国际化商务服务业新的特点

近年来，郑州以口岸国际化为先导，全面对接国际市场，着力强化国际物流、区域分拨和本地配送三大体系建设，大力发展跨境E贸易，加快建设"买全球、卖全球"的国际物流中心。商务服务业在为商贸、物流、通关、产品展销等方面服务的过程中，形成了新的特点。

（一）智能化

郑州建立以集散型物流为骨干的区域性集疏运服务网络，推进国家现代物流创新发展试点城市工作，着力发展食品冷链物流、医药物流、钢铁物流、汽车物流、家电物流、纺织服装物流以及邮政服务；支持发展跨区域物流企业联盟，鼓励创新联盟运作模式，加快物流业银企合作，构建区域联动物流服务体系，形成覆盖中部六省的物流服务网络；依托中国智能骨干网、"亚洲一号"营运中心、跨境贸易电子商务服务试点和地方特色产品电商平台，建设立足中部、服务全国的区域性货运转运中心和速递快件分拣中心，巩固郑州公、铁12小时千千米物流圈辐射范围；鼓励第三方物流企业整合区域内中小型物流企业，支持第三方、第四方物流企业提升规模、打造品牌，向流通加工、信息服务、电子商务、物流金融、供应链管理等高端物流增值业务延伸，把郑州打造成为全国区域性货物集散分拨中心。

（二）高端化

郑州航空港实验区重点推进北货运区建设，加快建设国际快件集中监管中心，省食品、药品、医疗器械检测中心，着力打造全国重要的快递物流中心和冷链物流基地；进一步优化电子商务、应急、冷链、快递等城市重要物流基础设施布局，开展郑州国家城市共同配送试点工作，培育一批城市配送示范项目；大力发展统一仓储、统一下

---

① 郑州电视台新闻客户端，2018年7月19日。

单、统一配送、统一结算的"四统一"城市共同配送体系，实现6小时送达市内各终端网点，破解城市配送"最后一公里"难题；推进城市配送车辆标准化，建立城市配送车联网系统，实行"统一标志、统一技术标准、统一外形、统一配置管理"。

（三）国际化

郑州积极探索推进全球化口岸联盟，整合郑州口岸平台资源，鼓励机场公司、陆港公司、保税中心公司等加强一体化合作，通过控股、参股经营境内外的机场、港口、内陆港等物流场站设施，提升郑州在国际多式联运方面的话语权；推动建立跨区域口岸联盟，强化与霍尔果斯、二连浩特、满洲里等陆路边境口岸，以及与上海港、天津港、青岛港、日照港、连云港等海港口岸的产业合作，打造"1+3+5"的口岸联盟；推进海外节点合作，积极开展与汉堡、安克雷奇、瓜达尔、开罗等国际港口城市合作，拓展业务范围；以打造"一带一路"国际口岸交流合作平台为抓手，借助"丝绸之路"国际交流会、跨境电子商务峰会的品牌知名度，逐步扩大郑州口岸在全球的影响力。

（四）信息化

打造"互联网+"智慧物流系统，推动云计算、大数据、物联网等技术在物流领域的广泛应用，促进物流与商流、资金流、信息流的集成化运作；建立互联互通的物流信息服务平台，依托行业管理部门，在航空、铁路、公路、海关、出入境检验检疫、保险、公安等领域，加快建设信息交换共享的综合性物流信息服务平台；依托行业龙头企业，在冷链、医药、钢材、粮食、煤炭等行业，建设完善一批区域性、行业性的专业物流信息平台，在此基础上，建设全市物流园区公共信息平台。

（五）快捷化

创新口岸通关物流机制，深化"三个一""三个互"通关模式改革，以电子口岸、各类政务和商务信息系统为支撑，打造四港一体化的多式联运口岸综合服务平台，推动各口岸之间多种运输贸易方式自由转换、货物进出集拼转功能全覆盖、物流转运业务标准化无缝衔接；加强与"丝绸之路经济带"沿线城市、长江经济带、京津冀地区、泛珠三角地区及东北地区的跨区域关检合作，逐步建立与沿海、沿边口岸业务联动、直通放行的区域大通关体系；在"保税进口"的网购模式下，消费者在跨境 B2C 电商平台上的下单方式和国内电商网站基本一致，并且支付方式是中国消费者日常网购所熟用的银联、信用卡，网站的界面和咨询渠道都采用中文，进一步提升了网购海外商品的便利性。

第五节 郑州国际化商务服务业发展前景展望

《国家发展和改革委员会关于支持郑州建设国家中心城市的指导意见》指出，要"提升服务业发展水平"，要"增强国际物流通道和文化旅游交流功能，提高服务业外向度，积极引进跨国公司和企业集团区域性、功能性总部。加快郑东新区金融集聚核心功能区、郑州期货交易所等平台发展，搭建辐射全国的特色化、专业化服务平台，提升服务经济层次和水平。加快发展服务型制造和生产性服务业，创新发展商务服务、信息服务、文化创意、健康养老等服务经济。建设好中国服务外包示范城市"。

2016 年 9 月 25 日，中国共产党郑州市第十一次代表大会指出：国际商都是郑州发展的长远战略方向，国家中心城市是建设国际商都的现实目标。要经过五年努力，围绕国家中心城市这一目标，基本建成"一枢纽一门户一基地四中心"：国际性现代化综合立体交通枢纽、中西部对外开放门户、全国重要的先进制造业基地、国际物流中心、国家区域性现代金融中心、具有国际竞争力的中原创新创业中心、华夏历史文明传承创新中心。要"聚焦主导产业，加快构建现代产业体系。着力做强先进制造业、着力做大现代服务业、着力做优都市农业、着力发展复合型新兴产业，聚焦电子信息、汽车与装备制造、现代金融商贸物流、文化创意旅游、都市生态农业五大战略产业，加快构建以先进制造业为支撑、以现代服务业为主导的现代产业体系"。

面对新形势、新任务，郑州要提升国际化商务服务业发展水平，就要把握好当前开放、创新、转型的良好机遇，借助政策优势、产业优势、信息技术、数字技术等，加快高端服务业发展步伐。

一　抢抓"一带一路"发展机遇

通过对外开放门户如自贸区的建设，提升郑州"一带一路"节点城市作用，推进与"一带一路"沿线重要口岸互联互通，建设东联西进的陆海通道。聚焦物流、装备制造、工程承包等优势领域，深化与中亚、俄罗斯、东南亚、东中欧等重点区域的合作，建设双向经贸产业合作园区和海外物流基地；深化金融领域开放创新，扩大航空服务对外开放，创新国际医疗旅游产业融合发展；拓展郑州国际航空口岸和国际铁路口岸功能，健全口岸经济发展机制，促进口岸与枢纽、物流、贸易、金融联动发展；提升商务服务业发展水平，提高服务业外向度，积极引进跨国公司和企业集团区域性、功能性总部，搭建辐射全国的特色化、专业化服务平台，提升服务经济层次和水平，建设好中国服务外包示范城市。

二　着力发展高端商务服务业

随着对外开放步伐的加快，郑州要积极发展高端商务服务业。英国《金融时报》2017年12月19日刊文称，快速发展的数字经济是中国经济的一抹亮色。《金融时报》报道认为，在一些顶尖技术公司的推动下，数字经济正在中国快速发展，包括物联网、虚拟货币、金融技术、人工智能、先进的机器人和大数据。数字技术的进步让中国经济获得了全新活力，中国数字经济的繁荣发展使中国成为全球数字经济革命的中心。英国路透社则列举了一组中国经济的亮眼数据。在电子产品和高科技产品销售强劲的推动下，2017年11月，中国出口同比增长12.3%，这一数据高于此前分析人士5.0%的预测值，为8个月以来最快增速。与此同时，大宗商品采购推动了进口增长。中国海关总署的最新统计显示，中国2017年11月进口比去年同期增长

17.7%，大大高于11.3%的预测值。①

要积极把握中国（河南）自由贸易试验区的有利时机，充分发挥交通枢纽优势，打造国际性物流中心，促进消费品市场的完善与发展；与打造贯通南北、连接东西的现代立体交通体系和现代物流体系相结合，以促进流通国际化和投资贸易便利化为重点，以国际化多式联运体系、多元化贸易平台为支撑，打造对外开放高端服务平台，积极有效吸引境外资金、先进技术和高端人才；提升郑州航空港经济综合实验区、郑州经济技术开发区等开放功能，布局发展高端制造业和高端服务业；加快扩大双边和区域服务贸易协定，打破一些国家对我国服务贸易的壁垒，率先在新兴经济体、欧洲等国家和地区取得突破，加快拓展与这些国家和地区在金融、信息、物流业等服务业领域的开放合作，把服务业和服务贸易自由化作为双边或区域合作的重点。

三 以先进制造业推动商务服务业发展

在工业化中后期，企业竞争力与服务质量直接关联，企业的竞争力取决于服务环节是否专业化、精细化。为此，服务业主导的经济转型不仅是形成新一轮创新创业潮的主要推动力，而且将为创新创业开辟巨大的市场空间，由此成为创新驱动的重要条件。

《国家发展和改革委员会关于支持郑州建设国家中心城市的指导意见》指出，郑州要"壮大先进制造业集群。全面提升制造业基础能力和创新能力，在高端装备、电子信息、汽车及零部件等领域，培育一批国际知名创新型领军企业，打造若干具有国际竞争力的产业集群。发展壮大新一代智能终端、电子核心基础部件、智能制造装备、生物医药、高端合金材料等新兴产业"。因此，郑州要创新内陆加工贸易模式，推进整机生产、零部件、原材料配套和研发结算在内陆地区一体化集群发展；进一步完善拓展新郑综合保税区的各项功能和业务，加快建设与沿海城市相当、与国际接轨、朝着自贸区方向发展的

---

① 李春霞、周明阳：《世界各大机构近期上调中国经济增长预期——中国对全球经济增长贡献最大》，《经济日报》2017年12月20日第1版。

开放平台。

四 加快新一代信息技术的推广应用

当今信息通信技术的发展给世界带来了重大变化，不仅需要硬件技术的创新，更需要包括软件和系统在内的整体创新，中国的"互联网＋战略"，将对不同产业间的融合发挥巨大的作用。随着数字经济发展深化，众多领域开发出了一批大数据的典型应用，不断改造提升传统产业，促进工业互联网、工业大数据、工业云协同发展，推动实体经济转型升级。

大力发展大数据产业，即以大数据分析挖掘和应用为核心，大力推动电子政务、经济活动、社会管理、公共服务等重点领域的信息化应用；要推行政企合作模式，加强各信息系统科学对接，整合各类信息平台，支持信息资源开放共享，积极建设大数据资源平台；要深化大数据在第一、第二、第三产业的创新应用，培育大数据新业态、新模式，着力形成新的经济增长点；要完善大数据产业链，构建大数据产业生态体系，争取电信运营业、互联网、金融、证券、保险、物流等全国性或区域性后台服务中心落户郑州；要加快中牟和高新区北斗导航产业园建设，早日推出一批服务全国的智能交通、地理测绘、减灾救灾、安全监测、物流配送、城市管理等北斗应用平台。到 2020 年，大数据产业力争形成 500 亿元规模，建成国内重要的大数据产业基地。

五 营造良好的营商环境

借鉴国内外先进的商务服务经验，建立"统一、开放、竞争、有序"的市场体系，通过自贸区建设提高贸易便利化。郑州市政府近日公布了《市政府 2018 年廉政工作要点》，围绕持续优化经济社会发展环境、推动公共资源阳光交易、持续深化"放管服"改革等重点任务进行部署，全面加强政府系统党风廉政建设，推动全市经济社会持续健康发展。其中提出，要加快推进"互联网政务服务"，全面打破部门间的信息壁垒，推动各部门各类非涉密数据互联互通、共享共用，加快政务服务平台建设，实现"平台之外无审批"，推动实体办事大厅和网上办事大厅深度融合，让数据"多跑路"，部门"协同办"，群众"少跑腿"，在"一网通办"前提下，年底前基本实现企业和群众到政府办事"最多跑一次"。要持续清理规范行政审批中介服务事项和收费,探索"网上中介超市"模式,着力消除行业垄断;探索政府购买中介服务,完善中介机构信用评价体系,强化中介服务行为监管。①

六 大力促进新经济发展

加快培育发展新经济,促进"互联网+"新业态创新,发展分享经济、平台经济、体验经济、社区经济。建设龙子湖大数据谷,打造国家大数据综合试验核心区。推进中国(郑州)跨境电子商务试验区建设。在下一代信息网络、生命科学、人工智能等前沿领域培育一批未来产业。今年的中央政府工作报告(2018年3月5日)中提出,要推动大数据、云计算、物联网广泛应用。事实上,在新旧发展动能接续转换的过程中,新技术正像基础设施一样,支撑实体经济与公共服务的深刻重塑。

加快服务外包园区和公共服务平台建设,重点培植国际物流、会展、旅游、商贸服务以及对外承包工程、劳务输出等优势行业;支持软件、动漫游戏、电子出版物、创意产品等新型文化产品进入国际市场,积极发展多层次的服务贸易体系;加强与国内外发达城市和友好城市交流合作,从产业转移、资源供给、技术共享、人才交流等多个领域确定战略合作关系;坚持以航空港实验区作为现代化国际商都核心区,统筹推进航空港实验区、经开区、郑东新区等重要开放平台建设,扩大郑欧班列、跨境贸易电子商务等开放品牌效应,积极建设自由贸易试验区,形成多层次、全覆盖、立体化的开放平台支撑体系;积极发展现代服务业,引导企业在郑州构建跨国采购平台,推动会展城建设,打造一批具有国际影响力的高端航空及关联产业展会品牌;积极发展高端服务业,支持企业利用跨境电商平台开拓国际市场,引进电子商务龙头企业,聚集国内外知名电商、网商、支付商和物流商,不断扩大进出口业务量,打造以博览展示、线上线下相结合为特色的电商集聚区域和购物天堂,建成全国重要的进口消费品集散中心

---

① 赵文静:《市政府今年廉政工作要点确定》,《郑州日报》2018年7月16日。

和全球网购商品集散分拨中心；围绕建设国际航运枢纽、国际贸易中心、金融业对外开放试验示范窗口，推动建立统筹国内和国际、空港和海港资源、在岸和离岸业务、货物贸易和服务贸易的全球供应链核心枢纽，建设区域性股权交易市场和再保险中心；完善平台和监管服务体系，扩大全国领先优势和全球影响力，构建跨境电子商务产业链和生态链，实现"买全球、卖全球"的目标。

第四章　郑州跨境电子商务产业

跨境贸易电子商务产业包含跨境贸易电子商务交易链、跨境贸易电子商务服务链和跨境贸易电子商务监管链三大链条。跨境贸易电子商务交易链的主体是生产制造商（生产商）、海内外电商企业和用户。跨境贸易电子商务服务链包括物流、仓储、支付、金融、网络运营等服务。跨境贸易电子商务监管链是指在双方交易过程中，海关部门、检验检疫部门和外汇部门对其进行监督和管理。这三大链条之间相互联系、相互补充、互利共赢（见图4-1）。

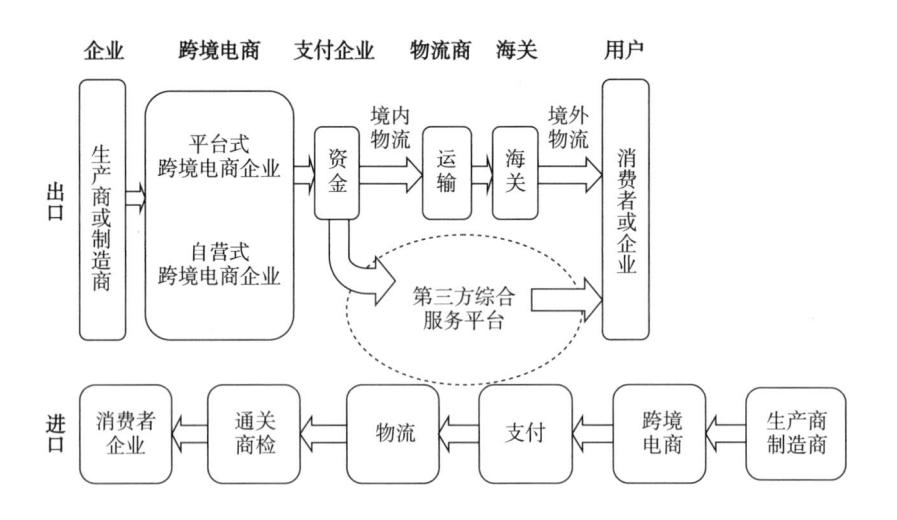

图4-1　跨境电子商务产业链

第一节 郑州跨境电子商务产业发展的基本情况

一 郑州跨境电商平台企业快速发展

根据郑州海关统计数据,郑州成为试点城市之后,跨境电子商务进出口包裹量迅猛增加,并且实现了电商产业链的积聚,国内外知名电商企业向郑州集聚,具体有以下三个方面:[①] 首先是国内知名的平台型跨境电商企业如网易考拉、小红书、唯品会、敦煌网、阿里巴巴、京东、天猫国际、蜜桃网等纷纷到郑州落户,为郑州中小型企业开展跨境电商业务提供平台。其次是本土电商集聚,万国优品、中大门、洲洲海优、空港跨境、保税国际、9号店等近15家本土电商物流企业从无到有、快速发展,带动郑州贸易、生产、加工等传统产业开展跨境电商业务,实现产业转型升级。最后是仓储物流企业集聚。吸引顺丰、DHL、EMS、韵达、申通等物流企业入驻郑州,并且与其他境内外电商物流企业开展合作,互利共赢。

二 郑州跨境电商支付企业逐渐完善

建设银行、工商银行、平安银行等金融机构已经开展国际金融业务,支付宝、财付通、银联等与郑州试点对接支付服务工作。同时,近年来,郑州跨境电商试点区域不断扩大。在2012年国务院批复郑州设立跨境电子商务试点时,只有保税物流中心一家园区,到2018年,郑州园区已扩至出口加工区、国际陆空港、综合保税区,园区规模越来越大,配套设施越来越齐全。将来随着园区数量的进一步增加,园区之间会形成竞争与合作,将更能推动园区的发展。

三 郑州跨境电商业务规模快速增长

郑州自2013年开展跨境电子商务零售进出口业务以来,跨境电商业务量增长迅速。根据中国电子商务研究中心监测数据,2017年,

---

① 资料来源于http://www.xinhuanet.com/local/2015-04/09/c_127670314.htm。

全年进出口清单达到了9128.7万单，同比增长59.1%，其中，进口清单7366.9万单，同比增长32.7%；出口清单1761.8万单，同比增长8.5倍；货值113.9亿元，同比增长71.7%。根据郑州市海关统计数据，截至2017年年底，郑州市跨境电子商务试点已经运行了五年，到2017年年底，累计验放跨境电商进出口清单超过了2亿单，五年来，累计商品总值突破200亿元，累计备案商品种类达25.9万种，在全国13个跨境电商试点中，郑州市的业务量占1/3以上，业务量连续五年位居全国第一。[1] 根据电子商务研究中心的数据，在2017年中国13个跨境电商综合试验区城市排行榜中，郑州名列第五。[2] 2017年，河南全省电子商务交易额为1.3万亿元，其中跨境电商交易额占了7.8%[3]，说明河南省及郑州市跨境电商发展潜力巨大。

四 郑州跨境电商服务链初步形成

根据郑州海关统计数据，截至2015年12月31日，郑州试点已完成海关备案企业达到了908家，其中，包括电商企业485家，网商271家，仓储企业89家，物流企业20家。[4] 郑州市在2016年跨境电子商务企业招商方面效果显著，到2016年年底，已经完成备案的电商企业达到54家，其中，开展具体业务的有电商和相关平台企业29家，仓储企业9家，物流企业4家，支付企业7家，报关企业3家。按照《河南省电子商务企业认定办法》和《河南省电子商务企业认定细则》，截至2016年7月31日，郑州市有478家备案的电子商务企业，其中，包括148家平台类企业、234家应用类企业和96家服务类企业。[5] 平台、物流、仓储企业的入驻，使郑州市跨境电商产业服务链初具规模，进一步推动郑州市跨境电商产业的发展。

五 跨境电商郑州模式——备货模式（或者保税分销模式）

跨境电商可以分为保税分销模式、海外仓模式、一般模式和分送

---

[1] 资料来源于 https://www.henan.gov.cn/2018/02-11/651689.html。
[2] 数据来源于2017年《中国城市跨境电商发展报告》。
[3] http://www.ebrun.com/20180129/262947.shtml。
[4] 资料来源于 http://www.sohu.com/a/76504729_361394。
[5] 数据来源于郑州市商务局。

集报四大模式。

（一）保税分销模式

在跨境电商发展初期，郑州市跨境电商企业首创郑州模式——保税分销模式，即电商企业从海外大批量采购货物，通过海运、空运或班列将货物运到郑州保税仓，在国内消费者购买该种商品后，就产生了订单，通过海关、检验检疫部门等监管机构的数据对接，进行清关申报、信息核对后，在保税仓中将货物分拣包装成个人包裹，最后将包裹通过快递配送至消费者手中。在出口时，积极申请设立出口监管仓库，条件成熟时，申请保税物流中心，依托出口监管仓库或保税物流中心建立跨境电子商务通关监管点。在保税分销式下，跨境电商企业出口商品提前整批申报存入出口监管仓库或保税物流中心，享受出口退税政策。在国外个人网购时，凭出区商品清单核放出口，电商企业定期归并商品清单向海关申报。企业收到货款后，可凭报关单等票据结汇。[1]

除郑州模式外，跨境电商企业也采用其他三种模式：

（二）海外仓模式

跨境电商企业首先根据自身产品在海外的销售情况和海外市场调研分析，先将一定规模的商品以一般贸易或市场采购等贸易方式出口至目的市场，暂存目的市场公共海外仓内，凭海关报关单和完税凭证办理货物出口退税。海外客户在网上下单支付货款后，跨境电商企业将订单信息传送至海外仓，海外仓选择合适的物流企业派送相应的商品。跨境电商企业通过海外账号收款或海外仓进口主体代理收款，汇总后通过海外仓进口主体以一般贸易或市场采购贸易方式定期收回货款，凭海关报关信息办理货收结汇业务。[2]

（三）一般出口模式

跨境电商企业通过网上自建平台或第三方平台接受海外客户订

---

[1] 胡玥、盛伊丽等：《跨境电商出口模式发展研究》，《全国商情·理论研究》2016年第14期。

[2] 资料来源于 http://www.hzsk.com/portal/n3526c109.shtml。

单，国内组织商品，采取行邮包裹方式直接寄送出口商品，商品通过物流快递公司，接受海关驻邮办检查通关后送往海外客户。跨境电子商务企业通常通过海外账户收款后，以个人结汇等非贸易渠道汇回国内。以促进产业持续发展为目标，在产业规范发展过渡期内，支持中小微型跨境电子商务主体继续采取一般出口跨境电子商务出口模式，同时，对继续采取这一出口模式的中小微电商经营主体，引导其通过纳入跨境电子商务外汇支付试点的第三方支付机构办理收结汇。

（四）分送集报模式

在杭州成立跨境电子商务海关监管场所，利用信息化手段实现园区内海关、国检、国税、外管、电商企业、物流企业之间的流程优化，实现跨境电商企业出口货物申报、海关申报监管以及物流企业物流跟踪的全流程查询和监管，实现监管场所内现场通关。跨境电商企业通过网上自建平台或第三方平台接受海外客户订单，国内组织商品，采取行邮、包裹寄送出口商品，并以"分批寄送、集中申报"的方式报关，商品接受园区海关监管点查验通关后，通过物流快递公司送往海外客户。电商企业收款后，可凭海关报关信息办理货物出口收结汇、退税业务。[1]

第二节　郑州跨境电商产业布局现状

一　总体布局：三个平台和七个体系[2]

为了推进郑州市跨境电商综合实验区更好更快地建设和发展，河南省政府结合实际，提出了三个平台和七个体系的战略。三个平台包括单一窗口综合服务平台、综合园区发展平台及人才培养和企业孵化平台。单一窗口综合服务平台是指把河南省商务公共服务云平台、河

---

[1] 胡玥、盛伊丽等：《跨境电商出口模式发展研究》，《全国商情·理论研究》2016年第14期。

[2] 资料来源于 https://www.henan.gov.cn/2016/10-23/366125.html。

南电子口岸等公共服务平台资源整合在一起，建立海关、税务、外汇、出入境检验检疫、商务、交通、信用保险多位一体的跨境电子商务单一窗口综合服务平台，不断完善服务功能，实现资源共享、协同发展，建立部门间联合监管新模式，形成线上综合服务体系。综合园区发展平台要结合河南省产业优势，采取一区多园、一园多点的布局方式，高起点、高标准建设跨境电子商务综合园区，延长产业链，做大产业规模，形成良性竞争、协同发展的格局，并且支持线上单一窗口综合服务平台，促进跨境电子商务线上线下有机结合、相互支持、协同发展。人才培养和企业孵化平台，要健全跨境电子商务人才服务体系，建设一批跨境电商专业人才培训基地，积极开展政府、学校和企业合作，出台相应优惠政策，引进一批知名跨境电子商务人才和人才中介服务机构，逐渐形成跨境电子商务人才服务市场。要鼓励跨境电子商务领域创业创新，并且为创业人员提供场地、技术、资金等的支持，大力推动大众创业、万众创新。

七个体系包括跨境电子商务信息共享体系、跨境电子商务金融服务体系、跨境电子商务智能物流体系、跨境电子商务信用管理体系、监管部门信用认证和第三方信用服务评价相结合的综合评价体系、跨境电子商务质量安全体系、跨境电子商务金融服务体系和跨境电子商务风险防控体系。

跨境电子商务信息共享体系，主要依托单一窗口综合服务平台，使信息认证、信息备案、信息管理统一化，实现跨境电商产业链上的企业之间信息互联互通，海关部门信息互换、监管互认和执法互助，实现各大部门和企业之间信息互通、互利共赢。

跨境电子商务金融服务体系，鼓励金融机构、第三方支付机构、第三方电商平台、外贸综合服务企业之间积极展开合作，为跨境电子商务交易提供在线支付结算、在线保险、在线退税等一站式便捷金融服务。随着人民币国际地位的大幅提升，应该鼓励在跨境电子商务活动中使用人民币计价结算，银行、金融机构和第三方支付机构应该创新电子商务跨境人民币业务产品，为跨境电子商务企业提供优质支付和跨境人民币结算服务。

跨境电子商务智能物流体系，在保税物流中心、综合保税区、出口加工区、郑州新郑国际机场、郑州铁路口岸、国际邮件监管中心等特定区域建设一批跨境电子商务仓储物流中心，并积极引进国际大型、优质物流货代企业，提升国际物流货运保障能力。充分发挥多式联运优势，运用云计算、物联网、大数据等技术，构建互联互通的物流智能信息系统、物流仓储网络系统、物流运营服务系统。以期形成布局合理、层次分明、衔接顺畅、功能齐全的跨境物流分拨配送和运营服务体系。

跨境电子商务信用管理体系，建立健全跨境电子商务信用数据库，提供电商主体身份识别、信用记录查询、商品信息查询、货物运输以及贸易信息查询等信用服务。

监管部门信用认证和第三方信用服务评价相结合的综合评价体系，海关、出入境检验检疫等监管部门要对企业和个人做出信用认证，并进行分类和评价，以备后期管理。此外，还可以培育、引进一批第三方信用服务机构，为政府、企业提供信息评价服务。信用监管部门之间要密切配合，严密监管，以维护跨境电子商务良好的发展环境。

跨境电子商务质量安全体系，建立跨境电子商务产品质量安全风险监测中心和商品溯源数据库，对生产、物流、通关、支付、结算等过程进行安全性监测，充分利用信息化手段，开展跨境电子商务质量安全网络舆情监控，实现源头可溯、去向可查、风险可控、责任可究。建设跨境电子商务统计监测体系，建立规范的跨境电子商务统计制度和监测制度；利用大数据、云计算技术，对各类平台商品交易、物流、支付等数据进行汇聚和分析处理，逐步建立多层面、多维度反映跨境电子商务运行状况的综合指数体系，并定期发布相应数据。

跨境电子商务风险防控体系，建设并完善网络安全防护体系、数据资源安全管理体系和网络安全应急处置体系，建立风险信息采集机制、风险评估分析机制、风险预警处置机制和风险复查完善机制。保障国家安全、网络安全、交易安全、进出口商品质量安全，有效地防范交易风险。同时，开展跨境电子商务全流程专业风险分析，预防和打击跨境电子商务领域违法犯罪，有效地防控数据存储、交易支付、网络安全、产品安全、贸易摩擦的风险，营造良好的交易环境。

二 郑州支付企业发展现状

目前，在跨境电商交易支付方式选择上，商家首选的支付机构是境内外知名度较高和市场占有率较高的第三方支付机构。PayPal 是全球市场占有率高、规模最大的在线支付平台，其公司业务支持 25 种货币交易，在郑州跨境交易用户中，享有良好的口碑，被个人海淘用户和跨境 B2C 出口商家选择的使用率较高。但是，随着支付宝的出现及其在国内的不断普及，支付宝的使用率逐渐提高。凭借自身国内第三方支付的良好基础，2007 年 8 月支付宝推出跨境支付服务。目前，支付宝的跨境支付业务已经覆盖了 34 个国家和地区，而且还支持美元、欧元、英镑等十多种外汇结算。[①] 支付宝推出的支付业务主要有互联网支付、移动电话支付、银行卡收单和预付卡受理等。支付宝河南办事处已经在郑州成立。两家第三方支付平台都与郑州密切合作，将为郑州跨境电商交易的发展提供支付上的便利与支持。

此外，银行与银联卡也是郑州目前使用的跨境支付机构。2013 年 9 月，国家外汇管理局公布了支付宝等 17 家第三方支付机构，并获得了跨境电子支付试点资格。国内第三方支付机构开始广泛深入推进跨境电子支付业务。银联卡在 2004 年开通了中国香港、中国澳门特区支付服务。目前，银联卡在中国境外 125 个国家和地区实现跨境支付。[②] 在郑州，它的跨境支付优势明显。

在引入实力较强的第三方平台支付企业的同时，郑州市也积极建设自营的第三方支付平台企业。河南汇银丰信息技术有限公司成立于 2007 年，是河南省首家获得支付牌照的公司，总部位于郑州，是河南本土唯一一家第三方平台服务企业。河南汇银丰信息技术有限公司作为河南首家获得中国人民银行颁发支付业务牌照的企业，以"满足个人的消费选择，提高生活品质"为企业使命，一直致力于打造国内领

[①] 数据来源于 http://news.163.com/12/0213/03/7Q43E8I700014AED.html。
[②] 数据来源于 http://money.163.com/12/0117/18/7O073G7200253368.html。

先的预付卡运营商，成为大众信赖的消费增值服务平台。[1] 自营第三方支付平台企业的出现与发展，是郑州市跨境电商产业链不可或缺的一环。

三 重点引进和培育本土电商平台企业并重

2013年11月，阿里巴巴首期资金投入郑州航空港。随着郑州跨境电子商务的发展，天猫国际、京东商城等第三方电子商务交易平台逐步引入。

本地企业也抓住此次电商发展的机遇，发展建设符合本地市情的网上交易平台。河南作为中部地区的农业大省，农产品的进出口不可忽视。郑州农淘电子商务有限公司总部位于郑州市高新技术开发区河南省电子商务产业园区，是河南电子商务产业园区重点支持单位国内首家农资类电商品牌。郑州华粮科技股份有限公司（中华粮网）是由中国储备粮管理总公司控股，集粮食B2B交易服务、信息服务、价格发布、企业上网服务等功能于一体的粮食行业综合性专业门户网站。[2] 这些本土第三方电子商务交易平台的出现，带动了河南电子商务交易的发展，带动了本土企业的发展。

四 建设境内物流产业园区

郑州国际物流园是集国际物流、区域分拨、城市配送等功能于一体的现代物流产业示范区。为充分发挥郑州综合交通区位枢纽优势，力争做大做强物流产业，打造集空、铁、公、海于一体的多式联运体系，完善跨境电商物流产业链，郑州国际物流园区抓住河南自贸区、中国（郑州）跨境电商综合试验区以及综合保税区"三区叠加"的发展机遇，致力于打造与郑州航空港、郑州铁路港以及出海港相对接的、高效率运输的综合性物流运输港。顺丰电商产业园、普洛斯空港物流园和港投物流园项目在郑州航空港实验区开工建设。三个项目为该区优化航空物流业资源配置、打造国际航空物流枢纽、加快国际货

---

[1] 根据http://www.huiyinfeng.com/content/bottomArticle-26.html 资料整理而得。
[2] 资料参考自http://www.sohu.com/a/112379246_483238。

运集散中心建设的一项重要举措。①

五　全方位布局跨境物流运输

在陆路运输上，发展铁路跨境物流。中欧班列作为对外开放的重要抓手和载体，不断拓宽欧亚大陆的新贸易通道，加快多式联运海关监管中心建设，探索创新多式联运监管模式，推动实现海铁、公铁、空铁无缝衔接。班列业务除开展班列整柜和散货业务外，还依托特色口岸开展了一般模式跨境电商、冷链物流、铁路运邮等增值服务，形成多元化发展，特种集装箱配置能力（开顶箱、挂衣箱、冷藏箱）和特种业务开展能力不断增强。

在航空物流上，依托郑州航空港打造国际物流集散中心。目前，在新郑国际机场运营的货运航空公司21家，其中，外籍公司14家，总数位居全国第四；开通全货机航线34条，通航城市37个，国际部分分别达29条和27个，占比均超半数。② 2016年，郑州机场货邮吞吐量完成45.67万吨，同比增长13%。2016年，机场旅客吞吐量首次突破2000万人次，同比增长20%。③

在多式联运上，发展铁海联运。长期以来，河南省出口企业选择铁路集装箱出海运输都需要到港口后再联系船运公司的海运箱进行倒装，办理通关通检手续，提高了成本和二次倒装会增加货损率。河南省口岸办同郑州铁路局、中铁联集郑州分公司及口岸联检单位，与青岛港、连云港等沿海口岸、港运部门衔接，推进通关通检"一体化"合作和铁海联运创新，优化流程，在郑州铁路口岸设立了铁海联运服务中心，将沿海港口业务前移到河南省，探索铁路集装箱到达沿海港口后直接上船出海模式，使企业在郑州铁路口岸就可办结报关报检和船运等手续，极大地便利了企业，压缩了物流成本。郑州至连云港铁海联运国际班列从郑州铁路集装箱中心站出发，全部货物使用铁路集装箱装运，到达连云港后直接吊装上船，出口到日本、韩国等国家和

---

① 资料参考自 http://money.163.com/14/0409/05/9PC843UI00253B0H.html。
② 数据来源于 http://www.xinhuanet.com/world/2017-06/28/c_1121228604.htm。
③ 数据来源于 http://news.163.com/17/0218/01/CDH7QMMM00018AOP.html。

地区。

六 互联网技术与电子信息技术平台的引进和发展

互联网与电子信息技术是跨境电商发展不可或缺的重要环节。为促进河南互联网和通信技术的发展,河南已举办四届河南互联大会,举办地点均在郑州。根据河南省互联网协会和通信管理局颁布的《河南省互联网发展报告》,截至 2016 年 12 月 31 日,河南省互联网用户总数居全国第六位,达到 8145.5 万户;网民用户增加 606 万人,人数规模达到 7960 万人(见表 4-1),河南省互联网普及率为 82.8%。这组数据可以表明,河南省互联网用户使用的普及率在不断提高,互联网普及率的提升为跨境电商的发展提供支撑,为旅游业、制造业与互联网金融的发展提供保障。郑州作为河南省省会,其互联网技术的发展水平与普及率要远远高于其他省市,其他省市互联网普及率的不断提升间接地推动郑州市跨境电商的发展。

表 4-1　　　　　2013—2016 年河南省网民规模变动

年份	2013	2014	2015	2016
网民规模(万人)	5803.00	6147.00	7355.00	7960.00
占全省人口比重(%)	54.74	57.65	68.60	73.78

资料来源:根据《河南省互联网发展报告》整理而得。

在互联网基础设施建设方面,河南省互联网基础设施建设基本完善,许多互联网和通信技术建设指标位居全国前列。2016 年,为提高互联网信息技术对经济社会发展的作用,河南省积极开展"宽带中原"建设,在全国首先完成接入固定宽带 50 兆以上,城乡地区也逐渐接入 4G 网络,支持网络强省战略的进一步实施。[1]

在电子信息技术平台引进上,已在郑州入驻的规模较大的电子信息技术企业有百度(河南)营销服务中心、河南百度网络平台等一批国内竞争实力较强的网络信息技术平台。此外,谷歌在华的首个国际

---

[1] 资料参考自 https://www.henan.gov.cn/2015/10-22/247364.html。

贸易电子商务体验中心落户郑州。在自营电子信息技术平台发展上，河南省商务厅和淘宝网共同指导、支持的淘宝网"特色中国·河南馆"已经建成。高新信息技术企业的引入和发展，为电子商务的发展奠定技术基础，成为跨境电子商务发展的推动力。

第三节 国内其他城市跨境电商产业发展经验借鉴

一 宁波市跨境电商产业发展情况

宁波市跨境电商自2013年以来发展速度十分惊人，自2013年11月27日实单运行以来，宁波跨境出口规模不断增大，截至2015年10月，试点企业合计实现跨境出口交易额2.7亿美元，到2015年年底，交易额已达到8.1亿美元。[①] 此外，根据电子商务研究中心数据，2017年，宁波海关共审核通过跨境电商进口申报单4592.96万单，同比增长60.48%；销售额80.11亿元，同比增长48.85%；全年共服务消费者近千万人次。[②] 宁波市跨境电商发展主要有两大优势：一个是出台比较多的优惠政策，优化电子商务生态环境，另一个是重视国际物流的发展。

近年来，宁波市跨境电商的商品结构不断优化。2014年年底，宁波保税区79家正式上线运营的跨境电商企业备案商品约8000种，上架销售商品约5000种。到2015年年底，保税区备案商品已达3.3万种，涉及620多个HS编码。2015年下半年以来，轻奢品、保健品、化妆品上升趋势明显。[③] 由此可见，宁波市跨境电商的产品类型和产品结构不断丰富和优化，这可以促进宁波市跨境电商的可持续发展。行业平台也显现出特色，宁波电子口岸是全国最早最成功的电子口岸

---

① 资料来源于http://www.doc88.com/p-8475288489466.html。
② 数据来源于2017年《中国城市跨境电商发展报告》。
③ 资料来源于http://www.doc88.com/p-8475288489466.html。

之一,并涌现出如世贸通、中基惠通、宁兴云等一批专业外贸电子商务服务平台。其次,宁波市还建立了跨境公共服务平台跨境购,为企业进行交易提供便利。此外,宁波市建立了各类物流公共平台,比如,建立了国内第一个第四方物流平台信息标准体系,以及宁波航运交易所、宁波港口物流信息、宁波现代物流网、大掌柜、咖狗网以及慈溪物流公共服务平台、余姚物流网等著名平台。宁波市跨境电商产业引力日益提升,大批跨境电商企业落户宁波。截至2017年年底,宁波市跨境电商试点企业已近700家[①],部分试点电商企业启动新三板挂牌或融资。宁波市跨境电商园区建设也取得了显著进步,保税区在进口商品展示交易中心首先启动跨境电子商务区,主打跨境电商OTO,海曙区建设了中国(宁波)跨境贸易电子商务产业园,面向出口。宁波市还投资建设了一批地方跨境电商园区,如位于慈溪崇寿镇的e点跨境电商产业园,以及一批民营跨境电商产业园,如一舟跨境电商产业园、亚虎电商园。[②]

二 杭州市跨境电商产业布局及发展情况

2017年,杭州市跨境电商进出口总额为99.36亿美元,同比增长22.5%,出口增长15.9%,进口增长42%。截至2018年2月,杭州市从事跨境电商的企业有近8000家,逐渐形成了服装、家具、照明设备等产业集群,而且杭州跨境电商综合试验区已逐渐形成跨境B2B、B2C等模式和跨境金融试验区、物流、第三方服务等企业的生态圈。杭州市跨境电商的发展具有产业优势,产业种类众多,而且综合配套设施齐全,是国内业务覆盖最齐全、业务规模发展最快的跨境电商试点城市。目前,中国(杭州)跨境电子商务综合试验区已经形成"一区十三园"的格局,拥有下城、下沙、空港、临安、江干、萧山、余杭、邮政速递等13个产业园区[③],下面以下沙跨境产业园区等4个产业园区为例来介绍杭州市跨境电商产业布局。

---

① 数据来源于2017年《中国城市跨境电商发展报告》。
② 资料来源于http://www.doc88.com/p-8475288489466.html。
③ 数据来源于2017年《中国城市跨境电商发展报告》。

下沙跨境产业园区是立足于跨境保税进口的产业园，已经入驻121家跨境电商企业，包括天猫国际、苏宁易购、母婴之家在内的40个平台电商和网易考拉等在内的44家垂直电商，2016年，国内首个健康领域垂直跨境电商平台同仁堂等一大批跨境电商平台新落户园区。①

空港跨境园区是依托航空物流优势的产业园区，该园区入驻了京东全球购、丰趣海淘、洋码头、鲜生活、海豚供应链、有棵树、EMS、顺丰速运、准时达等一大批跨境电商龙头企业。即使是2017年8月刚开园的临安园区，3个多月就入驻了60家企业，入驻率接近100%，等待入驻的企业近百家，园区已经着手启动二期工程建设了。

余杭地理位置优越，具有环抱杭州主城的优势，余杭园区以临平创业城梦尚小镇、良渚文化城梦栖小镇、未来科技城梦想小镇为依托，重点打造临平创业城产业园、良渚文化城产业园、未来科技城产业园，形成"一区三核，辐射全区"的发展格局。园区总规划面积11.51平方千米，其中，临平创业城核心区7.17平方千米，良渚文化城核心区1平方千米，未来科技城核心区3.34平方千米。深圳傲基国际、北京亿亨国际、上海中阿立购、斑马物流等一批有影响力的跨境电商企业和平台入驻园区。②

萧山园区包括萧山开发区产业园和新塘产业园。其中，萧山开发区产业园规划"一心、一园、一基地"，主要提供跨境电商代运营、外贸企业产品展示展销、跨境电商人才培训、创客孵化以及其他综合服务。目前已引进33家跨境电商龙头企业，完成出口4000万美元、进口1200万美元。③

三 福州市跨境电商产业布局及发展情况

近年来，福州市积极推动跨境电商产业的发展。2014年11月，

---

① 资料来源于http：//www.zjport.gov.cn/detail/article/2015_4/12_3/2044045_1.shtml。
② 资料来源于http：//land.fang.com/news/2015-12-03/18436033.htm。
③ 资料来源于http：//www.zjport.gov.cn/detail/article/2015_4/12_3/2044045_1.shtml。

福州被国家授予"两岸电子商务试验区",跨境电商业务已快速起步。根据国际知名电商平台 eBay 公布的数据,2014 年,福建省通过 eBay 平台实现了 76.1% 的年增长率,位居全国第一,其中福州市的增长率又在省内排名前茅。[①] 2015 年 11 月,福州市跨境电商公共服务平台开始启用,2017 年,根据平台数据统计,平台 2017 年进口业务单量达到了 64 万单,同比增长 136.7%;销售额为 2.1 亿元,同比增长 124.1%;进口货值为 1.9 亿元,同比增长 98.3%。截至 2017 年年底,已经有超过 100 家电商企业对接该平台,平台运行至今已经累计完成进口业务 91.2 万单,销售额 3 亿元,货值 2.8 亿元。[②]

福州市已经有近 600 家外向型企业自建或借助国内外知名平台开展跨境电商交易,其中,包括电商代运营及第三方服务企业。代表性的企业有福州纵腾网络技术有限公司、福州海峡电子商务有限公司、福州茶马互市贸易有限公司、福建汇源信息科技有限公司等。其中,福州纵腾网络技术有限公司的综合实力已位居全国跨境电商行业前列,年业务额逾 10 亿元,在美国、英国、澳大利亚、日本等地自建仓储配送中心。

另外,福州市也在大力引进跨境电商龙头企业。比如,阿里巴巴集团子公司福建一达通公司已经落户福州市,业务范围覆盖华东等地区。京东商城也已与福州市签约,计划建设东南区域总部和现代服务产业园区。福州市还和亚马逊(中国)合作,在对企业提供绿色通道和培训、组织专场对接会、增值服务、代运营服务、进口等方面进行合作。另外,全麦网、递四方速递、出口易等国内外知名电商龙头企业纷至福州市,商谈合作。而且福州电子商务产业园项目落户于仓山区福湾工业园,重点打造跨境电商、国内贸易电商、商务办公、现代物流、人才培训、金融服务以及相关配套基础设施,推动电商产业集聚。[③]

---

① 徐勇:《发展福州跨境电子商务打造自贸区先锋产业》,《福州党校学报》2015 年第 5 期。
② 数据来源于福州市商务局。
③ 徐勇:《发展福州跨境电子商务打造自贸区先锋产业》,《福州党校学报》2015 年第 5 期。

第四节　郑州跨境电商产业存在的问题

一　优势企业开展跨境电子商务贸易较少

河南市是一个农业大省，农产品加工、食品加工企业在河南工业体系中占有不可替代的地位。从理论上分析，农产品及与多数农产品相关的农副食品由于本身的易腐性，以及需要冷冻运输等产品特质，在电子商务交易中不占优势。但是，从品牌效应上看，具有本地特色的农产品如新郑大枣及相关枣制品、郑州市有名的速食米面制品等相对其他商品具有独特的竞争优势。目前，郑州市这些具有特色的农产品开展跨境电子商务交易的较少，没有特色的农产品及相关的特色产业作为优势的实体货源。

如郑州市优势产业之一的速食米面制品业，如表 4-2 所示，历年来郑州市速冻米面食品产量约占河南省产量的 1/3。其中，品牌知名度最高的是思念、三全两个品牌。根据相关资料，这两家品牌产品已经与全球最大的零售业巨头沃尔玛以及家乐福、麦德龙等国际大公司达成合作协议，思念也已在世界许多国家申报商标注册。思念、三全在国外初步打开市场，具有一定的知名度。思念开展出口贸易主要以传统贸易的方式为主，作为在国外有一定知名度的企业，却没建设自营的交易平台开展跨境贸易，而是借助于淘宝、天猫等第三方交易平台。

表 4-2　　　　郑州市速冻米面食品产量明细表

年份	2013	2014	2015	2016
郑州市产量（万吨）	109.5	125	122.4	128.2
占全省产量比重（%）	29.99	35.57	34.32	33.60

资料来源：表中数据均来自历年《河南统计年鉴》及《郑州市国民经济和社会发展统计公报》。

此外，郑州市目前的食品加工业没有建立相应的网上销售平台，大部分企业借助第三方平台销售自己的产品。郑州市也没有设立专门的农产品、农副食品网销平台，这阻碍了郑州市特色产业利用跨境电商走出国门。目前，郑州市的自营平台企业只有农淘网和中华粮网，主要销售与农产品相关的原材料，并且其品牌知名度远远小于国内其他第三方交易平台，其在国内外的知名度还有待提高。

2006—2010年，郑州市规模以上食品工业企业由135家增长至213家，实现工业增加值由70.92亿元提高到183.46亿元。[①] 食品工业企业已经在郑州市内形成四个不同类型针对不同消费者的产业集聚园区。如果以针对食品工业企业建设对应的专业性交易平台，将会提高产品的知名度，将产品销往海内外，带动郑州市经济的进一步发展壮大。

二 物流产业发展仍需提高完善

随着郑州市跨境电子商务的发展，物流服务的快捷性、方便性、安全性是跨境电子商务成功的关键。跨境电子商务一般不采用集装箱运输的传统方式，而是采用国际小包和国际快递、B2C外贸企业联盟集货、B2C外贸企业自身集货、第三方物流模式和海外仓储等方式。国际小包虽然费用低廉，但是时效性差，运输时间长。国际快递刚好和国际小包相反，国际快递是运输时间短，但运费高。如表4-3所示，顺丰速运是目前国内运输速度较快的企业，其公司国际包裹由郑州寄往美国1千克的基本运费价格为265元人民币，运输时间需要3—6个工作日。一般跨境电商商家选用的EMS国际小包1千克的基本运费价格为153元人民币，相比顺丰价格成本较低，但其运输时效为7—15个工作日。国际四大快递公司运输时效最快的为2天，但其运输价格成本是两倍左右。高昂的物流运输成本不利于小型商家开展跨境电商交易。郑州市的航空物流运输效率需要进一步发展提高，运输成本仍需逐渐降低。

---

① 数据来源于 http://newpaper.dahe.cn/hnsb/html/2011-07/28/content_553755.htm。

表 4-3 部分快递公司国际包裹由郑州寄往美国的运费、时效对比

	重量	快递时效（工作日）	基本运费价格（元人民币）
顺丰国际标快（FBA）	1 千克	3—6	265
EMS 国际小包	1 千克	7—15	153
UPS	1 千克	2—4	270
DHL	1 千克	2—6	400
FEDEX	1 千克	2—4	315

资料来源：表中数据来源于各快递公司官网。

另外，郑州市跨境电商物流服务产业链虽具雏形，但高效、完善的大物流体系尚未建成，多式联运体系建设尚未完成。郑州素有"铁路心脏"之称，也是米字形高铁运输网络重要枢纽城市之一，郑州航空港的航空运输发展也蒸蒸日上。郑州跨境电商综合试验区的区位交通优势是其他内陆城市所不具有的。近年来，郑州市也建立了郑州国际物流园区、航空港物流园区等一批物流园区，致力于打造的铁、公、空多式联运体系也初步建立。但是，目前郑州市跨境物流运输服务仍无法满足跨境电商发展对物流运输的需求，除运输成本高、效率低以外，郑州市物流运输的安全性、时效性，以及铁、公、空之间的协作联动运输能力仍需进一步加强。

三 支付平台和结汇的问题仍需解决[①]

跨境电子商务支付使用的支付平台主要有国内第三方支付平台支付宝、财付通、银联、快钱等平台，国际第三方支付平台以 PayPal 为主，还有一部分客户以信用卡支付。支付宝在国内受到广大消费者的青睐，有一定的顾客基础。但是，在国际市场支付宝的占有率和使用率还远远低于 PayPal，知名度还有一定的差距。以支付宝为"领头羊"的国内第三方支付平台如何打开海外市场，提高自己的国际知名度是需要长期解决的问题。

---

① 唐平：《郑州市跨境电商产业布局调查研究》，《北方经贸》2017 年第 11 期。

对于国际贸易来说，另一个至关重要的问题是退换货的结汇问题。我国现行的汇率制度是有管制的浮动汇率制度，汇率的浮动会引起国际贸易中的清算时差问题。一方面，跨境电子商务需要借助物流运输，国际物流运输需要一定的时间，下订单时的汇率与实际收到货物付款的汇率会存在一定的差异。另一方面，传统的国际贸易是在了解实体后才进行交易的，退换货概率要远远小于跨境电子商务。跨境电子商务买家在交易时看到的只是卖家给出的产品的图片和参数，并没有办法接触了解真实的产品，卖家给出相关的参数数据与实际存在一定差距，从而导致了电子商务中存在的另一严重问题——退换货。退货又会延长商家结汇时间，从而导致结汇中出现的汇率差问题。

四 交易信用与交易安全问题

随着时代的进步和科学技术的发展，互联网成为人们生活中不可缺少的一部分，与此同时，一部分诈骗集团正是利用网络安全的不健全来盗取他人的财产。由于跨境电子商务操作大部分是在网上操作，虚拟性比较强，交易参与者信用的不确定性很大，因此，已经成为跨境电商发展中的障碍。再加上部分电子商务的商家法律意识淡薄，销售假冒伪劣商品的情况经常发生，侵犯知识产权的事件也经常出现，影响十分恶劣。

郑州市跨境电子商务的信用体系较为脆弱，具体表现在两个方面。一是跨境电子商务交易信用问题的根本是社会缺乏完善的信用体系和管理机制。从整体上看，我国的信用体系建设和管理机制相对比较落后，使假冒伪劣产品的行为、侵犯知识产权的行为成为跨境外贸电子商务发展的顽疾。二是跨境电子商务交易环境复杂，我国在制定行业规范、完善认证体系等方面不能很好地协调配合。

五 贸易监管体系及法律制度不完善

目前，在跨境电子商务过程中，众多参与主体企业向海关联网传输交易、支付、仓储、物流等信息，以此作为海关审单依据。海关管理延伸到全贸易链条，管理对象增加到全部参与企业。但是，海关也存在一些问题，比如，对于一些提供虚假信息的交易平台、物流等企业，对于零星的"拆单申报"等恶意的逃税行为，海关均缺乏有效的处理手段，管理难度大大增加。另外，目前，大部分邮政包裹均不需申报，同时海关也缺少信息化系统的支持，申报也很不规范，存在执法风险。因此，海关监管需要进一步加强。

六 跨境电商相关政策"无法落地"

尽管随着跨境电商的蓬勃发展，国家出台了一系列政策扶持跨境电商尤其是农村电子商务的发展。国务院已批复郑州成为跨境电商试点城市之一，对跨境电商的发展允许政策上的先行先试。河南自贸区的成立，也为跨进贸易的开展提供了新的机遇与思路。郑州市已有自贸区、航空港、综保区以及跨境电商试验区等多个海关监管的特殊区域以及特殊经济区。这些区域是跨境电商发展的新机遇。但是，目前在跨境电商业务开展上，海关、检验检疫、税务以及收付汇等方面的政策、体制及法规方面仍存在缺陷与不足，无法满足跨境电商发展的需求。通关方面仍存在一系列烦琐与冗杂的手续及费用的支出，增加了中小企业开展跨境电商的成本，不利于小微企业跨境电商业务的开展。

七 电子商务应用人才和技术人才短缺

跨境电子商务是直接面对国外消费者的，这就意味着跨境电子商务需要复合型高素质的人才。做跨境电商的人，不仅要了解不同国家的不同语言、文化、生活习俗等，要懂得分析海外客户的需求，而且还要熟悉相关的法律法规制度。此外，还要了解跨境支付、跨境物流、国际贸易理论等知识，还要熟悉计算机应用和网络搜索引擎等相关理论。但是，跨境电子商务是一种新兴的产业，相关方面的人才不多，有经验、有能力的跨境电商人才更是缺乏。随着郑州市跨境电商的快速发展，对人才的需求也在不断增加。而且，跨境电商企业对这类人才的培训体系也不够完善，这些不利因素阻碍了郑州市跨境电子商务的发展。

另外，郑州市目前开设有电子商务专业的高等院校数量不足，无法满足郑州市跨境电商迅猛发展对高素质复合型人才的需求。目前，郑州市较为典型的本科院校以上开设与电子商务有关的研究院，主要有：2015年在郑州师范学院成立的电子商务产业孵化园以及电子商务学院、2016年在中原工学院和郑州航空工业管理学院等高校建成的中国（郑州）跨境电商研究院。其他高校也相继开设了电子商务管理课程，但是，还是无法满足郑州市跨境电商发展对复合型人才的需求。

第五节 郑州跨境电商产业发展战略

一 推动本地特色企业开展跨境电商贸易[①]

跨境电子商务的主流产品的一般特征为体积小，便于运输的产品。发展郑州市跨境电子商务的目的和意义在于推进本地企业的国际化，带动本地经济的发展。因此，跨境电商不能仅仅依靠引进相关的外资企业，而要逐渐地挖掘发现适合跨境电子商务交易的实体资源企业。

郑州市本地的特色企业有河南思念食品股份有限公司、郑州三全食品股份有限公司以及河南省正龙食品有限公司等一系列食品加工企业，有新郑红枣、好想你枣片等特色农产品，省内的香菇、茶叶、山药等农产品也独具特色。这些产品虽然在省内颇具名气，但是，相关品牌却没有走出国门，在世界上的知名度仍需要推广。郑州市在试点建设的过程中，可以借助跨境电子商务发展的形势，建立相关的交易平台，如农淘网农产品交易平台，对本地特色的产品品牌进行海外营销推广，提高郑州市特色产品在海外市场的知名度。

郑州市应该推动建立相关的专业性交易平台，而不能仅仅依靠阿里巴巴、天猫国际等第三方交易平台。食品加工企业在郑州市已形成相关的产业集群，有特色的食品产品。在物流方面，郑州市冷链物流运输发展有相对优势，可以为物流运输提供保障。

二 推动郑州市跨境物流服务创新

郑州市要建设覆盖中西部、辐射全国、联通世界的现代物流中心，打造产业互动、宜业宜居的"智能物流新城"。

[①] 唐平：《郑州市跨境电商产业布局调查研究》，《北方经贸》2017年第11期。

推进国际物流园区与航空物流园区建设。国际物流园区要实施一些鼓励性政策，比如提供保障用地政策、税收优惠政策、财政补贴政策等，使国内国际著名的物流企业集聚郑州；航空物流园区主要发展航空快递和国际中转物流业务，有效地把报关、通关和检验检疫等快速地结合起来，使它们之间互相配合，实现效率最大化。同时，发展行业特色物流，如发展钢铁、医药、家电、纺织服装等行业特色物流。根据各个行业特点，进行合理的物流规划和布局，积极整合各类资源，进行有效的资源配置，使仓储、订单处理、物流配送等相关环节有效率地开展，为跨境物流提供更加专业化的服务。

发展高铁运输。郑徐高铁正式开通运营，我国高铁运营里程突破两万千米，并且随着郑徐高铁的开通，我国形成了四纵四横发达完善的高铁路网规模。铁路企业依托高铁动车组列车等运输资源，为客户提供快件物品全程运送服务，日益形成发达完善的高铁快运。在发展物流运输中，借助郑州市独特的地理位置优势，发展高铁运输，与铁路运输相结合，完善郑州市物流企业的发展布局。①

进一步发展海陆空多式联运。郑州市地处中原腹地，虽然在陆路有地理位置优势，但不具有杭州市发展跨境电商的海路运输优势。为了克服这一劣势，郑州市航空港应积极开展陆海空多式联运。

在跨境物流配送方面，由于不同的卖家有不同的需求，所以，我们可以把他们不同的货运方式组合起来，这样可以缩短配送时间，提高配送效率，让消费者满意。我们还可以在贸易目的地国家和地区设立配送中心，这样，既降低了配送成本，又提高了服务质量，配送的速度会大大提高。此外，郑州市还可以与国外的城市开展合作，建立合作物流的专线，提高货物的通关速度，使配送效率得到提高。

三 完善郑州市跨境电商法律、监管体系

支付安全一直以来都是跨境电商企业和消费者所关心的问题。对于这个问题，郑州市应该在国家的支持下设立专门的支付监管机构，来帮助支付企业对交易资金进行管理。郑州市还应该与国内各个兄弟

---

① 唐平：《郑州市跨境电商产业布局调查研究》，《北方经贸》2017年第11期。

城市和海外的城市相互帮助，积极合作，努力构建国际跨境电商支付管理体系，共同监督跨境电商交易，遏制非法交易的进行。与此同时，广大支付机构自身应该完善其用户的注册信息，加强管理，防止信息泄露。支付机构应当加强与银行合作，当违法交易发生时，银行能够协助并查出违法信息，可以有效地降低网络交易风险，维护消费者的合法权益。

四　完善电子商务出口信用体系

郑州市要借鉴郑州航空港所建立的电子商务出口信用体系和机制，建设电子商务认证中心，构建电商信用评价体系，完善相应的法律、法规，严厉处罚商业欺诈行为，严厉打击侵犯知识产权行为，坚决杜绝销售假冒伪劣产品行为。还要构建并完善企业和消费者的维权机制，保障跨境电商企业及其商品在国外市场具有良好信誉，维护国外消费者的合法权益。

五　加强企业诚信教育

对于企业自身来说，企业既要提升自己的综合实力，在产品研发方面多下功夫，积极鼓励员工进行科技创新，建立自己的品牌；又要对员工进行诚信教育，建立相应的奖惩制度。对于政府来说，要建立并完善跨境企业诚信制度，并建立诚信黑名单系统，将侵犯知识产权或销售假冒伪劣产品的电商列入黑名单，起到对其他企业的警示作用。政府还要加强诚信、道德、法律的宣传，让跨境电商企业增加道德、法律意识，使它们不做出侵犯知识产权或销售假冒伪劣产品的行为。

六　培养和引进跨境电子商务应用、技术人才

郑州应加快人才建设，针对跨境电商产业领域人才短缺的实际情况，利用外部引进、在岗培训与本地培养三结合的方式提供跨境电商产业发展动力。第一，加快引进全国范围内的大量跨境电商相关专业的复合型人才，制定相关的专业人才引进扶持政策，或者在目前的人才引进政策中对跨境电子商务行业人才专项进行扶持，对于目前开展跨境电商的企业进行人才引进补贴扶持。第二，针对开展跨境电商在岗的工作人员，进行相应的知识培训和专业知识技能培训，提高跨境

电商从业人员的综合化素质。第三，要依托国内外高校与知名的互联网企业共同开展电子商务、互联网金融和物流配送等领域的人才培养，尤其是中高端人才；学校应该加大扶持力度，通过校政合作、校企合作，为跨境电子商务的发展提供综合性人才，为社会培养实践性电商人才，做到产学结合，互利共赢。

七　鼓励企业建立海外仓，为企业开展海外贸易保驾护航

鼓励企业建立海外仓，为企业开展海外贸易保驾护航。海外仓的建立，可以极大地节约交易时间和运输时间，为跨境电子商务的开展提供极大的便利。郑州市的优势产业之一是食品加工企业，其中尤以速冻水饺和汤圆最为有名。建立海外仓储基地，可以降低食品企业冷链运输的成本。对于小型跨境电商企业，集中建立的海外仓可以降低存储成本，提高利润水平和退换货效率，提高在海外市场的知名度，用良好快捷的售后体系打动海外消费者。

第五章　郑州都市区全域城市化问题

回顾中国改革开放40年的发展，经济社会发展总体特征表现为经济高速增长，持续推动农村劳动力转移和新型城镇化的迅猛发展，伴随快速扩张的城市化和城市规模史无前例，城市化模式也逐步从低端向高端演化，形成了由中小城镇、区域性中心城市、国家中心城市和全球化城市组成的功能互补、联动推升的现代城镇体系及城市化格局。本章研究大型中心城市及都市区。都市区是城市化发展到一定历史阶段的产物，是经济、政治、文化、社会高度发达、城市功能区高度分化的巨大城市区域。现代城镇体系中的全球化城市、国家中心城市以及较大的区域性中心城市等，由于城市规模的进一步扩大都几乎无例外地选择了都市区发展模式。中心城市演变为巨型都市区，城市空间结构和城市形态也必然产生相应变化，最主要的变化是由单一中心变为多中心、由中心市区化变为全域城市化。

第一节　未来城市发展战略研究综述[①]

进入21世纪以来，全球政治、经济、社会、环境发展态势正在发生巨大变化，全球性战略预测、城市战略规划研究不断涌现，产生重要影响的有罗马俱乐部《2052：未来40年的中国与世界》、美国国家情报委员会《全球趋势2030》、美国区域规划协会《美国2050区域发展战略规划》等全球或区域性战略预测，以及《更宜居的城市：

[①] 参见肖林、周国平《卓越的全球城市》，上海人民出版社2017年版。

2030年的伦敦规划》《纽约：规划强大而公正的城市（2015—2050）》《首都圈巨型城市群：2030年的东京规划》等世界著名城市战略规划研究。这些战略预测和研究，或以其新颖独特的研究范式，或以其富有影响力的战略预判，成为城市战略研究后人参照的典型样本。

大型中心城市和都市区发展是城市化功能分化及品质不断提升的过程。据有关研究报告统计，目前，全球有各类规模以上城市1万余座。20世纪80年代以来，以美国学者J. 弗里德曼和S. 沙森、英国学者P. 霍尔等为代表的城市研究者认为，大城市的发展对全球经济、环境的影响将越来越大。其中，沙森将超大城市看成是新经济和当代社会发展的新现象，具有全球意义的超大城市在全球经济中具有统领和配置的地位及作用。20世纪90年代末，霍尔提出，一种新的城市模式，即大型中心城市向邻近较小城市极度扩散后形成的巨型城市区域正在出现，它是全球经济、技术和社会变革的中心和强大的发展引擎。麦肯锡咨询研究机构在《城市的世界：映射城市的经济实力》研究报告中，分析了对推动全球GDP增长贡献最大的600个大城市的发展前景，其中有400个以上处于新兴经济体中，预计到2025年，600个城市将占世界经济增长的60%以上。对于未来城市最终将走向何方，有研究认为，城市的最终任务是通过自身复杂和持久的结构，促使人们自觉地参与人类历史进程。基于城市对一个国家争取未来经济政治主导权和引领经济社会发展的至关重要性，当今不少国家城市以及智库，都在集中力量开展面向未来几十年的城市发展战略研究。

一　世界城市战略研究典型报告

（一）《更宜居的城市：2030年的伦敦规划》

伦敦大都市区发展的政府协调机构为大伦敦政府，成立于2000年，管辖涵盖了伦敦的32个区和伦敦金融城。大伦敦政府是一种新型的公共权力机构，旨在对伦敦进行全市域范围内战略性层面的政府管理，促进大伦敦的经济社会发展和环境改善。其职责包括负责大伦敦的战略规划并制定指导和咨询方案。《更宜居的城市：2030年的伦敦规划》（以下简称《伦敦2030》）就是在大伦敦政府主持下完成的。《伦敦2030》只涉及对伦敦具有战略意义的事项，为伦敦今后15—20

年的发展提供一种综合的社会、经济和环境框架，致力于对伦敦面临的关键性问题提供战略性解决方针，同时使伦敦未来的全部利益相关者可以计划自己的行动，以获得最佳协调效果。《伦敦2030》首次发布于2004年，随后根据形势变化进行过多次增补修订，整合这些修订的增补版本2008年2月发布。2011年7月正式发布的《伦敦2030》又取代了2008年2月发布的版本。2015年3月，最新版的伦敦规划出台，并将规划终止日期推至2036年。其核心内容是围绕变革中的伦敦未来要成为一个典范、一个可持续的世界城市，《伦敦2030》战略基于三个相互交织的主题来展开：一是增长（强有力的、多样化的长期经济增长）；二是公平（社会包容性，使所有伦敦人有机会分享伦敦未来的成功）；三是可持续发展（根本改善伦敦的环境和资源利用）。遵循这一主线，进而提出"五个伦敦"主题策略和伦敦分区策略。五个主题策略是一个以人为本的城市、一个繁荣的城市、一个公平的城市、一个便捷的城市和一个绿色的城市。伦敦分区域策略是指伦敦中央商务区、东伦敦泰晤士河口、伦敦西部分区、伦敦北部分区和伦敦南部分区。

（二）《纽约：规划强大而公正的城市（2015—2050）》

2007年，纽约发布第一版面向2030年的规划《一个更绿更美的都市》，集中解决城市人口增长问题和基础设施建设问题。2011年，纽约深化了2007年版提出的一些措施，加强了对城市环境稳定性和社区宜居性的承诺。进入新的发展时期后，尽管纽约有着整体的繁荣，但仍然面临很多问题，如生活成本不断提升、收入不平等也在不断加剧，公园和公共空间数量仍然无法满足纽约市民的需求，气候变化更是成为未来纽约的重大威胁。为了全力保持纽约在商业、文化、贸易、创新、可持续发展、气候适应等方面的领先地位，使纽约始终成为一个让人们能够实现自己梦想的世界舞台，2015年4月，纽约又发布了一个《纽约：规划强大而公正的城市（2015—2050）》（以下简称《纽约2050》）。《纽约2050》在2007年版的纽约规划基础上，提出了四个贯穿目标和行动的基本原则，即增长、平等、可持续、弹性，形成了"愿景—策略—行动"的基本框架，并通过相应指标进行落实。纽约希望在城市未来的长期发展中,在保持经济繁荣的同时,建构更加公平的社会,对全体公民的健康和幸福更加负责,提升可持续发展能力,以及更具有抵抗各种灾害和风险的弹性。《纽约2050》指出,需要打破传统的模式,寻求主动的解决办法,而不是被动地修修补补。围绕积聚、效率、密度、多样性和人才等城市优势,战略设定应展现城市无边的可能性。

(三)《确保21世纪的全球吸引力:2030年的大巴黎计划》

大巴黎地区有巴黎大区(巴黎市及其都市圈)和法兰西岛两个空间层次。为了促进区域均衡发展和可持续发展,提高居民生活水平,破解巴黎地区由于行政区划过细而造成的空间分割和发展失衡,法国政府与大巴黎地方政府于2007年共同启动了大巴黎发展战略规划《确保21世纪的全球吸引力:2030年的大巴黎计划》(以下简称《巴黎2030》)。《巴黎2030》基于一系列超越欧洲其他城市的独特要素:一是可持续流动的集体运输方面的基础设施,能够扩大对欧洲和世界的开放;二是巴黎大区(巴黎市及其都市圈)的良好生活质量,特别是良好的自然空间和生存环境;三是法兰西岛及艺术特区所赋予的文化生活氛围和宝贵的文化遗产;四是各项公共部门的效率;五是欧洲及其他城市无法比拟的高度集中的科研能力和培训能力。《巴黎2030》强调目标导向,注重解决现实中巴黎发展的各种"瓶颈"问题,同时兼顾前瞻性,更加强调科技创新对城市发展的作用,以确保巴黎在21世纪的全球吸引力。《巴黎2030》的战略重点放在刺激经济的活跃性、增加投资的吸引力及商业基地的互补性、支持研究创新和高等教育、巴黎大都市区建造等方面。《巴黎2030》提出,保持一个持续的、多功能的森林,满足巴黎大区的建设需要,并规划休闲区域、城市化分界区域、绿化连接区域、有待开发的绿化空间和有待向公众开放的自然空间等。

(四)《东京首都圈巨型城市群规划构想(2001—2050)》

1999年11月,日本国会众议院提出动议,疏解东京都过于集中的发展局面,建设首都圈城市带,准备将中央政府机构及其职能部门迁出首都圈,而东京都市政厅不赞成迁都,提出应在首都圈内优化和改善城市环境，充分利用现有条件，近距离疏散城市功能。在这种背景下，由东京都市政厅独立编制出《东京首都圈巨型城市群规划构想（2001—2050）》（以下简称《东京2050》），仍然强化了东京在日本的核心地位，同时提出强化东京与周边地区的联系。《东京2050》构想的涵盖范围包括承担首都功能的7个都市县，即东京都、埼玉县、千叶县、神奈川县、横滨市、川崎市、千叶市。现状基准年为1995年，规划中期目标到2025年，远期目标展望到2050年。《东京2050》基于对全球、日本及东京首都圈三个层面现状的认识，提出激发首都经济活力，改善居住环境，成为融合山水自然环境、引导亚洲新文明的宜居型都市，能克服地震、海啸等自然灾害的安全型城市，并构筑环状都市轴，实现大区域的协同发展。《东京2050》以首都圈巨型城市群的再生为指向，是问题导向型的"圈域建设战略"，战略展开主线是谋求提升国际竞争力，提升区域整合力，具体落脚在克服发展障碍的两条线：一是构筑环状巨型城市框架，培育首都圈巨型城市群集聚优势；二是开展全范围联合战略，发挥区域一体化机能。

二 中国都市区发展战略研究

我国城市发展战略研究兴起于20世纪90年代，国内学者从这时开始翻译介绍国外城市战略规划经验，少数城市开始探索性编制城市发展战略规划。进入21世纪以后，随着市场经济快速发展以及城市人口和建设规模的迅速扩张，"大城市病"日益显现，政府和学术界都开始系统地反思城市发展战略问题，在城市战略规划研究的推动下，城市发展开始由传统的外延扩张模式进入内涵提升阶段。一些先发城市率先面临转型问题，再加上国外先进城市战略规划理念引入国内，我国城市战略研究开始系统化进入理性提升阶段。2010年8月，深圳市启动《深圳2040城市发展战略》（以下简称《深圳2040》）制定，开始转变视角，关注"人"的需求，以建设人性化城市和提升城市竞争力为主要方向。2011年，《宁波2030城市发展战略》提出，引导城市"从量的扩张走向质的提升"应该成为宁波新一轮战略规划的核心任务。一些城市提出了更长远的发展战略，从年限上指向了2050前后。北京开展《北京2049》跨学科科研，探索合理、前瞻的城市空间组织，建设具有中国特色和首都特点的世界城市。上海组织开展《面向未来30年的上海》发展战略研究，提出了迈向卓越的全球城市愿景目标和战略导向，未来30年上海应建设成为"一个具有强大创新力、辐射力和可持续发展能力，彰显中华文明的卓越的全球城市"。《武汉2049》期望改变固有的战略规划框架，首先是"不该做什么"，其次是"该做什么"，最后是"如何分阶段做"，目标是建成具有核心影响力的国家中心城市和世界城市。

（一）《北京2049》空间发展战略研究

北京城市发展面临的人口、土地、水资源、环境、交通等问题十分严峻。一方面，城市人口的积聚发展对北京空间格局的调整提出了要求。未来很长一段时间内，我国需要进一步加强京津冀、长三角、珠三角等地区的人口聚集能力，京津冀地区作为国家层面重要的人口承接地，主要依托北京、天津两个超大城市。同时，随着国际交往日趋密切，北京的国际移民现象也将凸显。未来30—50年里，京津冀地区人口净流入的规模依然较大，城乡居住模式将发生较大变化。另一方面，由于资源和生态环境等硬约束条件的限制，北京过去主要依靠增加要素投入获得粗放增长的状况难以为继。土地、水资源、能源和环境保护等"瓶颈"将迫使增长方式发生改变，超大城市发展模式必须做出重大调整。《北京2049》归纳了北京在当前建设中存在的五大问题：市区大团继续膨胀，规划提出的多中心非但没有实现，反而让"摊大饼"的单中心越长越大；北京旧城的拆改力量依旧顽固，过去批下的许多市政大项目仍在建设当中；旧城拥堵有增无减，历史文化名城的保护不能落实；城市人口持续增长，总人口规模将提前超出总体规划所预计的底线（1800万）；土地占有已经透支，规划制定的控制用地也被迅速占用。《北京2049》针对以上问题，着重提出大都市区空间再造的总体构思，首先，研究中央行政区布局结构，重构较为完善的北京旧城，对旧城实行"积极保护"与"整体改造"，整体化研究和解决中心大团的交通、规划布局问题；其次，按照多中心都市区规划理念，以"葡萄串"模式组织新城，在城市急剧发展过程中确定新市区预留用地，确保城市扩张与房地产协同发展。《北京

2049》将情景分析与数学模型结合起来，通过计算机模拟展示出不同情境下北京空间发展可能呈现出的状态。

(二)《面向未来30年的上海》发展战略研究

综合考虑上海城市发展的内在规律、创新需求、本土基因和系统要素，未来30年的上海应建设成为"一个具有强大创新力、辐射力和可持续发展能力，彰显中华文明的卓越的全球城市"，凸显对于全球重要领域和关键网络节点的引领和控制力，提升和完善全球创新资源汇聚能力、创新成果资源和转化能力、创新经济持续发展能力，追求以创新和绿色为主线的可持续发展与竞争能力，具备引领世界文化潮流的能力。在总体能级上，上海应跻身全球城市的第一方阵，在全球城市体系中发挥核心节点的领导力、控制力和影响力；在全球影响力上，上海应在经济、文化、科技以及治理等领域具有核心竞争力和全球影响力，拥有主导和影响全球思维模式及价值取向的能力，具有国际公认的话语权；在城市综合环境上，上海应具有与纽约、伦敦等顶尖全球城市比肩的城市综合环境等。未来30年，上海在迈向卓越的全球城市进程中，城市空间布局将致力于打造具有竞争力的全球城市区域，构建多中心协作的网络城市体系，营造可持续发展的弹性城市区域，形成网络化、多中心、组团式、集约化的城市空间发展模式，构建多层次的大都市区空间格局；培育多中心功能体系，构建大中小城市和小城镇合理分工、协调发展的网络化城乡空间格局；构建大都市区生态文化空间格局，强化生态基底约束，建立区域协调框架下的文化保护空间；构筑大都市区交通格局，加快推进综合交通运输体系的转型，打造"轨道时代"；实施差异化空间发展，明确重点发展、生态保育和战略预留政策；优化空间分区管制。以满足人民日益增长的美好生活需要、实现人的全面发展为出发点，建设一座舒适便捷、和谐安全的宜居城市和环境优美、绿意盎然的生态城市。

(三)《武汉2049》远景发展战略规划

近年来，武汉全力提升城市运行效率和城市承载能力，大力推进智慧城市应用项目，为武汉市新一轮跨越式发展积累了雄厚实力。2013年开始，武汉组织制定《武汉2049》和《武汉建设国家中心城市行动规划纲要》，要为武汉的长远未来"画像"，探寻一条以"交通畅达、商埠繁华、高楼林立、经济强盛"为愿景，规模宏大的城市复兴梦想之道。这次战略规划研究是武汉城市发展史上一次重大突破：在时间维度上，超前谋划和展望到2049年；在空间范围上，不仅立足全国视野看武汉，更在全球格局中研究武汉使命。《武汉2049》提出，未来武汉的城市空间将呈现"1+4"布局。"1"是城市的核心主城区，"4"是外围地区的4个次区域，即临空次区域、临港次区域、光谷次区域和车都次区域。主城区的范围在三环线以内，面积约530平方千米，是武汉建设国际服务性城市最主要的空间载体。武汉将在这一范围内打造"活力中心城"，未来人口控制在700万左右，九成工业企业外迁，约六成就业岗位在主城。"两江四岸"是主城的核心，在沿江两岸打造江南、江北两个城市中心。在王家墩、四新、鲁港和杨春湖打造四个副中心。临空次区域涵盖黄陂、东西湖，重点发展临空产业区和吴家山都市产业区，盘龙湖、金银湖新城和前川综合城区。临港次区域涵盖新洲和洪山，重点打造阳逻临港产业区、武汉石化产业区和邾城综合城区。光谷次区域涵盖东湖开发区、洪山、江夏等，重点发展东湖科技新城和汤逊湖新城。车都次区域涵盖沌口、蔡甸、汉南和江夏等地，重点打造沌口汽车产业区、太子湖新城等。

(四)《深圳2040》城市发展策略

1986年批准实施的《深圳经济特区总体规划》，是影响深圳的第一个重要规划。它确立了特区内富有弹性的带状组团空间结构，安排了重要的基础设施，适应了深圳高速发展过程中不同的需求。1996年版《深圳城市总体规划（1996—2010年）》则将深圳城市规划区拓展到全市域，确立了"全境开拓"的战略。城市实际发展规模大大超过规划预期。2010年前后，随着全球背景下世界经济格局重组，城市间竞争愈演愈烈，城市发展的不确定性明显增加，未来30年，深圳应该变成什么样？从经济特区到综合改革实验区，深圳将由过去的单项改革向系统改革转变，由经济领域改革向全社会领域改革转变，由浅层面改革向深层次改革转变，由过去"摸着石头过河"的改革向着科学的、有规划的改革转变。《深圳2040》就是在这样的特定时代背景下产生的，总的研究视角突出了"人"的需求，以建设人性化城市和提升城市竞争力为主要方向，提出了发展策略和行动路径。《深圳2040》提出，深圳的发展愿景是：一个经济活力、生态文明、创新发展、民主政治、民生幸福等城市软实力优势明显，在全球城市体系中有较强集聚辐射能力和影响力的国际化城市。在城市发展路径方面，一是依托先进技术，实现便捷生活。建设跨区快速轨道—城区快线—地铁—常规公交—慢行交通为一体的城市公共交通体系和接驳换乘系统。二是实施差异化功能布局，实现高品质生活。三是发展先进制造业技术，实现微排生活。制定实施"微排新政"，建设微排产业、微排建筑、微排交通、微排生活、微排基础设施"五位一体"的"微排城市"。四是发展互联网和物联网技术，实现智能生活。以三网融合为载体，将实现更多的无线和无卡生活，实现城市运营高技术化和全智能化。五是发展生物医疗和公共卫生，实现健康生活。

三 全球视野的都市区发展趋势

综观国内外城市发展战略研究报告，可以发现融入未来城市发展的一些共同的、内在的核心价值理念，有的表现为城市的发展目标，有的表现为城市的发展模式和路径，有的表现为城市转型升级的战略指引，有的则表现为未来一个阶段城市发展的战略任务等，各类核心理念诠释了世界大都市未来发展趋势。

（一）主导引领之城

主导性、引领性最能体现世界未来大都市发展的核心理念。《伦敦2030》将伦敦定位为世界城市、欧洲的领袖城市、国家首都、大都市区—区域间协作中心。《东京2050》把东京规划成世界最大的首都、与一国经济实力相当的世界主导城市。《纽约2050》提出，将纽约建设成为世界上最大的可持续发展城市、全球最具活力的经济体。《巴黎2030》提出，创造条件，确保巴黎在21世纪的全球吸引力和国际影响力。《面向未来30年的上海》提出，上海应建设成为"具有强大创新力、辐射力和可持续发展能力，彰显中华文明的卓越的全球城市"，凸显对于全球重要领域和关键网络节点的引领和控制力，提升和完善全球创新资源汇聚能力、创新成果策源和转化能力、创新经济持续发展能力，追求以创新和绿色为主线的可持续发展与竞争能力，具备引领世界文化潮流的能力。

（二）全域均衡之城

随着传统单中心大都市及都市区发展弊端日趋明显，全域性、均衡性越来越成为全球城市关注的热点。为了破解巴黎地区行政区划过细而造成的空间分割和发展失衡，法国政府与大巴黎地方政府共同启动了大巴黎发展战略规划，以巴黎大区（巴黎市及其都市圈）和法兰西岛两个空间层次为依托，全域布局大都市区各个功能区，致力于城市均衡发展和可持续发展。《北京2049》空间发展战略研究，深入反思都市区"摊大饼"、单中心模式为城市发展造成的"瓶颈"制约，有针对性地提出大都市区空间再造的总体构想，整体化研究和解决中心大团的交通、规划布局问题，多中心规划北京大都市区建设，以"葡萄串"模式组织新城，并为城市未来发展预留建设和生态空间。深圳市早在1996年就将深圳城市规划区拓展到全市域，确立了"全境开拓"战略，为未来城市整体品质提升奠定了良好基础。

（三）生态宜居之城

纽约、伦敦、巴黎、东京、北京等国内外大都市都无一例外地把绿色、生态、低碳作为重要的规划目标。《纽约2050》试图消除人口增长、基础设施老化、环境污染、气候变暖的威胁，扩展纽约过去30年所积累的财富，建设更绿更美好的纽约。《伦敦2030》提出，建设一个绿色的城市，使伦敦成为更具吸引力、精心设计、绿色环保、宜居的城市。《东京2050》提出，建设引领亚洲新文明的生活城市，与山海河流等丰富自然环境共生的环境城市，让东京恢复成为清水环绕、绿意盎然的美丽城市。东京还从健康城市出发，振兴体育事业，促进市民竞技力的提高，建立"健康度过一生"的社会。《巴黎2030》提出，保持一个持续的、多功能的森林，满足巴黎大区的需要，并规划休闲区域、连续性区域、城市化分界区域、有待开发的绿色空间和有待向公众开放的自然空间等。

(四）便捷联通之城

便捷的城市交通和通达的外部连接是大都市区建设的基本要求。《伦敦2030》提出，"连接伦敦—改善伦敦"交通计划，更紧密地融合交通与空间发展，以更便捷的公共交通、更合理的街道路网、更快速的货运流动及配置等，打造国际交通枢纽。《东京2050》提出，构筑环状巨型城市框架，通过紧密的立体交通网络体系，促进地区间的活跃交流，开展充满活力和魅力的城市活动，包括实现快速交通连接、通过都县联动提升空港功能、着手东京湾的一体化建设、构筑高效的广域物流系统、构筑首都圈巨型城市群信息网络、构筑产业政策方面的跨区域网络等。《纽约2050》提出，建设新的高速无线网络，投资交通基础设施，突出在交通等问题上与周边地区紧密合作。

（五）人文活力之城

人文与活力是国际化大都市软实力的重要体现。《巴黎2030》提出，创造条件，确保21世纪的全球吸引力，包括法兰西岛及艺术特区所赋予的文化生活氛围和宝贵的文化遗产、各项公共服务部门的效率、欧洲其他地方所不能比拟的高度集中的科研和培训能力等。《东京2050》提出，建设有400年历史、具有深厚魅力的文化城市，传播东京传统与现代相互交织的魅力；创建活力东京，加快产业领域的技术革新，制定先进的环境政策，增进文化艺术体育等国际交流，构建青少年和体育活动之间的良性联系。《伦敦2030》提出"享受伦敦"理念，加强伦敦作为文化、休闲和创新中心的地位。

（六）创新智能之城

创新型、智能化城市建设是国际化大都市未来发展的重要方向。《东京2050》提出，科技东京、人才东京。科技方面，将利用最先进的尖端科学技术开拓未来，从节能到最尖端的医疗、机器人、咨询网络和世界最高水准的耐震技术，将尖端技术与日本文化内在的独特感性和审美意识、生产制造传统和游乐趣味之心加以融合，创造出21世纪的新价值。人才方面，东京作为企业、大学、研究机关等多样化人才的集聚地，将充分发挥这一优势，倡导新型人才培养体系。

第二节 都市区全域城市化基本理念和总体目标

综观国际大都市区的演进特征和发展趋势，从对单中心大城市发展弊端和局限性的反思开始，涌现出了许许多多城市发展的新模式、新版本。城市多中心、一核多城、城市无边、区域均衡、便捷联通、生态宜居等新型城市发展理念，就是在全球范围内大都市区形成发展过程中，逐步对经验和教训两方面进行总结得出来的理性认识成果，同时又在大都市区进一步发展中不断得到成功验证。实践中，城市多中心、城市无边等新型都市区发展理念，要从根本上变成现实都必须解决都市区全域城市化问题。也就是说，要把都市城区规划拓展到全市域。受制于传统分级行政管理体制的影响，我国都市区全域城市化必须推动规划理念、方法和管理体制等多方面的系统化改革。因此，必须全面认识都市区全域城市化的理论渊源、基本理念、总体目标以及重大意义。

一 都市区全域城市化的理论渊源

城市从起源到发展始终都承担着某种功能中心的作用，这个功能中心，从大的方面说，要么是突出单方面的要么是综合性的，比如，我国的大连、青岛、厦门等计划单列市就属于典型的经济中心城市，而其他城市则属于不同区域内的经济、政治、文化等综合性中心城市。传统城市不论承担单一功能还是综合性功能，在地理空间上都表现为单中心城市，即以某一点或城市中央区域为中心不断向外围扩展再扩展。从城市空间和经济增长的匹配度来看，这种单中心城市扩展方式必然面临多种难题。假设城市空间是一个标准圆形，城市面积的增速是 $\partial \pi r^2 / \partial r = 2\pi r$。城市区域内的基础设施、产业、人口和各类经济、社会、文化发展要素相互交织，而且随着城市发展，彼此联系日趋紧密，我们可以姑且把它们称为人类活动要素。如果同样用 r 表示其中一项要素，假设每项人类活动要素又是均等的，则城市区域内人类活动要素的增速是 $\partial r^n / \partial r = n r^{n-1}$。由于人类需求的多样化和无限性，城市的产生和发展不仅一开始人类活动要素就多种多样，而且还会随着城市发展无限丰富，这样的结果是 nr^{n-1} 就会远远大于 $2\pi r$。只要城市人口增长没有停滞或明显下降，单中心城市扩张就无法解决这个包含各类城市问题的难题。城市越扩张，问题也会越突出，以至于"单中心"城市扩张必然面临一定的极限。

人类活动要素的核心是城市人口问题，人口的变化又是与城市基础设施、产业发展和环境等问题密切相关。那么，我国都市区或各类大城市人口发展趋势又怎样呢？有关专家预测，到2050年，中国的城镇人口约为101708万，比2012年的67648万增加34060万；同时，联合国发布的2011年《世界城市化展望》（修订版）预测，中国城镇人口将在2011—2050年增加3.41亿，两个预测高度一致。从表5-1可以清晰地看出2012—2050年中国不同等级城市的人口比重、城市数量和数量比重的变化趋势，即超大城市、特大城市、大城市的数量和人口持续膨胀，中小城市数量和人口不断萎缩。这种两极分化趋势说明中国城镇化将在空间上不断走向集中，社会人口及人类活动要素也相应地向大都市区或各类大城市集中。随着超大城市、特大城市、大城市人口数量和人类活动要素的持续增加，各类单中心大都市发展空间上的极限也将迟早到来，以城市多中心为主要形态的都市区全域城市化就成为城市演变的必然。都市区全域城市化形成的巨型都市区将实现城市承载力的跨越式提升，城市基础设施与城市发展要素之间的超限张力将得到有效缓解，巨大的产业容量增加大量人口就业，巨大的城市空间从根本上解决城市环境容量等问题。

表5-1　　2012—2050年中国城市规模和等级变化趋势

时间	指标	人口规模（万）						
		1000以上	500—1000	100—500	50—100	20—50	20以下	合计
2012年	城市数量	3	9	183	276	152	38	661
	数量比重（%）	0.5	1.4	27.7	41.8	23	5.6	100
	人口比重（%）	6.6	8.5	44.9	30.2	8.9	0.8	100

续表

时间	指标	1000以上	500—1000	100—500	50—100	20—50	20以下	合计
2020年	城市数量	4	10	208	270	132	38	661
	城市数量变化（2012—2020）	1	1	25	-6	-20	-1	0
	数量比重（%）	0.6	1.5	31.5	40.9	20	5.5	100
	数量比重变化（百分点）	0.1	0.1	3.8	-0.9	-3	-0.1	0
	人口比重（%）	9.1	9.6	50.4	23.8	6.4	0.7	100
	人口比重变化（百分点）	2.5	1.1	5.4	-6.4	-2.5	-0.1	0
	人口增长（%）	48.6	24	21.1	-15.2	-22.3	-7	7.8
2030年	城市数量	5	13	227	261	120	35	661
	城市数量变化（2020—2030）	1	3	19	-9	-12	-2	0
	数量比重（%）	0.8	2	34.3	39.5	18.2	4.8	100
	数量比重变化（百分点）	0.3	0.5	2.8	-1.4	-1.8	-0.7	0
	人口比重（%）	10.4	11.3	49.9	22.5	5.3	0.5	100
	人口比重变化（百分点）	1.3	1.7	-0.5	-1.3	-1.1	-0.2	0
	人口增长（%）	35.3	36.4	16.4	11.8	-2.6	-10.9	17.9
2040年	城市数量	10	19	239	239	120	34	661
	城市数量变化（2030—2040）	5	8	10	-22	0	-1	0
	数量比重（%）	1.5	2.9	36.2	36.2	18.2	5	100
	数量比重变化（百分点）	0.8	0.9	1.8	-3.3	0	0.2	0
	人口比重（%）	16.8	12.6	46.4	18.9	4.8	0.5	100
	人口比重变化（百分点）	6.4	1.3	-3.4	-3.7	-0.5	0	0
	人口增长（%）	79.7	24.3	4.1	-6.5	0.9	1.7	11.7

续表

时间	指标	人口规模（万）					
		1000以上	500—1000	100—500	50—100	20—50	20以下	合计
2050年	城市数量	11	27	250	223	114	36	661
	城市数量变化（2040—2050）	1	8	11	-16	-6	2	0
	数量比重（%）	1.7	4.1	37.8	37.8	17.3	5.3	100
	数量比重变化（百分点）	0.2	1.2	1.6	-2.4	-0.9	0.3	0
	人口比重（%）	18.6	16.9	43.7	16.2	4.1	0.5	100
	人口比重变化（百分点）	1.8	4.3	-2.7	-2.7	-0.7	0	0
	人口增长（%）	22.4	48.6	3.9	-5.3	-5.3	5.2	10.5

资料来源：联合国2011年《世界城市化展望》（修订版）。

都市区全域城市化并不意味着城市建设用地总量的大幅扩张，恰恰相反，它是在集约节约利用土地的前提下对规划限定的城市建设用地，在更大的空间内进行更加合理的优化组合。城市多中心之间通过镶嵌足够的绿色空间，使城市发展与乡村振兴更加近距离互动、城市建设与山水生态更加紧密融合。因此，都市区全域城市化更注重城市发展全方位质的提升。从城市功能疏解的角度来看，单中心大都市的环形外延扩张模式无法匹配城市要素增长的速度，结果必然是不断降低城市承载功能；尤其是都市中央区域，在不变空间内随着各类城市要素的复合式增长导致单位要素所占空间日趋减少，从而越是城市核心功能区越是难以满足城市品质提升的要求。都市区全域城市化就是将原有大都市内难以容纳的区块化功能直接疏解出去，在降低都市区每个中心区扩张规模的同时，提升单位城市要素空间拥有量。因此，全域城市化既有利于集约节约利用建设用地，又有利于提升城市发展质量。

二 都市区全域城市化的基本理念

根据都市区全域城市化产生的条件和发展过程，我们可以把这一概念定义为：都市区全域城市化是指当单中心城市的产业、人口发展到一定规模时，由于受基础设施、环境容量的限制，城市功能区需要向全市域发展腹地范围内疏解，城市形态向以多中心为主要特征的巨型都市区转化的过程。全面准确地把握都市区全域城市化问题，需要明晰一系列城市发展新理念。

（一）城市无边理念

城市的产生和发展始终与效率密切相关。传统城市的效率与空间集中度成正比，即空间上越集中，关联性产业及产业体系的学习成本、生产成本、交换成本等就越低，而产业规模化效应越显现；城市人口的社会生活成本也在同一方向上随着空间的集中而降低，而生活服务质量不断得到提高。但是，随着城市规模的持续扩大，城市集聚效率的边界递减作用也会逐步表现得越来越明显。当上文中提到的 $nr^{n-1} > 2\pi r$ 时，单中心城市在空间上越集，其城市效率反而越来越下降。由此可见，当大城市扩张到一定规模时（$nr^{n-1} = 2\pi r$），必须突破传统城市的边界理念，即改变城市只能是单个圆或单一集中区域的理念，推动城市以多中心形态向纵深腹地延伸。取而代之的是树立城市无边理念，建设"无边界"巨型都市区，发展腹地可以向跨区域的更大范围内扩张。通过科学规划使各个中心组团均能够保持适度规模且拥有最高效率，从而使巨型都市区的总效率进一步提升。值得指出的是，"城市无边"不是绝对的，而是相对的。按照有关专家的观点，都市区最合理规模是横穿整个城市交通时间不超过一小时。根据意大利城市问题专家塞萨雷·马切提的观察分析，公元1800年的柏林是一个紧凑、适宜步行的城市，步行横穿城市需要一小时。但是，随着马车甚至电车、汽车和地铁的出现，这个城市从启蒙运动时期开始迅速扩张；直到1950年，柏林都市区的直径就是150年前的10倍了，但横穿整个城市仍然只需要一小时（马切提常量）。这一规律揭示了都市区应该有一个相对合理的边界，这个边界决定于横穿城市的交通时间（一小时），而这一"时间边界"能够随着交通技术发展而扩大。

(二) 一核多城理念

无论是单中心城市还是多中心大都市区，都有一个自然形成或规划形成的城市核心区，发展顺序上一般是形成最早、发展最成熟的区域，区位上位于都市区核心的总枢纽位置。核心区扩围到临界点之后，城市形态自然演变的下一步一般采取一核多组团模式，即将超出核心区承载限度的部分产业功能外移，围绕核心形成多个城市组团或产业集聚区。这部分产业外移主要分两种情况：一是核心区内传统产业进一步发展扩张受限；二是外部引进的大型新项目投资在核心区内已经没有空间，从长远发展来看，需要在核心区外围设立新的城市组团。城市发展的这一步在核心区外围设立新的城市组团或产业集聚区，虽然提升了城市当前的承载力特别是产业承载力，但是，大量发展成熟的生活性服务业、生产性服务业、共享产业等，以及与此相互依托的城市人口仍然滞留在核心区内。新城市组团或产业集聚区由于暂时规模不足等原因，服务功能不配套导致新旧城区之间要素流动压力随着产业扩张而急剧增大，加上新产业扩张带来城市人口进一步增加，从而使核心区内人流、车流更加拥挤，城市基础设施、服务设施超负荷运转导致安全事故与安全隐患相应增加。这一切都说明，一核多组团的城市发展只能是城市空间扩张的一种过渡模式，从城市和产业长远发展的角度来看，必须从规划上明确一核多城发展方向和目标。所谓一核多城，就是在核心城区之外建设具有"反磁力"性质的、具有特色功能的新城。与一核多组团的明显区别是，一核多城不仅是新产业中心，而且是新服务中心、新人口中心、新城市中心。从形态来看，一核多组团仍属于形态单中心城市，而一核多城则属于形态多中心都市区，每个中心的规模相应扩大（见图5-1）。从功能来看，一核多组团的外部组团由于功能不完整仍然依附于核心城区，而一核多城的中心与核心、中心与中心之间则相对独立，相互之间的要素流动主要表现为信息、技术等，能够有效地疏解核心城区功能。

形态单中心　　　　　　　形态多中心

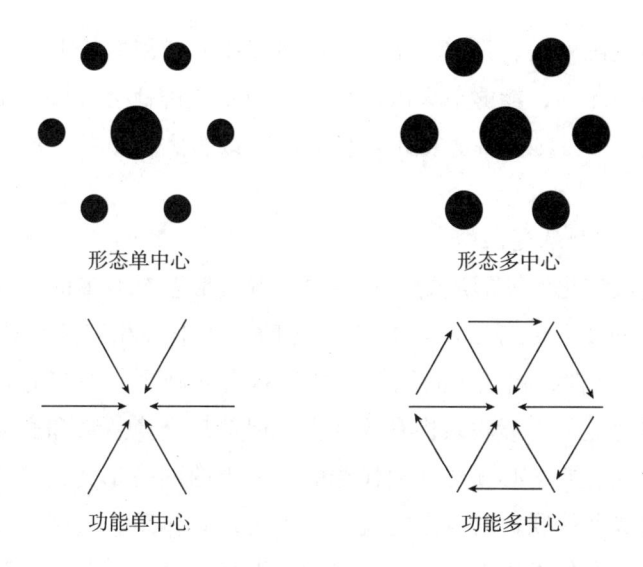

功能单中心　　　　　　　功能多中心

图 5-1　城市单中心与多中心

资料来源：Burgers 和 Meijers（2012）。

（三）区域均衡理念

城市多中心与城市多组团不同，城市多组团由于各组团在服务功能上多依附于核心城区，因此，空间布局上距离核心城区相对较近，有的甚至很快与核心城区融为一体；但城市多中心由于各中心均具有与特色功能区相匹配的城市服务功能，或者暂时功能不匹配但已经做了完善的规划，各中心与核心区之间、各中心相互之间均具有"反磁力"特性，都能够相对独立地向着特色化方向自由发展，因此，空间布局上也应该与核心区保持足够远的距离，从而为核心、多中心均留出一定的发展腹地和宽阔的绿色空间。根据上文所述，由于城市全域城市化是相对的，按照当前交通技术的发展状况和城市具体交通技术的采用情况，每一都市区或大城市多中心的空间布局都应该有一个相对合理的最大范围，这个大边界决定于横穿整个都市区的交通时间（一小时）。也就是说，如果横穿整个都市区的交通时间小于或等于一小时，都市区多中心分布才可以真正遍布全市域；反之，一小时交通时间就是都市区多中心空间布局的最大范围。假设以城市轻轨作为主要通勤工具，按照当前城市轻轨最高时速 200 千米/小时计算，这个最大空间范围就是直径 200 千米。城市多中心发展并按照最大空间范围进行均衡布局，能够最大限度地促进城乡经济社会发展均衡和城市生态均衡，有效地提高大城市环境容量，改善大城市环境质量和市民生活质量。

（四）便捷联通理念

全域城市化发展形成的一核多中心城市形态对城市的便捷联通提出了更高的要求。各中心与核心区之间、各中心相互之间由于具有"反磁力"特性，相互之间综合交通流将有效减少，但交通效率明显提高；看得见的有形联系将有效减少，但信息交换总量和交换效率明显提高。这就要求必须建立现代化的、完善的网络化交通系统和信息系统，形成便捷联通的城市物流、人流与信息体系。按照未来居民出行需求和交通技术发展趋势，现代化、网络化交通系统必须坚持系统化、立体化、智能化设计思路，并且为持续性交通现代化和技术升级换代预留接口。从系统化、立体化方面看，都市区全域城市化的交通网络主要包含五个层次：一是完善的高速公路网、快速路网和相应的支线路网，主要承担一核多中心之间的物流交通功能；二是完善的轨道交通网，包括城市轨道交通和城际轨道交通，城际轨道交通又包括城际公共轨道交通和城际通勤轨道交通，主要承担城区内部以及一核多中心之间的客流交通功能，有效地分流传统的公路客流；三是完善的通用航空机场体系和低空交通网，解决未来通用航空迅速发展的需求；四是完善的都市区慢行交通系统，解决居民城区内休闲步行、城区外自行车越野等户外活动的需要；五是完善的城市道路网，主要承担城区内部的综合交通功能。都市区多种交通方式应采取最新手段从设计上达到交通方式分布合理、网络区域布局最优、智能化水平和通达能效最高等目标，实现都市区内外互联互通、便捷联通以及相互高效接驳，最大限度地提高交通效率。现代化的都市区信息系统就是建设以新一代互联网为主要特征的覆盖全市域的高速信息网络，着力完善信息基础设施和服务体系，推进"互联网＋"技术深度融入智能交通和都市区其他生产生活领域，全面提高城市信息化水平。

（五）生态宜居理念

都市区全域城市化的空间布局主要特征是：核心与多中心之间相互分离，核心、多中心与青山绿水、农林、绿地相互嵌入，形成绿色环绕城市、城市拥抱绿色格局，实现在都市区巨形区域内城市与生态的宽幅融合，从而建设生态宜居的田园城市，解决传统都市区人口、交通拥挤以及环境容量严重超载等"大城市病"问题。高标准设计和管控城市建设与生态保护的空间比例（例如，城市绿地≥50%），从战略上规划建设结构完整、布局合理的大生态系统，形成以绿色圈层、生态廊道、河渠绿化、绿色田野为依托的绿色环廊、绿色走廊、绿色网格和绿色腹地。要按照"大生态、大环保、大格局、大统筹"原则，重点建设森林、湿地、流域、农田和城市五大生态系统。

森林生态系统：以"增绿、增质、增效"为基本要求，以植树造林、荒山绿化、田野丛林、森林公园建设等为重点，建设结构合理、特色鲜明、品种多样、景观优美、功能齐全、稳定安全的都市森林生态格局。

湿地生态系统：整合都市区全域生态水系、河流湖泊、水塘和水田等湿地资源，发挥湿地涵养水源、净化水质、调节气候等多种功能，建设温湿平衡、生物多样、自我修复、独具特色的湿地生态系统，打造城市湿地景观。

流域生态系统：统筹谋划水生态综合治理，缺水城市应以"扩充水源、提升水量、改善水质、扩大水面"为目标，重点加强河水污染防治、生态循环水系建设，着力构建河湖通、流水清、水岸美的水生态城市。

农田生态系统：以深入实施乡村振兴战略为机遇，着力发展优质高效的都市农业，大力优化农业种植业结构，加强基本农田保护、农村环境综合治理和田园综合体建设，打造魅力田园、美丽乡村。

城市生态系统：以建设国家生态园林城市为基本标准，推进绿色生态城区、海绵城市建设，大力推广绿色产业、绿色交通、绿色建筑等先进技术，从根本上改善城市核心区、中心区生态环境和空气质量。

(六) 创新智能理念

都市区全域城市化是城市发展到高级阶段的产物,城市经济发展的主要特征已经从工业化迈向后工业化或信息化、智能化,经济增长动力已经从主要依靠资源要素投入转向主要依靠科技创新和体制机制创新,城市经济社会发展主要模式已经从粗放式发展跨入科学发展阶段。因此,创新智能是推动现代都市区发展的重要基础性理念。从经济发展来看,都市区全域城市化阶段的产业技术门槛必然大幅提高,传统落后产业和技术低端产业要么被市场加速淘汰,要么被管理层面的各类集约化约束指标所排除。创新成为发展的第一动力,人才成为发展的第一资源。产业创新带动高端人才集聚,高端人才集聚推动产业加速创新;创新性产业在降低资源、能源消耗的同时将促进城市环境的根本改善,城市环境的根本改善又能够吸引更多的创新性产业投资发展。所以,都市区全域城市化与经济发展方式转变最终能够在产业创新的基础上形成良性循环。从社会发展和居民生活来看,创新型经济和新一代信息化、智能化技术发展必然推动社会和居民生活方式的巨大改变,信息化能够极大地提高社会运行效率、缩短都市区核心与中心、中心与中心之间以及居民相互之间的空间距离,智能化能够极大地提高社会服务质量,提升城市品质和居民生活品质。随着创新型、智能型城市发展,社会生活中的教育、医疗、养老、旅游、居民出行等方面,都将伴随未来信息化、智能化技术的发展突破空间阻隔、效率困扰和公共资源不均衡的困扰等。由此可以看出,都市区全域城市化与创新发展、智能化发展基于共同化解当前城市社会热点、难点等问题方面在功能上也实现了有机汇合。创新智能理念及其引致的城市行为还是都市区全域城市化其他基本理念形成和实现的技术基础。城市无边、一核多城、区域均衡、便捷联通、生态宜居等都市区发展新理念,没有创新智能理念带来的强大技术支撑,相关多类目标将无法实现。所以,都市区全域城市化与创新型、智能型城市建设高度关联。

三 都市区全域城市化的总体目标

都市区全域城市化的城市形态与传统城市发展模式相比发生了质

的变化，主要表现在基于城市空间承载力提升带来的城市经济、社会、人口、生态等多方面承载能力的根本性提升，从而使城市要素之间的关系从相互制约转化为相互促进。综合来看，都市区全域城市化通过统筹规划应达到可持续发展目标、效率目标、均衡目标、生态目标和弹性目标（能够抵抗各种灾害及风险）。

（一）可持续发展目标

通过城市空间承载力的提升和城市经济的质量变革、效率变革、动力变革等，不断深化供给侧结构性改革，逐步建立和完善实体经济、科技创新、现代金融、人力资源协同发展的产业体系，全面推动城市经济的现代化转型，实现经济的可持续发展。通过一核多城的城市规划布局和城与城之间的相对独立化、平行化发展，一核与多城均具有相对独立完善的产业体系和社会服务体系，人口集聚将真正从一核向多中心疏散，城市公共资源、交通拥堵和人流密度将得到有效疏解，从而实现人口承载力提升和可持续发展。通过城市不同功能中心向远距离空间区域分散移出和城市环境容量的大量释放，城市生态状况和环境质量将得到有效改善，城市与产业、人口、自然环境等多种要素共生共存的关系将更加和谐，从而实现城市可持续发展。

（二）效率目标

城市的产生和发展与产业、人口积聚的经济效率提升密切相关，随着城市发展和巨型都市区的出现，城市集聚效率将随着单中心城市的持续扩张而出现增速下降趋势，以至于城市扩张半径达到某一个临界点，积聚效率上升曲线必将面临下降拐点，城市的进一步发展将出现"扩张不经济"的结果。都市区全域城市化就是在城市积聚效率上升曲线面临下降拐点之前，改变城市发展和空间扩张模式，推动都市区功能分解和多中心重构，使产业、人口、公共资源在新的空间上实现再集聚和城市积聚效率的持续提升。另外，都市区全域城市化效率目标的实现，还取决于空间上全域城市化之后城市快速交通网络和现代信息通信体系建设完善的程度，必须实现快速交通连接、多中心联动、多式联运等，协同提升空港、陆港功能，构筑高效的广域物流信息系统。建设完善巨型都市区立体交通网络和新一代信息体系，促进一核多中心之间的活跃交流。城市发展扩张到一定规模之后，要不要或者多大程度上实施全域城市化，全面分析效率目标才能得出准确的判断标准。

（三）均衡目标

如果自然资源是不可移动要素，那么都市区全域城市化的均衡目标就是建设可移动要素均质化空间，以产业、人口、公共服务等为核心要素重构适度数量的城市积聚中心，实现包括公共服务资源在内的城市可移动要素均质化，公共资源均等化难题将随之得到破解。首先要按照均衡发展目标，统筹全域城市化总体规划，推进产业分布均衡、人口积聚均衡和公共资源均衡。面向全域谋划多中心建设，全面按照城市化建设标准和发展要求，对全域进行整体的、系统的、科学的规划和设计，将城市和乡村、现代工业和都市农业发展完全纳入现代都市区发展体系，构建均衡、协调、高效、可持续的都市区发展系统。因此，多中心既不同于传统的产业园区，也不同于传统的县城或城镇，而是功能定位得以提升、产业结构得以转变、公共服务得以均等、城市设施高标准配套的新的多元化城市中心。要在全域城市化总体规划基础上，通过合理疏解产业功能区，带动新城区人口集聚和公共资源建设，通过多中心辐射带动农业产业化、现代化，推动三产融合与动态均衡，大力吸纳社会就业，均衡推进教育、医疗、文化等公共资源建设，逐步实现全市域社会结构、社会治理城市化。

（四）生态目标

根据有关专家的研究结论，城市生态空间的演变过程，对应于城市发展扩张的不同阶段，大多会呈现为一个U形发展趋势，即城市化前期侵占生态空间阶段、城市化成熟期生态空间持续恢复阶段和城市化后期生态空间稳定增长阶段。城市生态空间这一演变过程，与城市产生与发展—大都市—多中心巨型都市区三个发展阶段完全契合。也就是说，都市区全域城市化，无论从城市发展阶段看，还是从城市发展要求看，都必须把生态建设作为重要目标之一。都市区全域城市化的生态目标可分为大生态和城市生态。大生态即全域生态建设，按照"大生态、大环保、大格局、大统筹"原则，着力提升完善森林、湿地、流域、农田、城市五大生态系统。城市生态主要是指城市绿地建设，包括一核多中心城区内公共绿地、绿链、环城绿带等。环城绿带不允许建设厂房和居民点，阻止一核多中心的无限扩张，可适度发展休闲农业和郊游项目等，总体保持乡野风光面貌，并通过楔形绿地、绿色廊道、河流等将大都市区的各级绿地串联形成大生态网络。大生态与一核多中心城区面积之比至少应达到 15∶1 以上，城市绿地覆盖率最终应达到 50% 以上。

（五）弹性目标

弹性目标主要是指城市在应对各种灾害及风险方面，从基础设施到城市管理、从硬件到软件都要留出较大的弹性空间。城市发展到巨型都市区之后，必将面临经济社会开放度明显扩大、经济政治重大活动增加和人口多元化等，未来城市安全风险主要可能发生在重大生产运行事故、自然灾害、暴力犯罪、信息泄露等方面，从而造成城市运行秩序混乱和生命财产损失。例如，基础设施方面，我国城市建筑有效寿命一般为 40 年，随着时间推移许多标志性建筑物和地铁、高架桥等都会进入老化阶段，对城市安全构成潜在威胁；地下管网日益错综复杂，在长期持续运行条件下，因材料老化、系统扩容等问题极易导致管线断裂、泄漏、爆燃，引发城市运行停滞甚至灾难性后果。因此，在都市区全域城市化极大地改变了城市空间结构的同时，必须在新的发展条件下增强能够抵御各种灾害及风险的弹性设计，做到进一步强化各种城市安全风险防范。[1]

四 都市区全域城市化的重大意义

第一，随着我国城市化进程的加快和农业可耕地面积的大量减少，全国范围内土地资源的稀缺性越来越明显，政府对城市建设用地指标的管控必将越来越严格，在这样的背景下，城市发展走内涵式扩张的道路已成为必然选项。都市区全域城市化在根本转变城市单中心

---

[1] 肖林、周国平：《卓越的全球城市》，上海人民出版社 2017 年版。

外延式扩张模式、降低每个中心区扩张规模的同时，提升单位城市要素空间拥有量，既有利于集约节约利用建设用地，又有利于提升城市发展质量。

第二，改革开放以来，我国有一批城市从小到大再到巨型都市区，从小城市到区域性中心城市再到国家中心城市等，特别是城市发展到巨型都市区或国家中心城市以后，其对经济要素的积聚力、溢出效应产生的辐射力和影响力等都达到了空前范围，单中心城市客观上已经难以承载巨量而复杂的城市功能，亟须直接向城市发展腹地的城区、产业新城等疏解部分功能，建设若干新的城市中心。这样，可以在城市总体区划不变的条件下，最大限度地扩展城市发展空间，为城市进一步升级发展奠定基础。

第三，都市区全域城市化有利于从根本上缓解单中心城市核心城区交通拥堵、环境恶化等"大城市病"问题，通过不同功能区更加合理布局，在广域生态型空间内建设完善的网络化高效交通系统，形成便捷联通的城市物流、人流与信息体系，建成高效便利、智慧运行、环境宜人和注重市民生活品质的宜居城市。

第四，都市区全域城市化有利于加快推进城乡一体化。城市多中心镶嵌于乡村之间，使城市与乡村、工业与农业空间距离更加接近，更有利于工业带动农业和城市文明向乡村渗透，加快推进农业向订单农业、工厂农业和效益农业转型，全面促进乡村振兴，建设城乡一体、亲和包容、和谐多元的幸福城市。

第五，都市区全域城市化有利于推进城乡公共服务均等化，建设平等共享、治理高效的典范城市。原本集中在都市区核心区的优质教育、医疗、文化体育等公共资源，通过在都市区多中心均衡布局，既能够疏解传统城市核心区公共资源超负荷而服务质量难以提高的状况，又能够更好地实现城市公共服务向乡村延伸，提高公共服务的质量效益和均等化水平。

第三节 郑州都市区全域城市化基础与空间布局

近年来，郑州市以新型城镇化建设为主要抓手的城市化进程稳步加快。"十二五"期间，按照中原经济区总体战略规划和郑州都市区建设纲要的要求，先后制订了新型城镇化建设"三年行动计划"和深化提升"新三年行动计划"，持续加大固定资产投资和基础设施建设力度，在加快新型城镇化建设方面成绩斐然。按照《中原经济区郑州都市区建设纲要（2011—2020年）》，推进新型城镇化的基本思路是：依托郑州的综合优势、现实基础和条件，以新型城镇化为引领、坚持走在加快信息化进程中推进不以牺牲农业和粮食、生态和环境为代价的"三化"协调科学发展路子，按照"政府主导、规划先行、政策引领、群众自愿、产城融合、就业为本"的原则，大力推进从农村切入、以新型农村社区为基点的大中小城市、小城镇和新型农村社区协调发展、互促共进的新型城镇化，在构建以工促农、以城带乡、工农互惠、城乡一体的新型工农、城乡关系上进行有益的探索和实践。

推进新型城镇化的主要举措：

首先，实施"一个规划"，就是全域"三化"协调发展战略空间布局规划。着眼于郑州最终实现工业化、城镇化进而实现现代化，围绕"产业在哪里布局、布局什么产业，人们在哪里居住、居住什么环境"两大问题，对郑州市全域进行功能分区和定位，确定了"一主三区四组团、36个产业集聚区、27个新市镇、182个新型农村社区和56个历史文化风貌特色村"的都市区空间布局。"一主"是指中心城区；"三区"是指东部新城区、西部新城区和南部郑州航空港经济综合实验区；"四组团"是指巩义、登封、新郑和新密四个县域组团；36个产业集聚区是指在城区、镇区周边布局15个省级产业集聚区、21个专业园区和一批农民创业园；27个新市镇是指在全市农村乡镇中确定27个重点镇，按照10万人规模和城市标准进行规划建设；全市域除需要保留 56 个历史文化风貌特色村庄外，各类城市区、开发区规划区及周边 3 千米以内的村全部进行城中村改造和撤村并城，3 千米以外的村合村并点建设 182 个新型农村社区。除城区、镇区、园区、新型农村社区之外，其他区域全面开展水田林路综合整治。按照这一空间规划，未来郑州都市区将形成"中心城区—组团隔离廊道—县城组团—都市区农业区—新市镇（产业集聚区）—现代农业区—新型农村社区"的城乡框架结构，构建起空间布局合理、功能分工有序、资源配置优化、公共服务均等、环境优美舒适的城乡统筹发展新格局。

其次，推进新型城镇化突出"四个重点"：

一是坚持以交通道路为先导，大力推进全域交通一体化，构筑以基础设施网络联合的紧凑型都市圈。依据综合交通规划和承载的人口流量进行产业、人口和公共设施空间布局，以交通路网带动各项基础设施向农村延伸，在空间上将中心城区、县域组团、镇区和产业集聚区、新型农村社区融为一体、互为补充，带动生产要素向农村流动、公共服务向农村覆盖。

二是实施中心城市带动战略，推进中心城区现代化，发挥以城带乡、统筹城乡的主导作用。一方面，发挥郑州的区位优势和交通基础优势，整合航空、高铁、城际轨道、普通铁路、高速公路、快速通道等交通网络，着力把郑州打造成集航空、铁路、公路于一体的国际综合交通枢纽和国际化物流集疏中心，带动形成以航空经济为引领的现代产业基地、现代航空大都市和中原经济区增长极。另一方面，加快推进以畅通郑州工程为带动的中心城区有机更新改造，围绕市区 15 分钟上快速、15 分钟上高速的畅通目标，启动"井字+环线"快速骨干路网、175 条支路打通、16 个绕城高速互通立交、751 个路口渠化等工程，带动沿线"六旧九新" 15 个片区更新改造以及主城区 177 个批发市场、40 个工业企业、69 个仓储企业和行政事业单位外迁，优化了城市环境，提升了城市形态和产业业态。

三是以新型农村社区为基点，大力推进县域城镇社区化，构筑城乡公共服务均等化的载体。全市 2300 个行政村，除 56 个历史文化风貌特色村需要保留外，其余村全部规划整合为 757 个社区。

四是坚持产城融合、以产为基、就业为本，大力推进产业集聚区和专业园区建设，构筑农民就近就业创业、承接产业转移、城市生产要素向农村流动的载体。按照"一区一主业"和企业（项目）集中布局、产业集群发展、资源集约利用、功能集合构建、促进人口向城镇转移的"四集一转"原则，加快推进产业集聚区和专业园区建设。①

"十二五"期间，通过先后两轮"三年行动计划"的实施，郑州新型城镇化建设特别是交通道路、生态廊道、四类社区、组团起步区、中心城区功能提升和产业集聚区建设等方面，实现了跨越式发展。

一是交通道路建设。2011—2014 年，国家、省、市三级在郑州交通项目完成投资 1034 亿元。制定了郑州城市轨道交通建设规划，第一阶段建设规划：2010—2013 年建设 1 号线一期，2013—2015 年建设 2 号线一期；第二阶段建设规划：2013—2017 年建设 5 号线、1 号线二期，2014—2018 年建设 3 号线一期、2 号线二期，2015—2019 年建设 4 号线。第二阶段建设规划新增建设项目将与轨道交通 1 号、2 号线一期工程共同形成"井"字形加环放的轨道交通线网结构，覆盖中心城区全部八个片区。地铁 1 号线一期工程，于 2013 年年底如期建成并投入运营。郑州市三环快速化工程，全长 44 千米，配套各类管线近百千米，为高架桥与地面结合的快速系统，于 2013 年年底建成通车，完成总投资 110 亿元，其中征地拆迁投资 24 亿元。西起西三环、东到 107 辅道，全长 18.5 千米的陇海高架快速路一期工程，于 2013 年年初全面开工建设，2015 年年初西三环至明理路段全线建成通车。16 个高速出入市口立交工程、十条市域快速通道均已建成通车。

二是生态廊道建设。规划建设了"两环十七放射"道路工程，配

---

① 《中原经济区郑州都市区建设纲要（2011—2020 年）》，2012 年 2 月 5 日郑州市十三届人大四次会议审议通过。

套生态廊道绿化近5000万平方米,并新增了公交港湾、人行步道、自行车道、小型游园式广场等,从市区到县区都涌现出了一大批精品生态廊道工程。

三是城中村改造、旧城改造、合村并城和新型农村社区"四类社区"建设。总体目标是:按照"政府主导拆迁安置、市场化运作、群众自愿、规划引领、交通先导、双改同步"的原则,加快推进城中村改造、旧城改造、合村并城和新型农村社区建设的健康发展,逐步改善群众居住环境,使更多群众享受到更好的城市公共服务。2012—2014年共建设新市镇25个,四类社区667个,其中,新型农村社区114个,城中村改造项目共191个,旧城改造项目共52个,合村并城社区共310个,郑州市四类社区建设共投入资金1900亿元,建成安置房近2000万平方米。

四是城市组团起步区建设。截至2014年年底,郑州市新城组团起步区完成固定资产投资1200亿元,其中完成基础设施及公共服务设施投资350亿元。

五是中心城区功能提升。"六旧九新"片区("六旧"片区是指内环线区域、医学院—碧沙岗区域、西流湖区域、南阳路片区、省属机关办公居住区域、福塔片区;"九新"片区是指郑州IT产业园、郑州文化旅游休闲创意区、龙湖区域、龙子湖区域、综合交通枢纽区域、郑州航空城、国际社区、白沙组团、绿博组团)改造建设基本完成,包括77个城中村(旧城)改造项目、37个合村并城项目。中心城区供水普及率100%,水质符合《生活饮用水卫生标准》(GB5749—2006),天然气居民用户突破190万户,年供气能力达到50亿立方米,天然气气化率达到90%,集中供热能力达到3260兆瓦,可供采暖面积6520万平方米,集中供热普及率达到40.2%,城镇污水处理率达到95%以上,生活垃圾无害化处理率达到100%,餐厨垃圾集中处理率达到80%。

六是产业集聚区建设。提出工业发展打造2个五千亿级产业基地和6个千亿级产业基地的发展目标;服务业发展加快"两区"建设,在郑东新区和各县(市)、区规划建设2个中心商务区和11个特色商业街区。截至 2014 年年底，郑州市产业集聚区建设累计实现固定资产投资 5500 亿元左右，投资增速高于全市平均增速 10 个百分点。15 个省级产业集聚区的建成区面积达到 180 平方千米，占总规划面积的 30% 左右；从业人员达到 160 万人，比 2011 年年底新增 80 万人，规模以上企业主营业务收入达到 7000 亿元。[①]

为加快郑州国际航空枢纽建设，提高内陆城市经济开放水平，省委、省政府 2007 年即批准设立郑州航空港区；2010 年 10 月，国务院批准设立郑州新郑综合保税区，成为我国中部地区第一个保税区；2013 年 3 月，国务院正式批准《郑州航空港经济综合实验区发展规划》，标志着郑州航空港经济综合实验区的成立，并纳入国家区域发展战略规划。郑州航空港经济综合实验区规划面积 415 平方千米，边界东至万山公路东 6 千米，北至郑民高速南 2 千米，西至京港澳高速公路，南至炎黄大道。全区按照"三区两廊"布局空间规划，由航空港区、北部城市综合服务区和南部高端制造业集聚区以及沿南水北调干渠生态保护走廊和沿 107 国道生态走廊五大部分组成。航空港区主要包括机场及其周边核心区域，建设空港服务区、综合保税区、航空物流区、陆空联运集疏中心等设施，重点布局发展航空运输、航空航材制造维修、航空物流、保税加工、展示交易等产业。北部城市综合服务区位于空港北侧，建设高端商务商贸区、科技研发区、高端居住功能区，围绕绿色廊道和生态水系进行布局，重点发展航空金融、服务外包、电子商务、文化创意、健康休闲等产业，建设生态、智慧、宜居新城区。南部高端制造业集聚区位于空港南侧，建设航空科技转化基地和航空关联产业发展区，重点布局发展通用航空设备制造、电子信息、生物医药、精密机械、新材料等产业。沿南水北调干渠生态防护走廊，充分利用南水北调主干渠两侧宽防护林带设置生态防护走廊，遵循优先保护水质原则，按照干渠管理规定有序建设沿岸森林公园、水系景观、绿化廊道等，打造体现航空文化内涵、集生态保护和

---

① 宫银峰主编：《郑州市"十三五"经济社会发展战略研究》，河南人民出版社 2016 年版。

休闲游览于一体的景观带。沿新107国道生态走廊，在实验区新107国道两侧，规划建设防护林带，形成错落有致、纵贯南北的生态景观长廊。"十二五"期间，郑州航空港经济综合实验区建设按照总体规划和各类专项规划快速推进，总投资154亿元的机场二期工程即将建成使用，国际航空货运能力大幅提升，连接实验区内外的主要交通通道框架基本形成；机场口岸、电子口岸、跨境贸易电子商务平台等一系列要素平台陆续建成投用，已成为内陆地区口岸最多、功能最强、效率最高的经济功能区，内陆开放高地已经确立；航空设备制造维修、与航空关联的高端制造业和现代服务业快速发展，集聚了一批具有国际竞争力的知名品牌和优势企业；实验区产业支撑、基础设施、公共服务体系初步形成。多年来，郑州航空港经济综合实验区经济社会快速发展，各项经济指标均保持了高速增长态势；经济高速增长也推动了社会全面发展，各项基础设施和社会综合服务体系建设加速完善。

总的来看，近年来，郑州市城市建设在全市经济社会面对极端复杂的外部环境条件下，认真贯彻落实中央和省委的各项决策部署，坚持稳中求进工作总基调，牢牢抓住国家"一带一路"倡议实施和郑州航空港经济综合实验区建设的历史机遇，聚焦产业新城和新型农村社区建设，对郑州市全域进行功能分区和定位，大力推进"一主三区四组团、36个产业集聚区、27个新市镇、182个新型农村社区和56个历史文化风貌特色村"建设，都市区空间布局逐步向全境开拓演进，城市承载力明显提升，城市环境明显改善。但是，还应清醒地看到，郑州新型城镇化进程与国家中心城市建设和未来城市发展的要求还相距很远，当前国内大城市城镇化建设普遍存在的问题在郑州均比较突出：

一是城镇化质量不高。和全国多数城市一样，城市核心区大团持续膨胀，单中心越长越大，伴随着城市人口持续增长，核心区人口规模提前超出总体规划底线。由于传统城镇化模式呈现"金字塔"式能级结构，从城市到乡村规划能级与建设要求逐级降低，劣质资源也逐级下移，城镇化的结果既有"城市病"，也有"农村病"。"城市病"

主要表现为交通拥堵日益严重、公共空间捉襟见肘、公共服务矛盾突出、大气污染治理困难等；"农村病"主要表现为农村经济发展缓慢、生产生活方式落后、土壤及水污染问题突出、公共资源严重短缺、假冒伪劣商品监管乏力等。

二是人的城镇化滞后于土地城镇化。与城镇基础设施建设和产业化发展的要求相比，城镇化的真实水平特别是人的城镇化普遍偏低。随着新型城镇化步伐加快，大量的农民已不再务农，城镇居住人口的比重在不断提高，虽然郑州市户籍政策相对比较宽松，但仍有为数不少的外来务工人员，因没有合法稳定职业和合法稳定住所，而被户籍制度的门槛限制在城市之外，许多农民工仍处于半城镇化状态；而户籍城镇化之后则有大量市民文明素质偏低，难以适应城市文明进步的要求。另外，都市村庄及近郊农村中的原迁出人员回迁现象比较突出，回迁人员普遍要求享受村民待遇，由此引发的矛盾日益增多。

三是就业、社会保障和公共服务等体制改革滞后。随着城乡一体化进程的加快，许多农民逐步离开了土地向城市发展，如何实现农民工稳定就业、推动社会保障均等化、促进农民工转化为市民后真正融入城市、保障城乡社会和谐稳定是当前面临的突出问题。一方面，城市基本公共服务对农民工确实有边缘化问题，虽然国家出于对农民工的关怀，逐步解决了子女入学等诸多问题，但仍有很多社会性保障因户籍等问题无法解决。另一方面，对于一部分事业有成或工作稳定的农民工而言，既在城市置有房产，又在农村占有宅基地；既在城市长期工作，又在农村种有土地。从社会公平来讲，是从一种不公平走向另一种不公平；从经济效率来讲，既不利于农业现代化，也不利于工业现代化。此外，根据现行政策，农村劳动力在城镇企业就业后，应当参加城镇企业职工基本养老保险；但是，由于目前新型农村养老保险与其他险种之间的转移接续存在政策上障碍，不利于农村劳动力向城镇转移流动。

四是重点项目建设特别是农业项目融资难。地方融资平台公司清理规范和贷款风险化解工作仍将延续，制约融资平台公司融资的外部环境。农业项目融资尤为困难，主要表现是担保难，许多公司和合作社都是租赁的土地，实力较差，没有自我担保能力；担保公司良莠不齐，处于整顿中，融资成本高；银行压缩贷款规模，农业项目由于投入期较长，资本回收慢等特性难以获得贷款支持。

五是城市规划边界受限，多中心布局受到行政区划制约。新型城镇化建设的多中心产城融合模式，强调国家中心城市、都市区复合式发展和区域中心城市组团式发展。加快推进城市新区建设，是打破城乡二元结构、实现城镇化与生态化并举的主要途径。但是，郑州城市规划与外围五县市县域规划不统一，县改区步伐滞后，多中心发展模式下城市新区跨行政区域设立，经济管理权限与行政管理权限不一致使城市新区发展受到较大影响。

当前，国家大力支持郑州建设国家中心城市，郑州航空港经济综合实验区、河南自贸区郑州片区、国家自主创新示范区等众多国家战略平台加快推进，使郑州在全国经济版图和城市网络中的地位更加凸显。郑州必须利用好各类战略规划和平台的政策叠加机遇，坚持目标导向、问题导向和"创优势、增实力、补短板、能抓住"工作方针，着力解决城市综合实力不强、高端要素资源集聚能力偏低、城市国际化和开放水平不高，以及传统城镇化问题突出等问题，推动城市发展水平加快提升。稳步实施"全域城市化战略"，坚持以提升国际竞争力、区域整合力为战略展开主线，着力构筑巨型都市区框架，开展全市域联合战略，充分发挥区域一体化机能，培育巨型空间积聚优势。按照城市无边、一核多城、生态宜居、便捷联通、创新智能、产城融合等新型理念，创新发展模式，优化空间布局，提升城市功能，加快建设核心城区引领、多中心、多节点复合式平行能级结构的新型城市空间体系。坚守土地、人口、环境、安全底线，注重内涵发展和弹性适应，总体控制都市区开发强度，推进城市发展由单中心外延扩张向多中心内涵提升转变，打造博大、开放、创新、和谐的国家中心城市。

在确保生态基底约束条件下，加快完善交通信息网络，构筑"核心引领、生态融合、便捷联通、多极联动"的"1+N"网络城市形态。"1"是核心城区；"N"是N个区域性功能中心。由于全域城市化的前提是全域城市统筹规划并统筹规划实施，所以，郑州当前所辖5县市必须由县市改为市辖区，以确保城市规划的平行覆盖。在县市改区的前提下，按照现有发展基础和区域均衡原则，N个区域性功能中心可包括航空港区、郑东新区（中心区域东移至象湖以东）、北部沿黄生态旅游新区、上街中心、中牟中心、新郑中心、曲梁中心、新密中心、荥阳中心和登封中心等，区域性功能中心内还可以包括新的功能组团和外围特色小镇。其中，"核心城区"的范围可确定在四环线以内，面积约550平方千米，为郑州建设国际服务型城市和国际文化大都市最主要的空间载体，着力在这一范围内打造"活力核心城"以及都市区政治、服务型经济和文化中心，未来人口控制在700万左右，八成工业企业外迁，大力发展现代服务业，约六成就业岗位容纳于核心城区。现代化米字形铁路枢纽会合区域是核心城区的核心，空间表现为"两轴、两角、两扇"，两轴交汇区域以郑州铁路客运中心站和郑州东站为中心，重点发展现代商贸服务业，着力打造国际消费中心；两对角区域的郑州高新技术开发区和郑州经济技术开发区，重点发展高新技术及其孵化产业、仪器仪表、生物制药、高端装备及研发、轻型都市工业和现代物流业；东北扇形区域以龙湖中央商务区（CBD）为中心，重点发展现代金融和会展业，着力打造中西部金融中心、会展中心；西南扇形区域以西南山水林地为依托，重点发展城郊旅游、文化创意和休闲产业。

关于N个区域性功能中心的构想：郑州航空港区要以打造国际航空枢纽和建设中欧"空中丝绸之路"为重心，着力提升现代综合交通枢纽功能，推进高新技术产业、现代服务业、航空修造业等临空产业集聚，持续提升多式联运发展水平，加快建成中西部地区重要的对外开放门户和国际航空物流中心；城市功能区开发建设要加快形成规模，全球智能终端研发生产基地地位进一步确立，形成空港、产业、居住、生态融合的现代航空都市核心区。

郑东新区以东四环为西部边界整体东移，东部边界确定在孟庄路，城区中心东移至象湖区域或象湖以东，东四环至象湖之间应保留为绿色隔离空间，严格控制新增建设项目；城区功能主要是政治、科技、文化中心，产业发展重点为依托大学城的"双创"示范基地、文旅创意产业、都市农业等。

北部沿黄生态旅游新区从荥阳黄河中下游分界线为起点向东至中牟雁鸣湖的沿黄区域，城区功能主要是郑州生态屏障、保护与开发，推动黄河国家生态湿地公园建设，重点发展黄河文化、生态文化、生态农业及休闲旅游等。

上街中心主要功能为郑州铝工业、工业技术研发、通用航空及关联产业。

中牟中心主要功能为汽车制造及关联产业、农牧产品及加工、都市农业。

新郑中心主要功能为航空服务业、商贸服务业、物流和仓储业、畜禽养殖业及农产品加工业、黄帝文化及郑韩文化保护与开发。

曲梁中心主要功能为郑州服装工业、服装设计研发、培训、展示等。

新密中心主要功能为高端耐材工业、能源及环保产业、古代文化与山岭生态旅游业。

荥阳中心主要功能为大型装备制造及研发、精密机械、新能源、新材料、林果及特色农产品加工等。

登封中心主要功能为清洁能源、科创信息、华夏历史文明传承与创新、嵩山少林文化旅游及旅游服务业等。

第四节 郑州都市区全域城市化发展战略

郑州都市区全域城市化必须紧紧围绕全面建设国家中心城市这个总目标展开，必须充分利用好所有国家战略规划和平台的政策叠加优势，坚持目标导向和问题导向，着力在以下六个方面取得突破：

一 着力打造国际综合交通物流中枢

按照"国际节点、国家枢纽、区域中心"的发展思路，坚持网络化布局、智能化管理、一体化服务、绿色化发展，推进交通物流基础设施建设，建成高效、便捷的铁路、航空、公路网络和功能完善的综合交通枢纽，构建多式联运体系，建设全方位的物流集疏网络，实现"买全球、卖全球"。

着力加快综合枢纽建设，完善综合交通物流枢纽体系和现代综合交通物流网络；大力发展多式联运，完善联运方式，提升一体化水平；加快冷链物流体系建设，延伸冷链物流产业链条，提升冷链物流发展水平；打造特色物流中心，努力建成国际大宗商品交易中心、全球网购商品集散分拨中心、全国快递物流中心等。

提升交通物流智能化水平，打造交通物流信息平台，建设多式联运全国信息中心，打通物流信息链，推动大数据、物联网和新一代信息技术等前沿技术和交通物流深度融合。

二 着力打造现代产业发展高地

深入对接《中国制造 2025》，做强先进制造业、做大现代服务业、做优都市农业，持续推动产业向高端化、绿色化、智能化、融合化发展，构建具有国际竞争力的现代产业体系，全力提升综合经济实力。

着力打造先进制造业基地，推动战略支撑产业高端发展，充分发挥电子信息、汽车、高端装备制造业优势，建设全球重要的智能终端研发生产基地、世界级汽车生产基地、高端装备产业基地，培育一批万亿级、千亿级产业集群和一批百亿级产业园区；加快战略新兴产业跨越发展，瞄准技术前沿，把握产业变革方向，聚焦核心技术领域，培育新一代信息技术、生物技术、机器人及智能制造装备等一批未来型产业集群；推动制造业与互联网融合发展和制造业模式业态创新，支持制造业企业延伸服务链条，生产模式从以产品制造为核心向产品、服务和整体解决方案并重转变。

着力建设现代服务业中心，推进郑东新区金融集聚核心功能区提升发展，加大龙湖金融岛、金融后台服务园区、金融智谷建设力度，加快发展各类金融配套服务机构，强化金融对外合作机制，打造对接国际、中西部最大的金融集聚服务中心；建设国际商贸中心，建设中西部国际消费中心，鼓励发展多元化电商主体，打造电商集聚区域和网购天堂；建设国际会展名城，推动会展业与文化、旅游等产业融合发展。着力建设现代都市农业示范区，加快第一、第二、第三产业融合发展。

三 着力打造国家重要的创新创业中心

坚持以技术创新引领全面创新，以开放式创新集聚高端要素，加快国家自主创新示范区建设，着力培育新的增长动力和竞争优势，推进新旧动能接续转换，实现经济发展由要素驱动为主向创新驱动为主转变，形成有利于国家中心城市建设的制度环境，建成全国极具活力的创新创业中心。

构筑开放式创新高地，全面融入全球创新体系，高标准建设中原科创谷，引进和培育一批世界一流知名大学，吸引一批世界一流科研院所，支持工业骨干企业利用全球创新资源，开展产品研发设计创新，提升企业核心竞争力。

强化协同创新，推进和鼓励企业、高校、科研院所联合构建产业技术创新战略联盟；提升国家技术转移郑州中心、国家专利审查协作河南中心等机构的辐射能级，建设全国重要的科技成果交易中心和转化高地。

围绕产业链布局创新链，持续强化渐进式创新，紧盯引领产业变革的颠覆性创新，提升产业和企业在全球价值链中的地位。

鼓励企业融入全球产业分工合作，增强整合国内外市场、上下游产业的能力。

培育集聚创新人才队伍，实施更加开放、更有竞争力的创新人才引进政策；完善人才评价激励机制，创新评价标准，建立完善有利于激发人才活力的收入分配制度；推进和保障创新型科技人才的国际交流。

优化创新创业生态，建立具有集聚区域优势的制度环境，营造崇尚创新的文化环境，推进大众创业万众创新。

四 着力打造中西部对外开放门户

深度融入"一带一路"倡议，以自贸区建设为统领，以促进"五个便利化"为重点，全面提升航空港实验区、跨境电子商务综合试验区、国际陆港、海关特殊监管区等开放平台功能，构建全方位对外开放新格局，增强城市国际影响力。

加快自由贸易试验区建设，全面形成与国际投资贸易通行规则相衔接的制度创新体系，营造法治化、国际化、便利化的营商环境。

提升航空港中西部开放门户功能，构建商品、服务、资本和人员往来制度高地，形成国际航空客货运枢纽和国际物流中心，建设国际航空大都市。

持续保持跨境电商综试区创新发展优势，形成一套适应和引领全球跨境电子商务的管理制度和规则，构建彰显枢纽优势和腹地优势的跨境电商务产业链和生态圈。

强化国际陆港功能，推动中欧班列（郑州）高密度、多线路、均衡往返运营，提升国内外货物集疏能力，打造中西部连接"一带一路"沿线国际贸易的重要门户。

全面提升海关特殊监管区规模和功能，加快海关特殊监管区域整合优化，实现优势互补和资源共享。

五 着力推进城市现代化、国际化

坚持以人为核心的新型城镇化发展方向，按照中心城市现代化国际化、县域城镇化、城乡一体化发展思路，以提高城市品质和活力为目标，以更优的布局、更完善的设施、更高的品质、更强的能级，提升城市综合承载力和可持续发展能力。

推进规划设计现代化，把以人为本、尊重自然、传承历史、绿色低碳等理念融入城市规划全过程。推进基础设施现代化，综合开发地上地下空间资源，提升基础性、功能性、网络化的现代高品质基础设施体系。

推进都市交通现代化，提高城市道路建设标准，完善城市道路网络；加快建设轨道交通，形成"主城联网、组团通线、主要功能区高效连接"的轨道交通网络，推进公交都市建设，加快慢行和静态交通设施建设。

强化智慧化基础设施建设，加快构建高速、移动、安全、泛在的新一代信息基础设施，推动信息技术与城市发展全面深入融合。

构建文明开放的国际化城市环境，规划建设生态优美、宜居宜业的高品质公共活动空间、国际社区、城市客厅，优化国际化人居环境；开展国际交往礼仪普及教育活动，提高市民国际交流能力，营造国际化人文环境，营造多元包容、融合东西的文化氛围。

六　着力建设国际文化大都市

传承保护和创新发展古都文化、功夫文化、根亲文化和儒释道文化，提升凝聚荟萃、辐射带动和展示交流功能。

提升嵩山论坛影响力，打造中华文明与世界文明对话交流的重要平台。

强化城市文化设计，塑造具有中原文化特色、传统与现代交相辉映的城市形象。深化对外文化交流，培育一批知名文化品牌。

培养高端文化人才，培养造就一批在国内外享有盛誉的文化名家、艺术大师和文化大使。

以"文化创意+"为引领，大力发展数字传媒、创意设计、动漫游戏等文创产业，推进文化旅游融合发展，创建国家全域旅游示范区，建成全球重要的文化旅游目的地城市。

第六章 郑州建设全国重要的科教中心问题

科技和教育，特别是高等教育，一定意义上是同义语、连体词。无论是从历史看还是从现实看，世界科技中心一定是世界大学中心，只有现代化大学，才有现代化。一方面，大学是科学技术成果的主要产出地，是人才培养的摇篮，而科学技术是第一生产力，人是生产力中最活跃、起决定性作用的因素，引领产业发展，优化产业结构，代表经济发展水平。从这个意义上说，大学是第一资源，是人才和第一生产力的重要来源地，是科学技术的交汇点，是一座城市的发动机，是城市竞争的硬实力。另一方面，大学都是人格化的大学，大学的灵魂是大学文化，而大学文化的核心是大学精神。以人为本的人文精神、追求卓越的创新意识、求真务实的科学态度等，都是大学最重要的、共同的精神支柱与价值信仰，这是大学在发挥文化引领风尚、教育人民、服务社会、推动发展方面的应有作用，在建设中华民族共有精神家园、增强民族凝聚力和创造力方面的应有贡献。因为，一定的科教文化力必然形成一定的文化自信力，对于城市发展来说，就是这座城市的文化高地，最终必将形成城市竞争软实力。1809年，人类诞生的最早的大学——德国洪堡大学，始终把"在最深入、最广泛的意义上培植科学，使之服务于全民族的精神和道德教育"作为立身的根本原则，形成了"学术自由、教研结合"的洪堡精神，创造和引领了人类的科技文明。[1] 第一次工业革命之所以发生在英国，是与牛津大学、剑桥大学的创新发展和卓越贡献分不开的。第二次世界大战后，美国为何一直领先于世界，这与美国拥

---

[1] 白靖宇：《借鉴"洪堡精神"加快大学改革》，《陕西日报》2005年5月11日。

有世界一流大学是分不开的。因此，本章的思想逻辑是以教促科，科教一体，成为城市核心竞争力。

第一节 科教在我国城市分级结构体系中的作用

随着经济全球化和新经济浪潮的不断涌现，经济资源在全球范围自由、大量地流动，不断地重组，新经济成为推动经济激烈竞争和快速增长的一种经济发展模式。这对每个城市来说，既是机遇也是挑战。而在此背景下，城市在各国和世界经济中的地位也越发重要，城市之间的竞争也更加激烈，特别是以科技和教育为核心的人才竞争成为城市的核心竞争。因此，推动科教事业发展，提升城市的竞争力便受到各国、各级政府的高度重视。

城市科教发展作为促进城市经济发展和城市现代化的推动力，是城市核心竞争力的重要组成部分。而且，在现代经济中，现代经济发展的本质和现代科教发展的方向相一致决定了城市科教发展对城市经济增长和现代化进程的作用已经越来越明显和强烈，科教结构与水平决定产业结构与水平，产业升级、结构调整，归根结底，是由科教发展所决定的。因此，城市科教发展在城市核心竞争力的地位也已经越来越重要。[①] 第一，现代经济与现代科教已经逐渐融为一体，城市科教发展直接体现为城市的经济发展；第二，在新的市场竞争中，科教发展优势取代传统经济发展优势越来越明显，城市科教发展水平直接体现为城市的市场竞争优势；第三，经济发展机制和科教创新机制的相互要求越来越紧迫，城市科教发展水平体现为城市的创新力；第四，市场经济对科教发展的要求越来越高，城市科教发展水平表现为城市资源配置力；第五，科教发展在城市经济发展中的重要地位使城市科教发展水平表现为一

---

① 寇亚辉：《城市核心竞争力论》，博士学位论文，四川大学，2004年。

种产业的聚集力。弗兰西斯·福山在《信任：社会美德与创造经济繁荣》一书提出，在当今世界，决定经济竞争力的主要因素已转移为由科教文化所建构的社会信任与合作；① 托夫勒认为，军事力量和经济力量将不再作为衡量国家实力的主要指标，知识的控制是明日争夺世界权力的焦点，谁家的科教文化成为主流科教文化，谁就是国际权力斗争的赢家。约瑟夫·奈也指出，在当今世界，倘若一个国家的科教文化处于中心地位，别国就会自动地向它靠拢，倘若一个国家的价值观支配了国际政治秩序，它就必然在国际社会中居于领先地位。②

一 我国城市等级及科教等级划分情况

城市等级划分，事实上是城市综合竞争力评价的结果。集中体现在一个城市所具有的吸引、争夺、拥有、控制和转化资源，争夺、占领和控制市场、创造价值，为其居民提供福利的能力，也是一个城市在一定区域范围内集散资源、提供产品和服务的能力，体现在城市经济、社会、科教、环境等综合发展能力方面。以下从我国城市等级划分、城市科技创新等级划分、城市硬科技发展指数排名等方面的情况可以看出，要成为区域、国家乃至世界中心城市，科教必须处于中心位置。

（一）我国城市等级划分情况

第一财经新一线城市研究所对中国338个地级以上城市再次排名，发布了《2018年中国城市商业魅力排行榜》。新的榜单沿用了以往商业资源集聚度、城市枢纽性、城市人活跃度、生活方式多样性和未来可塑性五个维度的评估标准，以此综合计算得到的结果是，四个一线城市在各自的两个梯次中调换了位置——由"北上广深"变为"上北深广"。15个"新一线"城市的席次也有一些改变，依次是成都、杭州、重庆、武汉、苏州、西安、天津、南京、郑州、长沙、沈

---

① [美]弗朗西斯·福山：《信任：社会美德与创造经济繁荣》，郭华译，广西师范大学出版社2016年版，第6页。
② [美]约瑟夫·奈：《权力大未来》，王吉美译，中信出版社2012年版，第56—57页。

阳、青岛、宁波、东莞和无锡。上述五个维度的评估标准，核心因素是科教。没有科技与教育的发展，城市商业资源集聚度、城市枢纽性、城市人活跃度、生活方式多样性和未来可塑性都无法形成支撑，更难以可持续发展。

（二）我国城市科技创新等级划分情况

2017年，首都科技发展战略研究院在北京发布了年度重点研究报告——《中国城市科技创新发展报告（2017）》（以下简称《报告》），对中国287个地级及以上城市的科技创新发展情况进行了研究并进行了排名比较，指标体系见表6-1。

表6-1　　　　　　中国城市科技创新发展指数指标体系

一级指标	权重（%）	二级指标	权重（%）	序号	三级指标	正逆	权重（%）
创新资源	14.3	创新人才	8.6	1	每万人在校大学生数	正	2.86
				2	城市化水平	正	2.86
				3	万名从业人口中科学技术人员数	正	2.86
		研发经费	5.7	4	地方财政科技投入占地方财政支出比重	正	2.86
				5	地方财政教育投入占地方财政支出比重	正	2.86
	20.0	政策环境	5.7	6	每万人吸引外商投资额	正	2.86
				7	企业税收负担	正	2.86
		人文环境	5.7	8	每百人公共图书馆藏书拥有量	正	2.86
				9	每百名学生拥有专任教师人数	正	2.86
		生活环境	8.6	10	每千人口拥有医院床位数	正	2.86
				11	城市人均公园绿地面积	正	2.86
				12	每万人拥有公共汽车数	正	2.86
创新服务	14.3	科技条件	5.7	13	每万人移动电话用户数	正	2.86
				14	每万人互联网宽带接入用户数	正	2.86
		金融服务	8.6	15	新三板上市企业数	正	2.86
				16	年末金融机构贷款余额增长率	正	2.86
				17	创业板上市企业数	正	2.86

续表

一级指标	权重(%)	二级指标	权重(%)	序号	三级指标	正逆	权重(%)
创新绩效	51.4	科技成果	5.7	18	每万人 SCI/SSCI/A & HCI 论文数	正	2.86
				19	每万人发明专利授权量	正	2.86
		经济产出	11.4	20	城镇居民人均支配收入	正	2.86
				21	地均 GDP	正	2.86
				22	第二产业劳动生产率	正	2.86
				23	第三产业劳动生产率	正	2.86
		结构优化	5.7	24	第三产业增加值占地区 CDP 比重	正	2.86
				25	高科技产品进出口总额占地区 GDP 比重	正	2.86
		绿色发展	14.3	26	万元地区生产总值水耗	逆	2.86
				27	万元地区生产总值能耗	逆	2.86
				28	城市污水处理率	正	2.86

资料来源：首都科技发展战略研究院：《中国城市科技创新发展报告（2017）》，http://www.cistds.org/content/details36_704.html。

根据《报告》，中国城市科技创新发展指数排名前 20 位的城市依次是（前 10 名见表 6-2）：北京、深圳、上海、广州、东莞、天津、武汉、杭州、南京、苏州、厦门、海口、珠海、长沙、西安、呼和浩特、成都、中山、乌鲁木齐和青岛。在地级市中，东莞、苏州、珠海、中山、鄂尔多斯、无锡、佛山、常州、三亚、大庆排名前 10 位。

表 6-2　城市科技创新发展指数及排名

指标城市	科技创新发展指数		一级指标							
			创新资源		创新环境		创新服务		创新绩效	
	指数	排名	指数	排名	指数	排名	指数	排名	指数	排名
北京	0.587	1	0.603	2	0.344	10	0.546	1	0.689	2
深圳	0.587	2	0.414	25	0.698	1	0.621	1	0.582	3
上海	0.499	3	0.466	17	0.338	11	0.313	4	0.623	2
广州	0.464	4	0.602	3	0.390	5	0.263	6	0.511	4

续表

指标	科技创新发展指数		一级指标							
			创新资源		创新环境		创新服务		创新绩效	
城市	指数	排名	指数	排名	指数	排名	指数	排名	指数	排名
东莞	0.450	5	0.465	18	0.611	2	0.416	3	0.396	24
天津	0.416	6	0.469	15	0.316	23	0.253	10	0.486	5
武汉	0.405	7	0.508	9	0.315	24	0.207	18	0.466	6
杭州	0.391	8	0.488	11	0.322	18	0.175	31	0.450	8
南京	0.390	9	0.609	1	0.277	49	0.144	59	0.441	10
苏州	0.384	10	0.315	55	0.359	8	0.255	8	0.448	9

资料来源：首都科技发展战略研究院：《中国城市科技创新发展报告（2017）》，http://www.cistds.org/content/details36_704.html。

表6-2中，北京、上海、广州、深圳毫无悬念稳居一线城市之列。东莞、天津、武汉、杭州、南京、苏州、厦门、海口、珠海、长沙等城市归列第二阵营。第二阵营中的城市或为直辖市，拥有雄厚的经济基础和庞大的中产阶层人群，以及可观的政治资源；或为区域中心城市，对周边多个省份具有辐射能力，有雄厚的教育资源、深厚的文化积淀和便利的交通；或为东部经济发达地区的省会城市和沿海开放城市，有良好的经济基础、便利的交通和独特的城市魅力。这些城市也理所当然是各大公司的战略要地。

（三）我国城市硬科技发展指数排名

2017年11月7—8日"2017全球硬科技创新大会"发布了《2017年中国城市硬科技发展指数报告》，公布了国内重要城市的硬科教发展综合指数排名，见图6-1，该报告由中国科协创新战略研究院、清科研究中心共同研究制定，主要围绕硬科教八大领域（人工智能、航空航天、生物技术、光电芯片、信息技术、新材料、新能源和智能制造），从中国城市硬科教发展的资源基础、科教产业化潜力、科教产出及应用水平、市场及投资热度四个维度进行评价体系设计，对包括直辖市、计划单列市、副省级省会城市、省会城市以及其他重要经济城市在内的24个考察城市的硬科教发展状况进行了综合评价与分析。城市排名依次为北京、上海、广州、南京、武汉、西安、天津、杭州、深圳、成都、重庆、苏州、哈尔滨、合肥、青岛、长沙、沈阳、无锡、宁波、大连、厦门、济南、长春、珠海。

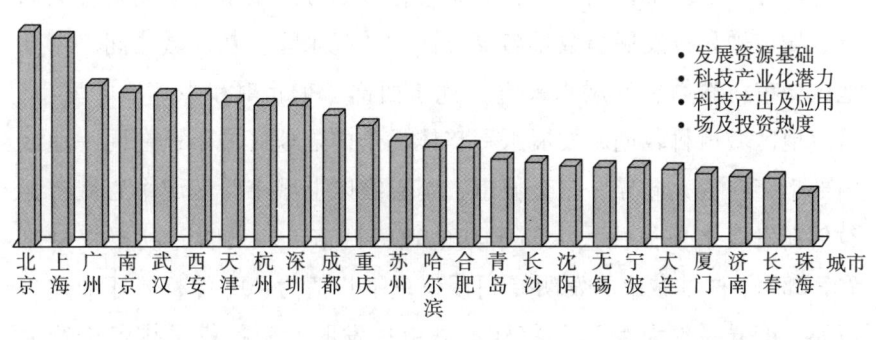

图 6-1 硬科教发展综合指数排名

资料来源：2017 全球硬科技创新大会：《2017 年中国城市硬科技发展指数报告》，新华网，http://cx.xinhuanet.com/2017-11/08/c_136736099.htm，2017-11-08。

二 科教在城市分级中的作用

中共十九大报告提出："加快建设创新型国家，要瞄准世界科教前沿，强化基础研究，实现前瞻性基础研究、引领性原创成果重大突破。加强应用基础研究，拓展实施国家重大科教项目，突出关键共性技术、前沿引领技术、现代工程技术、颠覆性技术创新，为建设科教强国、质量强国、航天强国、网络强国、交通强国、数字中国、智慧社会提供有力支撑"，并且强调"必须把发展经济的着力点放在实体经济上。"① 中国城市在科教研究型创新领域有着极大的突破空间，以"硬科技"为代表的科教创新已成为推动城市发展的强大动力，充分发挥硬科技的产业化潜力，加快发展先进制造业，推动"硬科技+实体经济"深度融合，是城市实现创新发展的关键之路。

---

① 央广网：《党的十九大报告全文》，http://news.cnr.cn/native/gd/20171027/t20171027_524003098.shtml。

(一) 科教创新发展导致城市呈梯度分布格局

我国地级以上城市之间的科教创新发展差异悬殊,目前已形成以省会城市和副省级以上城市为龙头以及东部、中部、西部城市创新发展梯度分布的基本格局。从我国城市等级划分、城市科技创新等级划分、城市硬科技发展指数排名等方面的情况来看,在区域之间,东部地区城市科教创新发展水平整体优于西部、东北部和中部地区城市,沿海地区城市科教创新发展水平整体优于内陆地区城市;在同一地区内部也存在很大差异,省会城市、副省级以上城市等区域中心城市科教创新发展水平往往大大高于其他地级城市。从发明专利授权量来看,287 个样本城市的发明专利授权量平均值为 402 件,但标准差达 1708,变异系数为 4.2。[1] 将样本城市按发明专利授权量排名进行分组后可以发现,排名前 50 位的城市平均发明专利授权量为第 51—100 位城市平均值的 12 倍,我国地级以上城市的科教创新发展差异悬殊。[2]

(二) 城市经济发展水平与科教创新发展水平显著正相关

中国城市科教创新发展水平与城市经济发展水平呈现出显著的正相关关系,表明城市经济发展水平可以在相当程度上解释城市科教创新发展状况。本书以城市人均 GDP 衡量城市的经济发展水平,根据 2014 年世界银行公布的收入分组标准将城市进行分组。统计结果显示,样本城市中无低收入组城市,城市科教创新发展指数排在前 10 位的城市全部位于高收入组,人均 GDP 均超过 12735 美元,在区域城市体系中,经济增长保持强劲态势,现代产业基础坚实,生产要素配置高效,新兴产业蓬勃发展,总体处于区域经济发展价值链的高端环节,对区域经济发展和协同创新发展具有很强的辐射带动作用。

(三) 城市群科教创新发展差距悬殊,导致城市分级标志明显

通过城市群科教创新发展评价指标体系,计算得到各城市群的科

---

[1] 首都科技发展战略研究院:《中国城市科技创新发展报告 (2017)》,http://www.cistds.org/content/details36_704.html。

[2] 同上。

教创新发展指数及排名。城市群科教创新发展指数从高到低的综合排名如下：珠三角城市群、长三角城市群、京津冀城市群、山东半岛城市群、辽中南城市群、哈长城市群、长江中游城市群、关中平原城市群、海峡西岸城市群、成渝城市群、中原城市群。城市群科教创新发展指数均值为 0.366，中位数为 0.322，标准差为 0.136。[①] 在 11 个城市群中，科教创新发展指数最大值为 0.567，最小值为 0.168，其中，珠三角城市群、长三角城市群、京津冀城市群和山东半岛城市群的科教创新发展水平均高于平均值，而中原城市群的科教创新发展与其他城市群间存在较大差距。

（四）发展资源基础指数、科教产业潜力、科教产出、投资热度与经济程度密切相关

从发展资源基础指数来看，除个别城市外，高端人才资源、研发机构资源在城市间的分布相对一致，整体呈"南多北少"局面；24 个城市在科研投入强度上的差距较大，传统发达城市和南方新兴经济城市明显高于其他城市。从科教产业化潜力指数来看，上海市的科教进步基础、国家级开发区建设、创新创业活力优势突出，科教产业化潜力巨大；西安、重庆、南京、哈尔滨等城市在国家级开发区建设、军民结合产业发展方面的基础较好；广州、深圳、杭州、天津、苏州等城市则在综合科教进步水平、"互联网＋"发展方面具有突出优势；从科教产出指数来看，西安、武汉、南京、广州、成都、苏州、合肥等的高新技术成果转化能力相对较强，技术市场规模较同等级别城市具有明显优势；重庆、西安、深圳、哈尔滨等的战略新兴产业发展、军民结合产业基地建设成绩突出，硬科技整体创新应用产出能力较强；广州、成都、杭州、宁波、青岛等城市的科技研发成果基础较好，但硬科技创新应用产出潜力尚未充分发挥。从市场及投资热度指数来看，硬科技领域市场及投资热度具有明显的"分级"特征，前 3 名城市处于第一梯队，排名 4—9 位的 6 个城市处于第二梯队，排名

[①] 首都科技发展战略研究院：《中国城市科技创新发展报告 (2017)》，http://www.cistds.org/content/details36_704.html。

10—18位的9个城市处于第三梯队；虽然相邻梯队的城市差距并不大，但硬科技领域投资明显集中于一、二梯队城市。[①] 由此可见，郑州在硬科技发展中并没有优势，反而在新一线城市中榜上无名，大大降低了郑州在全国的地位。科教作为发动机，没有科教中心的建成就难有郑州在城市分级中的重要地位，更难以建成国家中心城市。

第二节 郑州科教资源调查分析

一 郑州市科教现状的数量分析

截至2017年，河南省共有高等院校134所，其中，郑州市拥有57所，占全省高校数的42.5%，居于绝对的优势地位；河南省高校教职工人数共计138111人，其中，郑州市高校教师人数为60800人，占全省高校教师的44%；河南省在校生人数1812263人，其中，郑州市高校学生有889322人，占河南省高校生人数的49%。[②]

与十年前的2007年相比，整个河南省的高等教育从数量和质量上都得到了长足的发展，郑州市也不例外。2007年，河南省共有高等院校82所，其中，郑州市拥有39所，占河南省高校数的47.5%；河南省高校教职工人数共计88217人，其中，郑州市高校教师人数为38863人，占河南省高校教师的44%；河南省在校生人数1095195人，其中，郑州市高校学生有495719人，占河南省高校生人数的45.2%。为直观起见，列于表6-3中。

河南省高等教育从2007—2017年，经历了十年的发展，高校数量增加了52所，增长63%；而郑州市的高校增添了18所，增长46.1%。同时，高校数量在河南省的占比也由47.5%下降为42.5%，降低5个百分点。与河南省高校数量的增长相比，郑州市高校数量增

[①] 首都科技发展战略研究院：《中国城市科技创新发展报告（2017）》，http://www.cistds.org/content/details36_704.html。

[②] 《郑州市统计局统计公报》，http://tjj.zhengzhou.gov.cn/tjgb/index.jhtml。

速虽然稍微缓慢，但是，高校教师和在校生人数在河南省的占比始终维持在45%左右，说明郑州的发展与全省的发展速度基本持平。

表6-3　　　　郑州市高等教育发展在全省的位置

年份	高校数量	占全省比重（%）	教职工人数	占全省比重（%）	在校生数量	占全省比重（%）
2007（河南/郑州）	82/39	47.5	88217/38863	44	1095195/495719	约45
2017（河南/郑州）	134/57	42.5	138111/60800	44	1812263/889322	约49

我们可以拿临近的陕西省西安市做一个对比。截至2017年，陕西省拥有高校118所，其中，西安市占有76所，占陕西省的64.4%。省会城市高校数量占比，比郑州市的42.5%约高出22个百分点，陕西省的高校明显更为集中。陕西省高校在校生人数为1552994人，其中，西安市大学生人数为1164515人，占陕西省大学生人数的74.9%，与郑州市的49%相比，则高出了近26个百分点。因此，与西安市相比较，郑州市的教育资源虽然占据全省的半壁江山，但与其他中心城市比较，中心地位未能凸显出来，仍然有较大提升空间。

二　郑州市科教现状的质量分析

就高校毕业生的层次而言，2016年，河南省共有高校毕业生483043人，其中，专科生人数240227人，几乎是全部毕业生的一半，即49.7%。2016年，陕西省共有高校毕业生473983人，其中，专科毕业生为137544人，占毕业生总人数的29%。相比而言，河南省高校的办学层级普遍较低。"985"高校、"211"高校只有郑州大学1所，自2017年实施"双一流"政策以来，河南省有郑州大学和河南大学两所学校跻身其中。反观临近的陕西省西安市，共有包括西安交通大学、陕西师范大学、长安大学在内的8所大学跻身"双一流"，从数量上是河南省的4倍。

就河南省2016年获得硕士和博士研究生学位的人数而言，其中，硕士毕业生共11632人，博士毕业生322人，合计11954人。研究生与高校毕业生的人数比例是2.47%。而同年陕西省高校毕业生总人数有473983人，其中，毕业研究生总人数为28104人，研究生人数占高校毕业生总人数的5.92%。与河南省的2.47%相比，这个比例基本上是河南省的两倍。[①] 而两省高校毕业生的总人数基本上是持平的，从这个数据也可以看出，河南省高校在高层次的办学水平上尚有待提高。从研发投入和产出方面来看，从河南省内部进行比较，我们看到，2016年河南省研究与试验发展项目共计41513项，项目经费内部支出4437380万元，其中，郑州市获得16310项，共计经费1281459万元。郑州市科研项目占全部项目的39.28%，经费占28.87%，与省内其他地市相比，占据绝对优势。从科研项目的产出情况来看，2016年，河南省授权的发明专利数共有2292项，其中，郑州有944项，占河南省发明专利总数的41.18%。

与同时期的陕西省西安市相比（见表6-4），2016年，陕西省全省的研究与实验发展内部经费支出共计419.56亿元，总体数量比河南省少约24亿元。西安市2016年获得的经费支持共计325.55亿元，占全省的77.56%，这个数字远远高于郑州市占河南省28.87%的比重。2016年，陕西省共授权发明专利7503项，其中，西安市占据6686项，是陕西省专利总数的89.11%。相比而言，郑州市还有很大的发展空间。

表6-4　　　　　郑州市与西安市科教现状质量对比

年份（省、市）	高校毕业生	专科毕业生	占高校人数比例（%）	"双一流"高校（2017年）	硕博毕业人数	占全省高校毕业人数比例（%）	研究与试验发展项目	占全省比例（%）	项目经费（亿）	占全省比例（%）	专利数目	占全省比例（%）
2016（河南/郑州）	483043	240227	49.7	2	11954	2.47	41513/16310	39.28	443.73/128.14	28.87	2292/944	41.18

① 《郑州市统计局统计公报》，http://tjj.zhengzhou.gov.cn/tjgb/index.jhtml。

续表

年份(省、市)	高校毕业生	专科毕业生	占高校人数比例(%)	"双一流"高校(2017年)	硕博毕业人数	占全省高校毕业人数比例(%)	研究与试验发展项目	占全省比例(%)	项目经费(亿)	占全省比例(%)	专利数目	占全省比例(%)
2016(陕西/西安)	473983	137544	29	8	28104	5.92	缺	缺	419.56/325.55	77.56	7503/6686	89.11

第三节 我国中心城市科教水平比较

通过对北京、上海、天津、广州、重庆、成都和武汉7个国内中心城市的科教水平进行总体比较，找出郑州市在科教中心城市建设中的优势、差距和不足。

一是北京市。截至2016年，北京市共有普通高等院校91所，其中包括北京大学、清华大学、中国人民大学、北京师范大学等全国著名的学府。在91所高校中，"211"高校26所，"985"高校8所，"双一流"高校32所；本科院校共计66所，专科院校25所。2016年，北京市高校普通本专科毕业生共计588389人，其中，硕士研究生68382人，博士研究生14243人，研究生人数与普通本专科毕业生人数的比例是14.04%，远远高于郑州市同期2.47%的比例。北京市高等教育专任教师人数为69374人。

北京是全国最大的科学技术研究基地，有中国科学院、中国工程院等科学研究机构和号称中国硅谷的北京中关村科教园区，每年获国家奖励的成果占全国的1/3。2015年，北京市研究与试验发展（R&D）经费支出1367.5亿元，比上年增长7.8%，占地区生产总值的比例由2010年的5.82%提高到2015年的5.95%。北京市研究与试验发展（R&D）活动人员35.5万人，比上年增长3.4%。专利申请量与授权量分别为156312件和94031件，分别增长13.2%和25.9%，其中，发明专利申请量与授权量分别为88930件和35308件，分别增长13.8%和51.9%。全年共签订各类技术合同72272项，增长7.4%；技术合同成交总额3452.6亿元，增长10.1%。①

2016年，北京市研究与实验发展经费内部支出总计1484.57亿元，授权专利项目合计100578项。图书馆总藏书量达6229万册。目前，北京市拥有国家重点实验室79所。

二是上海市。截至2016年，上海市拥有高校64所，其中，本科高校38所，专科高校26所。普通高校在校生人数总计51.47万人，其中，获得硕士学位人数为34724人，获得博士学位人数为5009人，研究生人数总计39733人，在校研究生人数为144987人，与普通高校本专科毕业生的人数比例为28.17%。普通高校专任教师人数为42308人，其中，教授7805人，副教授13759人。每万人中在校大学生人数为213人。2016年，上海市研究与试验发展经费支出共计1049.32亿元，授权专利数量为64230项。图书馆藏书总计7676.41万册，上海市目前拥有国家重点实验室32所。

2017年，全年共认定高新技术成果转化项目493项。其中，电子信息、生物医药、新材料等重点领域项目占87.4%。至2017年年末，共认定高新技术成果转化项目11462项。全年受理专利申请131746件，其中，发明专利申请54633件。全年专利授权量为70464件，其中，发明专利授权量为20681件。全年PCT国际专利受理量为2100件，比上年增长34.6%。至年末，全市有效发明专利达100433件，每万人口发明专利拥有量达41.5件，比上年增长17.9%。

三是天津市。截至2017年，天津市共有高校55所，其中，本科高校30所，专科高校25所。天津市有5所大学入选"双一流"计划。2017年，天津市高校在校生人数共计513842人，其中，本科生有337252人，专科生有176590人，在校研究生共计54491人，天津市高等教育中在校研究生与在校本专科学生的比率为10.6%。2017

---

① 《北京统计年鉴》，http://tjj.beijing.gov.cn/nj/main/2017-tjnj/zk/indexch.htm。

年，天津市高校毕业研究生人数是16997人，其中，博士研究生1685人，硕士研究生15312人。

2017年，天津市科教创新成果丰硕。全市19项科教成果获得国家科学技术奖，其中，技术发明奖2项，科教进步奖17项。全年完成市级科教成果2300项，其中，属于国际领先水平78项，达到国际先进水平264项。全年签订技术合同12512项，合同成交额658亿元，增长9.3%；技术交易额497亿元，增长14.1%。①

四是广州市。截至2016年，广州市拥有高等院校82所，在校普通高校学生1057281人，每万人中约有1214名为在校大学生，数量居全国第一位。2016年，广州市高等教育机构共招收研究生28563人，其中，博士研究生3617人。广州集聚了全省97%的国家重点学科、80%的高校，是中国高等教育最发达的城市之一，也是中国南方高校最密集的城市，华南地区的科教中心。

2016年年末，广州有县级及以上国有研发机构、科教情报和文献机构152个。全市在穗院士人数42人，其中，中国科学院院士18人和中国工程院院士21人，以及国外、境外机构获评院士3人；拥有国家工程技术研究中心18家，国家级企业技术中心24家，国家重点实验室19家；省级工程技术研究中心共658家，市级企业研发机构1734家；省级重点实验室191家，市级重点实验室137家；国家级、省级大学科教园6个。

2017年，广州新增高新技术企业4000家以上，增量仅次于北京，总数超过8700家。2017年，广州专利申请量11.8332万件，同比增长33.3%，其中，发明专利申请量3.6941万件，同比增长29.5%；PCT国际专利申请量2441件，同比增长48.7%；发明专利授权量9345件，同比增长21.9%。②

五是重庆市。截至2017年，重庆市有普通高等教育学校65所，其中，本科高校25所，专科40所，在校生73.2475万人，毕业生

---

① 《天津统计年鉴》，http：//stats.tj.gov.cn/Item/27111.aspx。
② 《广州统计年鉴》，http：//210.72.4.52/gzStat1/chaxun/njsj.jsp。

21.09万人。2017年,重庆市毕业研究生人数共计15378人,其中,博士研究生925人,硕士研究生14453人,在校在读研究生52156人,与本专科在校生的比例为7.12%。

2017年,重庆研究与试验发展(R&D)经费支出约350亿元。截至2017年年底,市级及以上重点实验室共148个,其中,国家重点实验室8个。工程技术研究中心共527个,其中,国家级中心10个。企业工程技术研究中心164个。全年共受理专利申请6.5万件,其中,发明专利申请1.9万件。获得专利授权3.5万件,其中,发明专利授权6138件。截至2017年年底,有效期内高新技术企业2027家,有效发明专利2.2万件;全年技术市场签订成交合同2129项,成交金额121.7亿元。①

六是成都市。截至2016年年末,成都市有普通高等学校56所,在校学生79.2万人,专任教师4.9万人;成都市共有8所高校跻身"双一流"队列。四川省高校共计109所,其中,成都市拥有高校56所,占全省高校总数的一半以上。全省高校毕业生人数361510人,成都市就有190544人,占全省高校毕业生人数的52.7%。2007年11月21日,国家知识产权局正式将全国第一个"国家知识产权工作示范城市"称号授予成都市。2014年,成都市专利申请、发明专利申请的数量分别为2012年的1.73倍和2.56倍,居副省级城市第二位和第四位,居中西部城市第一位,每万人有效发明专利10.3件;截至2014年年底,全市累计有效注册商标达14.7万件,其中,中国驰名商标98件,四川省著名商标559件,占全省的40.9%,成都市著名商标604件,保持中西部城市领先优势。此外,成都市软件及其他作品版权超过1万件;地理标志保护产品达到38个,在副省级城市中排名第一。

2016年,组织实施科教计划项目3483项,年内新上科教项目2540项,其中,国家级568项,省级734项。科教项目投入资金12.6亿元,完成科教攻关521项,完成火炬计划324项,新认定高新

---

① 《重庆统计年鉴》,http://www.cqdata.gov.cn/。

技术企业 344 家。共申请专利 98251 件，其中，发明 39500 件，实用新型 37414 件；专利授权 41309 件，其中，发明 7202 件，实用新型 19226 件。①

七是武汉市。截至 2017 年，武汉有普通高校 88 所，在校研究生 11.5 万人，在校本科及大专生 95.68 万人，教育部直属全国重点大学 7 所；在校大学生和研究生总数 107.26 万人。在校研究生人数与在校本科生人数的比率为 12.09%。目前，武汉市拥有国家重点实验室 20 个，其中，国家工程实验室 3 个，国家级工程技术研究中心 27 个，国家级科教企业孵化器 30 家，国家 "863" 计划成果产业化基地 10 个；两院院士 68 人，教育部重点实验室数百所。全年登记重大科教成果 139 项，获国家奖 27 项。全年受理专利申请 44826 件，授予专利权 22967 件，其中，授予发明专利 6514 件。每万人发明专利拥有量 23.05 件。全年技术市场合同成交额 504.21 亿元，比上年增长 7.0%。

武汉市拥有高新技术企业 2177 家，比上年新增 521 家。2017 年 "四上"（指规模以上工业企业、限额以上批零住餐企业、规模以上服务业企业、资质以内的建筑业企业和房地产开发经营企业）高新技术企业实现高新技术产值 8446.11 亿元，增长 12.6%；高新技术产业增加值 2423.18 亿元，增长 8.4%，占 GDP 的 20.3%。②

中心城市科教水平信息如表 6-5 所示。

表 6-5　　　　　　　中心城市科教水平信息

城市	高校数量（所）	重点高校数量（双一流）（所）	年毕业大学生人数（万）	年毕业研究生人数（万）	研发经费（亿元）	专利授权数量（件）	国家重点实验室（个）	馆藏图书（万册）
北京	91	32	58.8	8.26	1484	100578	79	6229
上海	64	13	17.4	8.17	1049	64230	32	7676

---

① 《四川统计年鉴》，http://www.sc.stats.gov.cn/tjcbw/tjnj/。
② 《武汉统计年鉴》，http://www.whtj.gov.cn/newslist.aspx?id=2012111010455712。

续表

城市	高校数量（所）	重点高校数量（双一流）（所）	年毕业大学生人数（万）	年毕业研究生人数（万）	研发经费（亿元）	专利授权数量（件）	国家重点实验室（个）	馆藏图书（万册）
天津	55	5	16	1.70	缺	缺	13	缺
广州	82	5	25	2.85	缺	48313	19	缺
重庆	65	2	21	1.54	350	35000	8	缺
成都	56	8	19.1	缺	缺	41309	9	1708
武汉	88	7	29	缺	缺	22967	20	1549
郑州	57	1	21.5	缺	缺	缺	1	缺

资料来源：笔者根据有关资料整理。

第四节 我国中心城市科教发展战略比较

"十三五"时期（2016—2020年）是我国全面建成小康社会的决胜阶段，是中华民族由富起来走向强起来的关键时期，是创新型国家建设的重要时期。各中心城市高度重视科教创新与发展，着力通过创新主体，特别是高等教育的发展推进科技创新，进而提升城市竞争力和城市发展质量。

一 北京科教创新发展战略

为了服从服务国家发展战略，树立全球视野，发挥首都科教资源优势，加快建设具有全球影响力国家创新战略高地，成为国家自主创新重要源头和原始创新主要策源地，北京市采取了如下战略举措。[1]

（一）创新政府科教服务方式

加强创新平台建设，支持有特色、高水平大学和科研院所建设，推动央地、高校院所、企业协同创新，深化军民融合创新，推动科教

---

[1] 参见《北京市国民经济和社会发展第十三个五年规划纲要》，http://zhengce.beijing.gov.cn/zfwj_search/searchForZhengFuWenJianMulti。

资源共享。坚持战略和前沿导向，积极对接国家重大科学计划、重大科教专项，建立面向全球的重大技术培育发现引进机制，争取突破一批核心关键技术，形成若干战略性技术和战略性产品。

（二）强化企业创新主体地位和主导作用

形成一批有国际竞争力的创新型领军企业，支持科教型中小企业健康发展。深入落实并继续推出鼓励创新的先行先试政策，积极构建普惠性政策支持体系，显著提高科研人员科教成果转化收益比例，支持科研人员专职办企业，激发科教人才创新创业活力。深入推进科教金融中心建设，壮大"新三板""四板"市场，促进互联网金融健康发展。深化知识产权领域改革，加强知识产权运用和保护。加强创新文化建设，营造有利于创新的社会氛围。

（三）要充分发挥中关村国家自主创新示范区引领支撑和辐射带动作用

面向全球整合创新资源和创新链条，加强中关村人才管理改革试验区建设，优化区域创新创业生态系统，打造中关村创新创业、知识产权保护、科教金融等科教服务品牌，加快融入国际创新网络。坚持把中关村核心区建设放在突出位置，改造提升区域功能，强化高端创新资源配置，提升国际化发展水平。完善"一区多园"统筹发展机制，探索园区新型管理运营模式。

（四）积极推动形成京津冀协同创新共同体

推进实施全面创新改革试验，促进科教创新资源和成果开放共享，共同培育壮大企业技术创新主体，协同突破科教创新重点领域，加强科教成果转化服务体系建设，构建区域科教功能分工明确、产业链与创新链高效衔接、创新要素有序流动与共享的创新驱动发展格局。

二 上海科教创新发展战略

（一）建设世界一流科研大学和学科，汇聚培育全球顶尖科研机构和一流研究团队

大力吸引海内外顶尖实验室、研究所、高校、跨国公司来沪设立全球领先的科学实验室和研发中心。聚焦生命、材料、环境、能源、

物质等基础科学领域，发起设立多学科交叉前沿研究计划。探索实施科研组织新体制，建立符合科学规律、自由开放的科学研究制度环境，探索改革国家重大科教基础设施运行保障制度。①

（二）扩大科研院所自主权，赋予创新领军人才更大的人财物支配权、技术路线决策权

构建市场导向的科教成果转移转化机制，完善科教成果的使用权、处置权、收益权归属制度，探索实施科教成果转化普惠税制。实施激发市场创新动力的收益分配制度，大幅提高科教成果转化收益中科研人才收益的比例，建立职务发明法定收益分配制度，探索完善股权激励机制和配套税征制度。

（三）建设各具特色的科教创新中心重要承载区

着力打造全球化的创新创业生态系统，推进国家全面创新改革试验、国家自主创新示范区、自贸试验区联动发展，把张江国家自主创新示范区建设成为创新环境开放包容、创新主体高度集聚、创新要素自由流动的国际一流科教园区。把紫竹国家高新技术产业开发区打造成为科教成果转化示范区。推进杨浦国家创新型试点城区产城融合、学城融合，建设万众创新示范区。在嘉定新兴产业发展示范区建设半导体芯片和传感器、新能源汽车、高端医疗装备等领域产业研发平台。建设漕河泾科教服务示范区，打造临港智能制造示范区。鼓励各区县因地制宜，主动作为，闯出各具特色的创新发展新路。

（四）健全科教中介等创新创业服务体系

支持科教型中小企业健康发展，培育一大批领军型创新企业。实行严格的知识产权保护，推进创新主体运用国际知识产权规则的能力建设，提升知识产权质量和效益，深化知识产权领域改革，发展知识产权服务业，加强知识产权交易平台建设，推进上海亚太知识产权中心城市建设。

三 天津科教创新发展战略

天津坚持推动以科教创新为核心的全面创新，积极培育新产业、

---

① 参见《上海市国民经济和社会发展第十三个五年规划》，http://www.shanghai.gov.cn/nw2/nw2314/nw39309/nw39385/index.html。

新业态、新技术、新模式,促进三次产业融合发展,构筑现代产业发展新体系,建设全国产业创新中心和国际创新城市。① 具体战略如下:

(一)培育创新发展新动力

以重大创新平台建设为抓手,集聚一批国家级科研院所和高端研发机构,提升一批重点实验室、工程中心、生产力促进中心、科教孵化器,打造一批产业技术研究院和创新战略联盟,加强应用基础与前沿技术研究,深入实施智能制造、新药创制等一批重大科教专项和创新示范工程。建设京津冀协同创新共同体。实施科教成果处置权收益权改革,推进科研院所改革,建立健全科教和金融结合机制,更好发挥中小微企业贷款风险补偿机制作用,大力发展天使、创业、产业投资,鼓励支持科教企业股改上市、再融资和并购重组。加强知识产权保护和运用,营造激励创新的良好生态。

(二)打造先进制造新高地

瞄准世界先进水平,对接《中国制造2025》,引导制造业朝着分工细化、协作紧密方向发展,建设全国先进制造研发基地。加快构建结构优化、布局合理、特色鲜明的产业体系,壮大发展装备制造、新一代信息技术、航空航天、生物医药、新能源、新材料、节能环保等高端产业,加快发展机器人、3D打印设备、智能终端、新能源汽车等新兴产业,改造提升现代石化、现代冶金、轻工纺织等传统产业。实施质量强市战略,推进名品、名牌、名企、名家创建工程和标准化提升计划、工业强基工程,加快重大质量改进和技术改造,发展壮大一批国际知名品牌和核心竞争力强的企业,做强天津制造。

(三)构建现代服务经济新体系

坚持生产性服务业和生活性服务业并重,改造提升传统服务业和培育壮大新兴服务业并举,推动现代服务业上规模、上水平。建设全国金融创新运营示范区,推动金融制度、产品、工具和服务模式持续创新,大力发展融资租赁、商业保理等新型金融业态,积极发展产

---

① 参见《天津市工业经济发展"十三五"规划》,http://gk.tj.gov.cn/gkml/000125209/201611/t20161115_67929.shtml。

权、股权、现货交易市场，促进各类金融要素平台集聚。大力发展直接融资，积极推进企业上市和发行债券融资。推动生活性服务业向精细和高品质转变，积极扩大居民消费，培育休闲旅游、文化消费、体育健身等消费业态，优化商贸流通、住宿餐饮等网络布局，促进快递业加快发展，提升社区服务能力，构建安全、智慧、便捷的居民消费服务体系。有序开放服务业领域，鼓励引导各类社会资本投入，加大政府向社会力量购买服务力度，优化服务业发展环境。

（四）促进现代都市型农业新发展

加大政策、科教支持力度，通过调整种植结构、农业经营模式、价值实现形式，给予政策、科教支持，实现农业生产规模和效益的双提高。推进"一减三增"，大力发展生态农业、休闲观光农业，提高设施农业规模化、标准化水平。促进农业功能向第二、第三产业拓展，推进物联网、大数据等新一代信息技术在农业生产全过程应用，大力发展冷链物流等新型业态。加大科教兴农力度，加快发展现代种业和生物农业，培育壮大农业高新技术产业。

（五）拓展海洋经济发展新空间

坚持陆海统筹发展，全面推进海洋经济科学发展示范区建设。加快形成海洋装备制造、海水利用等先进制造产业集群，积极发展海洋现代服务业，提升发展海洋渔业。深入推进科教兴海，建成全国海洋科教创新和成果转化集聚区。高效集约利用海域岸线资源，实施海岸生态保护和修复、河道入海口污染控制与生态修复工程。加强海洋防灾减灾体系和应急能力建设。

四　广州科教创新发展战略

（一）加强人力智力支持

进一步加强与高等院校、专业机构的合作，构建商务人才培训服务平台，加强商业流通、物流、会展、服务外包、电子商务、总部经济、海外营销、金融、物流、科教创新、品牌管理等方面的人才培养，做到基础培训和实务培训相结合，经营管理人才、党政人才和专业技术人才培训相结合，自主培训和"走出去"培训相结合。创造条件留住人才，积极发挥人才作用，努力营造尊重人才、厚待人才的良好氛围，为留住人才创造良好条件。多方式利用境外人才，在引进境外高端人才的同时，鼓励企业在境外建立生产基地和促销、研发、培训、维护等机构。①

（二）推动"文商旅"深度融合

推进集商务、购物、旅游、休闲等于一体的购物中央商务区和集聚区的建设，形成集"食、住、游、购、乐"于一体的文商旅产业带。积极发展特色商业，改造提升玉器、海味干果、饰物精品、字画文化等老字号传统特色商业街，注入新型业态，扩大商业容量，促进商业资源与旅游资源、文化古迹与现代商业街的有机融合，打造成集特色购物、特色休闲服务和融岭南传统文化于一体的国际商贸旅游区。以游客体验为中心，推动景点旅游向全域旅游转变，支持发展购物游、会展游和体验游等旅游新业态，增强向全域接待国内和国际游客水平。深入挖掘广州历史文化资源，突出岭南文化特色，打造"海上丝绸之路""广府庙会""迎春花市"等民俗、文化与商业融合的城市名片。

（三）积极利用"一带一路"

依托广州港、白云国际机场、广州南站和广州火车站等港口，加快推进建设海铁联运、空海联运等多式联运系统，打通与东南亚国家高铁、铁路和公路货运通道，充分发挥"粤新欧""粤满俄"等货运班列作用，将广州打造成连接"一带一路"的国际物流大通道。将推动中新、中以、中欧等国际创新合作平台建设。积极发展与沿线国家旅游购物、市场采购和进口贸易等贸易，在穗建设对华贸易分拨中心、小商品国际采购中心和离境退税购物中心。充分利用国家跨境电子商务综合服务试点城市的政策优势，着力建设跨境电子商务基地。与"一带一路"沿线国家在穗合作建设一批国际技术转移中心、联合研发中心、国际创新园、国际企业孵化器和国际人才培养基地等创新载体。鼓励广州市企业承接沿线国家的港口、道路、能源、园区等基

---

① 参见《广州市城市建设第十三个五年规划》，http://www.gz.gov.cn/gzgov/s2812/201707/48ab63e1b02745cdb0d3cc27be242cc0.shtml。

础设施建设工程,促进设施的互联互通。

五　重庆科教创新发展战略

(一)激发创新活力

深化科研院所分类改革和高校管理体制改革,扩大科研院所和高校科研管理自主权,完善科研院所法人治理结构。优化高校专业结构,推动设置更多与未来科教发展趋势紧密结合的专业方向及交叉学科。推进科教成果管理改革,建立以产业化和经济社会发展贡献率为主导的科研项目考核评价体系、科研成果鉴定评价制度。完善科教成果转化激励机制,加大股权激励力度,健全科研奖励报酬制度。深化职称制度改革,完善人才评价制度。鼓励引导科教人员、大学生创业者等重点群体创业创新,大力扶持小微企业特别是科教型小微企业发展,形成大众创业、万众创新、活力迸发、成果涌现的良好格局。打造一批低成本、便利化、全要素、开放式的众创空间,力争达到1000个以上。采取资金扶持、政府采购、"创新券"补助等方式,支持中小微企业开展科教研发和成果转化,科教型"小巨人"企业达到1000家以上。[①]

(二)加强人才队伍建设

加大人才培养和引进力度,着力培养具有自主创新能力的高层次人才队伍。对接国家重大人才工程,加大"两院"院士、"新世纪百千万人才工程"国家级人选、"享有国务院政府特殊津贴人员"等高级专家培养、选拔和推荐力度,培育壮大国家级专家队伍。深入开展市级专家培养选拔,深化实施重庆"百人计划""特支计划""两江学者"等人才项目,构建结构合理、梯级递进的专家培养选拔体系。深入实施"五大功能区域人才发展"等人才计划和"互联网+人才聚集"等人才专项,培养聚集经济社会发展急需的紧缺人才。优化引才引智环境,大力吸引海内外高层次创新人才来渝创业就业,重点围

---

① 参见《重庆市国民经济和社会发展第十三个五年规划》,http://www.cq.gov.cn/zwgk/gfxwj?keyword = 1&IsSearch = true&Title = % E5% 8D% 81% E4% B8% 89% E4% BA% 94&documentNumber = &year = 0&dateNumber = &validity = undefined&ThemeCategoryId = 16& departmentCategoryId = 1。

绕战略性新兴产业发展方向，引进世界一流的高层次专家。

（三）推动高等教育内涵发展

实施"三特三风"行动计划，大力培育特色专业、特色学科、特色学校，加强校风、学风、教风建设，着力提升高等教育质量，高等教育毛入学率达到50%。支持高校根据自身实际，开展一流大学和一流学科建设。强化学科引领作用，分层次建设市级重点学科，力争在若干个领域都有部分学科进入国家前列。支持具备条件的高校增列博士或硕士研究生培养单位，支持符合国家政策的高职专科学校"升本"。打造一批高水平科研领军人才、创新团队、创新平台、研发基地和新型智库，整合高校创新创业资源，提升高校服务地方经济社会发展能力。强化高校分类管理、分类指导和特色发展，引导部分市属高校向应用型转型，探索创新型、应用型、复合型等不同类型的人才培养机制，提高应用技术技能人才培养比例。以直接服务区域产业发展为导向，推进高校以新建、搬迁、分立、举办分校、集团化等方式重点向都市功能拓展区、城市发展新区的产业集聚区集聚发展。

六 成都科教创新发展战略

（一）提升校院（所）地协同创新能力

推动高校、科研院所与企业协同创新。支持高校、科研院所开展技术服务，建设校企联合实验室、技术工艺产品研发中心等协同创新平台。建设产业技术创新联盟，探索共同设立科教成果转化子基金，开展共性技术、关键技术联合攻关，打通研发、中试、应用转化渠道。进行校院地创新合作，积极构建校市共建世界一流大学和世界一流学科机制。推动创新研发平台建设，加快生物治疗转化医学研究设施等国家重大科教基础设施建设，支持在轨道交通等领域建设国家实验室，在生物医学、电子信息、核技术等重点领域，推动布局建设一批重点实验室、工程实验室、工程（技术）研究中心，鼓励和支持在蓉高校院所承担国家级科研项目，争取国家在蓉布局建设西部科学中心。促进高校院所重大科研基础设施、大型科研仪器和技术平台向社会开放，实现跨机构、跨地区的开放运行和共享。①

（二）优化创新创业服务环境

加快实施知识产权战略，推动建立成都知识产权交易所，开展知识产权及产品的全链条交易服务、知识产权资产证券化试点、知识产权众筹，促进知识产权价值评估、融资转化、资本化交易。争取建立国家技术标准创新基地，推动实施专利战略、品牌战略、标准战略和商标战略，培育一批具有国际竞争力的自主知识产权、知名品牌和领军企业。加强知识产权保护，完善知识产权审判工作机制和快速维权机制。组建知识产权运营基金。实施人才强市战略，建立健全更有效的育才模式、更有竞争力的人才引进机制和更具吸引力的人才服务机制。优化人才激励评价机制，建立分类评价体系，推进职称制度分类改革，实施管理、技术"双通道"晋升制度以及灵活的聘用和薪酬制度。适应经济社会发展要求，加强党政人才、企业经营管理人才、专业技术人才、农村实用人才、社会工作人才等各类人才队伍建设。营造创新创业氛围。弘扬科学精神和敢为人先、宽容失败的创新创业文化，普及科学知识，培育创业家精神和创客文化，推进成都科教馆建设，塑造"创业之城、圆梦之都"的国际知名品牌。

（三）推进智慧城市建设

借助新一代物联网、云计算、移动互联网、遥感遥测等信息技术，连接城市物理基础设施和信息基础设施，建设新一代智慧化基础设施。依托"视频共享平台""移动支付电子商务平台""城市一卡通多应用平台"，建设智能交通管控系统、城市视频监控系统、智能停车管理系统和交通综合信息服务系统，提高交通运输资源利用效率和管理精细化水平。提升智能电网普及率，同步建设光纤、无线、载波多种方式的智能电力、通信网和用电信息采集系统，搭建城市能源互联网。推进水务精细化、科学化、智能化发展，建设智能水务管理系统平台和数据中心，推动新兴信息技术在供水安全、防汛、水环境

---

① 参见《成都市2025规划系列发布会》，http：//www.chengdu.gov.cn/chengdu/zfxx/2025ghxl.shtml。

在线监测监控与管理、环境生态一体化管理等方面的应用。

七 武汉科教创新发展战略

（一）大力发展战略性新兴产业

以重大技术突破和重大发展需求为基础，促进新兴科教与新兴产业深度融合，把战略性新兴产业培育发展成为先导性、支柱性产业。着眼于未来 5—10 年全球产业发展前沿，重点聚焦人工智能、无人机、无人驾驶汽车、3D 打印、可穿戴设备等领域，选准突破口，设立专项扶持资金，引导各类资本持续投入支持，推进新型技术和新兴产品的研发突破和产业化应用，抢占发展制高点。[①]

（二）提升文化产业竞争力

充分发挥市场对文化资源的配置和调节作用，探索文化和经济融合、文化和市场对接的有效路径，推动文化产业发展成为支柱性产业，建设全国重要的文化产业基地。彰显知音文化、盘龙文化、木兰文化、首义文化等历史文化魅力，在整合资源、品牌打造上实现突破。打造一批具有示范效应和产业拉动作用的重大文化产业项目。实施重大文化赛事活动培育工程，提升琴台音乐节、国际渡江节、武汉网球公开赛、国际马拉松赛、国际杂技艺术节、长江文明论坛等赛事活动的国际影响力，提高武汉文化在世界文化体系中的知名度。实施国际文化知音计划，凸显丰富文化资源优势，拓展文化开放路径，推进文化交流平台建设。

（三）加快教育现代化进程

促进形成特色发展、开放办学、提高质量、服务地方的高等教育办学格局，加快推进市属高校建设，支持武汉大学、华中科教大学等高校建设世界一流大学、一流学科，与世界知名大学合作办学，进一步增强高等教育核心竞争力。积极发展多种形式的成人继续教育，加快构建终身教育体系。鼓励社会力量和民间资本提供多样化教育服务，实施民办教育健康发展计划，促进民办教育规范办学、特色发

---

① 参考《武汉市国民经济和社会发展第十三个五年规划纲要》，http://www.whdrc.gov.cn/html/xwzx/tzgg/20160418/18174.html。

展、错位创优。不断提高教育国际化水平,形成开放多元的办学体制。建立个人学习账号和学分累计制度,进一步畅通继续教育、终身学习渠道。推进教育信息化,深化教育云试点,开展"互联网+教育"试验,以教育信息化全面推动教育现代化。

八 郑州科教创新发展战略

(一) 强化科教创新引领作用

积极支持高校、科研院所与行业骨干企业联合搭建科教自主创新服务平台,推动新能源汽车、生物能源、超硬材料、矿山装备、生物育种等优势产业领域建设一批产业技术创新联盟、产业技术创新研究院,合作开展相关基础研究和关键共性技术研发,促进技术、人才等创新要素在高校、科研院所和企业间有序流动,充分发挥协同创新在科教创新、成果转化、科学普及中的作用。完善"苗圃+孵化+加速"服务链条,加快构建产学研政相结合的自主创新体系,着力构建鼓励研发创新和科教成果转化的两大环境平台。[①]

(二) 加快实施人才强市战略

引进培育创新创业大师人才及团队。持续开展国际专业大师人才和创新团队引入计划,重点引进拥有自主知识产权,能够引领郑州市相关产业发展的大师人才团队。围绕"三大主体"工作,实施"智汇郑州·1125聚才计划""智汇郑州·1+7人才引进计划"。大力引培海内外应用型高层次人才。支持郑州市企业与驻郑高校、科研院所建立共引共享的人才引进培育新机制。鼓励大师人才和团队在综合体等各类孵化载体内建立分支机构。

(三) 推动高校协同创新

推动高校与国内外科研院所、政府、企业开展跨学科、跨部门、跨领域协同创新。在信息安全、大数据、能源、现代农业等重大创新领域,加强高水平大学与科研院所合作,加快建设以国家实验室为引领的创新基础平台,开展协同攻关与创新。建立适应高等教育专业创

[①] 参考《郑州市国民经济和社会发展第十三个五年规划纲要》,http://public.zhengzhou.gov.cn/02JC/254747.jhtml。

新的体制和机制，推进市政府和高等院校开展科教合作会商机制，在市校合作项目推进机制、筛选机制、市校互动发展评估机制等方面探索创新合作新模式，促进高校科教成果转移转化，推进大学科教园、创业园、创业服务中心、众创空间等建设，形成"创新在高校，创业在郑州"的协同创新良好氛围。加强校企合作，支持建设高校科研基地、综合性高技能人才实训基地。

（四）创建国家自主创新示范区

以郑州高新区为核心区，以郑州航空港经济综合实验区、郑东新区、金水科教园、郑州经济开发区为辐射区，创建郑洛新国家自主创新示范区，到2020年，将郑州自主创新示范区打造成国家重要的区域创新中心和创新驱动型经济发展的高地，培育科教型企业1000家，高新技术产业产值超过1万亿元。建设战略性新兴产业与现代服务业发展核心区。着力突破高端装备制造、新能源汽车、新材料、新一代信息技术、生物医药等战略性新兴产业的核心关键技术，形成高新技术产业园区和百千万亿级战略性新兴产业创新集群。探索"互联网+"在科教服务业中的应用，推动商业模式创新和技术集成创新，建设一批特色鲜明、比较优势突出的科教服务业产业集群，把示范区打造成为中西部地区战略性新兴产业核心增长极。以国家技术转移郑州中心为重点，建立健全技术转移体系，吸引国内外高端人才、资本、技术等创新要素和企业、大学、科研院所等创新主体在示范区集聚，促进国际国内先进技术成果在示范区转移转化。发挥区位交通优势，形成以郑州中心为枢纽的跨区域、跨领域、跨机构的技术流通新格局和覆盖全省、辐射周边的技术转移网络。各中心城市科教发展战略措施如表6-6所示。

九 几点启示

通过对我国8个中心城市"十三五"发展规划中关于科教发展战略比较可以看出，不同城市基础不同，优势不同，发展阶段不同，科教规划发展的目标不同，措施不同，对策不同。但是，着眼点和基本路径有共同之处，有规律可循。

表 6-6　　　　　　　　　中心城市科教发展战略

战略城市或战略措施	北京	上海	天津	广州	重庆	成都	武汉	郑州
战略措施一	创新政府科教服务方式	建设世界一流科研大学和学科	培育创新发展新动力	加强人力智力支持	激发创新活力	提升校院（所）地协同创新能力	大力发展战略性新兴产业	强化科教创新引领作用
战略措施二	强化企业创新主体地位和主导作用	扩大科研院所自主权	打造先进制造新高地	推动"文商旅"深度融合	加强人才队伍建设	优化创新创业服务环境	提升文化产业竞争力	加快实施人才强市战略
战略措施三	发挥中关村国家自主创新示范区引领支撑和辐射带动作用	建设各具特色的科教创新中心重要承载区	构建现代服务经济新体系	积极利用"一带一路"	推动高等教育内涵发展	推进智慧城市建设	加快教育现代化进程	推动高校协同创新
战略措施四	推动形成京津冀协同创新共同体	健全科教中介等创新创业服务体系	促进现代都市型农业新发展	无	无	无	无	创建国家自主创新示范区
战略措施五	无	无	拓展海洋经济发展新空间	无	无	无	无	无

（一）重视并促进高等教育的发展

北京不仅重视推动高等教育的发展，而且通过政府自身改革，创新政府科教服务方式，激发科教创新活力。上海把"双一流"建设作为首选措施，而且从扩大科研院所自主权、健全科教中介创新创业服务体系等方面，健全体制机制，保障科教创新。其他城市，比如，重庆、成都、武汉、郑州都有这类措施。

（二）重视科教创新主体间的协同创新

北京重视推动形成京津冀协同创新共同体，成都明确要提升校院

（所）地协同创新能力，郑州也明确要推动高校协同创新。协同创新是指充分调动各方面创新资源，以知识增值为核心，通过突破高校、企业、科研院所、政府、金融机构等多元创新主体各自的体系，使各主体之间协同互动，使"人才、技术、信息"等要素相互流通，形成具有整体性强、流动性强的全新科技创新模式。当今世界，科技创新推动经济社会发展，知识创新决定国家核心竞争力。而当前中国面临着创新资源分散、创新主体缺少协作等困难。各行企业、各大科研院所、各类高校和政府在创新工作当中出现了脱节现象，陷入固有的体制之中。协同创新对解决这些问题起到关键的作用。国家也相继提出运用协同创新的思想来建设创新型国家，优化资源配置，改革创新体制，按照需求充分调配"产、学、研、政、用"各主体密切协作。与此同时，还要注重与社区的协同。社区本身就是多元主体深度融合而且具有共同价值的共同体，社区需求推动创新，社区文化孕育创新意识，社区主体间和谐互动激发创新活力，社区创新精神培育创新人才。在多元创新主体中，高校成为推进协同创新的重要力量。高校是知识输出、人才输出的基地，在知识创新中具有独特的作用。通过高校与科研机构建立多学科综合交叉的科学研究中心，与企业开展全方面合作，有利于实现多学科的联合攻关，通过跨学科协同创新激发创新活力，形成灵活的创新体制，全面推动科技、教育、经济、文化相互交流，实现科学研究能力和人才培养质量的同步提升。推进高校协同创新以国家需求为导向，以解决经济社会发展的重大前沿问题为目标，不断增强高校师生的协同创新意识，积极开展协同创新工作，为培养优秀创新人才、产生一流创新成果、加快转变经济发展方式、建设创新型国家做出了积极贡献。

（三）重视科教创新核心承载区建设

北京重视发挥中关村国家自主创新示范区引领支撑和辐射带动作用，上海明确要建设各具特色的科教创新中心重要承载区。郑州希望通过创建国家自主创新示范区，培育创新主体，提升创新能力，确立科教中心地位。2017年，郑州市委、市人民政府《关于加快推进郑州国家自主创新示范区建设的若干政策意见》，明确要构建富有活力的协同创新体系,支持行业骨干企业与高等学校、科研院所、上下游企业等建立以利益为纽带、网络化协同合作的产业技术创新战略联盟,符合条件的,可以登记为独立法人,按规定享受企业研发费用加计扣除政策,支持其承担国家、省、市重大科技专项、各类创新项目和高层次创新平台建设。鼓励高等学校、科研院所积极承接郑州市内企业研发项目,市财政按照项目实际到位资金最高可给予50%的奖励支持。明确要加大创新创业平台载体建设力度,鼓励示范区相关单位承担国家重点实验室、国家协同创新中心、国家技术创新中心、国家工程实验室、国家工程(技术)研究中心、国家国际联合研究中心、国家企业技术中心、国家工业设计中心、国家质检中心、国家产业计量测试中心等国家级重大创新平台载体及其分支机构建设任务。支持国家小微企业创业创新基地城市示范、"双创"示范基地和创新创业综合体建设,做好财政配套支持,等等。这表明,郑州科教创新优势尚未凸显,力量尚未汇聚,需要有一个漫长的培育过程。同时,创新区跨郑洛新三地,规划能力、协同能力本身就需要从体制机制上创新。武汉光谷位于武汉东湖新技术开发区、武汉东湖国家自主创新示范区内,不仅要做武汉的光谷,而且要做中国的光谷、世界的光谷,创新能力和科教竞争力优势十分突出。郑州必须找准切入点,明确突破口,赋予郑州国家自主创新示范区以实质性的内涵。本书着力建议把郑汴新区建设成为科教创新试验区和高等教育改革与教育扶贫试验区,从教育供给侧改革的角度助力郑州国家中心城市建设。

(四)重视人才强市战略

北京、上海始终是我国乃至世界的人才高地。广州明确提出,要加强人才智力支持,这也说明为什么广州的大学集中度高,百人市民中大学生比例最高。2017年,郑州也出台了《关于实施"智汇郑州"人才工程加快推进国家中心城市建设的意见》,向全球发出"聚贤令",被称作史上最强人才政策,涵盖7项计划19条保障举措。可是,近年来,各城市、各单位都在加大人才引进的力度,竞争十分激烈。人才引进只是一个方面,立足发展本地高等教育,培养本土人才是根本性保障措施。

（五）重视特色创新战略

错位发展，突出优势，通过特色科教创新，构建特色产业体系。反过来，通过特色产业体系，促进特色科教创新。良性循环，打造特色优势。广州明确提出，要推动"文商旅"深度融合，要积极利用"一带一路"，并从战略规划的高度促进落实。武汉也明确要提升文化产业竞争力，武汉在中部地区独特的中心区位特点，造就了其城市文化兼容并蓄的特点和融汇多元文化的优势。郑州在科教中心建设中如何发掘优势，打造优势，也是一个值得深入研究的重大课题。

第五节 郑州科教发展面临的机遇与挑战

一 机遇

（一）区位优势明显

郑州地处中原，位居中华腹地中心，承东启西、连南贯北，我国东西南北最长的公路和铁路均交会于此，尤其是作为全国"米"字形高铁的交会中心独一无二。郑州拥有亚洲最大的列车编组站和中国最大的零担货物转运站。另外，郑州机场的旅客吞吐量虽然在全国机场排名中并不靠前，但却以其位居中部的独特区位优势和可以预见的美好发展前景，入围全国八大门户机场。在此背景下，2017年3月，国务院印发的《"十三五"现代综合交通运输体系发展规划》明确提出，将郑州建设成为国际性综合交通枢纽，凸显了郑州固有的先天区位优势和良好的综合交通条件。实际上，郑州的区位交通运输优势表现在两个方面，一是可以充分发挥郑州作为全国综合性交通枢纽的地位和作用，为全国南来北往的交通运输提供硬件支撑和优质服务，为全国科教中心建设提供硬件保障。更重要的是，可以利用良好的区位和优越的交通条件，把"过路财神"留下来，让它在郑州、在河南落地生根开花结果，促进中原崛起河南振兴。二是可以通过着力打造郑州国家物流中心，大力发展物流产业，促进物流产业优化升级。通过物流产业发展促进新经济、E贸易、航空产业发展，通过物流带动人流、资金流、信息流,通过物流催生新产业、新业态、新模式、新机制,通过物流促进郑州产业转型升级,扩张总量,提升水平,必能为郑州建设全国科教中心提供基础设施保障。[1]

(二)人口资源丰富

作为中原城市群的核心城市,全国重要的交通枢纽,国家中心城市建设城市,人口资源丰富,人口红利效应预期成果显著。郑州市面积7446平方千米,2017年年末,郑州市常住人口999万。郑州市下辖6个市辖区、5个县级市、1个县。与其他南方沿海地区相比,郑州人力成本相对较低,地价相对便宜,这为郑州承接国内大型产业设厂或者加强与国外发达国家企业合作都带来了巨大的吸引力,而这种吸引力就是强大的辐射力,能够在建设全国科教中心过程中供给人力资源。

(三)战略叠加优势突出

郑州作为河南省会,成为一大批国家战略的叠加之地。中原经济区、粮食生产核心区、郑州航空港经济综合实验区、中原城市群、中国(郑州)跨境电子商务综合试验区、郑洛新国家自主创新示范区、中国(河南)自由贸易试验区、国家大数据综合试验区、国家通用航空产业综合示范区、国家综合交通枢纽示范城市等国家战略规划和政策平台相继落地,郑州的国家政策叠加优势在全国城市中屈指可数,对郑州建设国家中心城市意义重大。其中,粮食生产核心区目的在于稳住粮食生产,保证"有饭吃"。以2009年8月国家发展和改革委员会《关于印发河南省粮食生产核心区建设规划的通知》为标志,河南省成为全国重要的粮食生产核心区。作为全国第一产粮大省,粮食生产关系国家的粮食安全和全省一亿人口的吃饭问题,只有稳住了粮食生产,才能满足河南自身发展的需要,所以,河南省主动提出建设粮食生产核心区,得到了中央支持。2010年9月30日,河南省发布《关于河南粮食生产核心区建设规划的实施意见》,规划到2020年,

---

[1] 翟书斌:《河南省现代物流业发展规划》重点解读,http://csl.chinawuliu.com.cn/html/19885710.html,2012年11月28日。

粮食生产用地稳定在7500万亩，粮食生产能力达到1300亿斤，成为全国重要的粮食生产稳定增长的核心区、体制机制创新的试验区、农村经济社会全面发展的示范区。中原经济区源于2011年10月国务院出台的《关于支持河南省加快建设中原经济区的指导意见》，在确定中原经济区诸多定位时，农业和粮食生产放在首位，继续保粮成为河南的头等大事。有饭吃了，如何做到"兜里有钱花"，河南再次向中央提想法，在稳定粮食生产的前提下，实现新型工业化、新型城镇化和农业现代化的"三化"协调，以确保河南能如期与全国一同实现全面小康。为此，河南省制定了"大中原经济区"规划，并将这一规划申请、上升至国家战略。① 2012年11月，国务院正式批复《中原经济区规划（2012—2020年）》，描绘了一个以郑汴洛都市区为核心、中原城市群为支撑、涵盖河南全省延及周边地区的重要经济区域。大中原经济区摆脱了行政区划的束缚而着眼于整个中原地区，涉及河南、河北、山西、山东、安徽、陕西等周边中原地区6个省份的部分地区，所谓"大中原"。"中原经济区"将对国家平衡科学可持续发展，以及全国"三农"问题的破解提供范例。航空港经济综合实验区作为全国唯一的航空港实验区，对于打造开放郑州，促进郑州更为积极主动地参与"一带一路"建设，利用"空中丝绸之路""网络丝绸之路""陆上丝绸之路"将郑州与全世界联合起来，具有重要的助推作用。郑洛新国家自主创新示范区作为郑州第四个国家战略规划，承载着着重实施深化体制改革和机制创新、提升自主创新能力、推进技术转移和开放合作、加快产业转型升级发展、构建创新创业生态体系和促进郑洛新城市群协同创新发展六大任务，致力于把郑洛新国家自主创新示范区建成引领带动河南省创新驱动发展的综合载体和增长极。河南自贸区则通过打造以郑州为核心圈，涵盖郑汴洛紧密圈、辐射中原经济区的内陆开放高地；以洛阳和开封为重要节点，连同洛阳和开封自贸区带动紧密圈城市群8城市发展，向上承接郑州发展需

---

① 河南省人民政府办公厅：《关于河南粮食生产核心区建设规划的实施意见》，https://www.henan.gov.cn/2010/10-12/243594.html，2010年10月11日。

求，向下带动外围城市圈开放；以开放倒逼改革，作为试点推广的广大腹地形成外围圈，为中原经济区的发展和中原城市群的建设提供有力支持。上述多重国家级战略，从不同的维度进一步提升郑州人力资源、智力资源、产业资源、生态资源、经济资源的质量和层次，最终形成全国科教中心建设的多向度基础。①

(四) 历史文化底蕴深厚

郑州是五帝、夏、商三朝的腹地而成为中华文明轴心区，是中国八大古都之一。郑州文化丰富多彩，主要体现为黄河文化、商都文化、拜祖文化、街舞文化、武术文化以及戏曲文化。郑州文物资源众多，人才辈出，创造了灿烂的中原文化，威震海内外的中国功夫从嵩山少林寺走向世界。

作为孕育华夏民族和中原文化的腹地中心，并不是历史的偶然。现代科学对气候文明史的研究发现，距今约8000年时伴随世界冰川消融，全球范围海平面上升。我国学术界还根据《山海经》等记载和对古海岸遗迹考古研究，并通过黄河在华北平原和黄淮平原泥沙沉积量的时间推算，判定中原地区在远古时代大部分还是海浸。海岸线大体位于今京九铁路和京广铁路之间。华夏文明诞生在中原地区的黄河流域，先民创造的所有农耕文明都离不开这片中原沃土。另外，这片土地上集聚了华夏民族，出现了最早的文字、青铜器、夏商王城、礼制建筑、国家形态、政治制度、哲学理念、思想文化、宗教艺术等，并由这一区域发散远播，影响到了整个中国，乃至华人世界。郑州现存大量上古时期文化遗址、先秦大型都邑城址群和秦汉以来登封"天地之中"历史建筑群，是迄今国内唯一年代链条清晰、文化形态从来没有间断过的华夏文明的传承载体，足以说明郑州在华夏文明史上的核心传承区地位。

二 挑战

(一) 科教创新资源供给不足

近年来，河南省高等教育开始步入大众化教育阶段，实现了跨越

---

① 河南省人民政府办公厅：《关于河南粮食生产核心区建设规划的实施意见》，https://www.henan.gov.cn/2010/10-12/243594.html，2010年10月11日。

式发展，但是，高等教育持续发展的速度远远跟不上教育需求的规模发展速度，供需矛盾突出。一是优质高等教育资源不足。我国现有的39所"985"高校、"211"高校，主要集中在北京、江苏、上海、陕西、湖北、四川、湖南、广东等省市，河南"211"高校只有1所，"双一流"高校2所，省部共建学校10所，优质高等教育资源严重不足。[1] 高等教育总体质量低的面貌没有根本改变。二是考生进入优质高校的机会不大。从部属高校在各省份入学机会的绝对公平指数（高考录取率）看，东部发达地区和西部民族地区在中央部属普通高等院校入学机会分配中占有突出优势，特别表现在直辖市和民族自治区。这就造成河南考生进入部属院校的机会有限，很多成绩优异的高考生无法进入高水平大学，郑州人才本土化培养能力极其有限。

上述情况直接导致了创新型人才培养无法满足需求。目前，河南省出台了高校创新型人才培养政策，但真正落地实施还需要较长的时间磨合与协调。高校创新创业教学与课程体系尚未完全建立，创新实践平台构建不够完善，加之许多高校创新创业教育理念不足，河南省高校创新型人才培养的质量有待提升。科教创新实验区作为一个涵盖技术、科研等多方面产业的园区，对于人才的创新能力、知识储备、科研能力等方面具有很高的要求，而郑州人才培养质量的状况远远无法满足园区的科研、企业的发展对人才与技术的要求。同时，郑州经济发展水平以及基础设施发展状况造成一些一流的人才流失或者人才引进困难，在短时间内无法提高人才质量。这些因素对科教创新实验区的建设具有一定的限制。[2]

（二）科教创新主体地位有待提升

企业创新主体地位还不够突出。自主创新活动尚未成为全市企业的普遍行为，从调研情况看，市属企业在科教创新意识上还不强，在科研平台建设、专利申报上还很弱，有的企业经历了多年的发展，没有自主知识

---

[1] 河南日报：《书写新时代河南高校高质量发展最美篇章》，《河南日报》2018年4月27日第9版。

[2] 姜国峰：《河南高校创新创业教育路径探究——以郑州航空港经济综合实验区建设需求为例》，《河南工程学院学报》（社会科学版）2018年第1期。

产权，甚至连一项专利都没有，自身建立的研发平台也只是简单地化验或检测产品质量，离科研开发还有很大的距离，部分企业仅满足于维持现状，因循守旧，重生产经营、轻科教创新的现象较为普遍，积极进行自主创新活动以实现技术储备的危机感不强，导致企业缺乏长远竞争力。

（三）科教创新政策有待完善

截至 2017 年年底，郑州市有关科教创新政策有：《中共郑州市委、郑州市人民政府关于加快推进郑州国家自主创新示范区建设的若干政策意见》（2016）、《中共郑州市委、郑州市人民政府关于印发郑州国家自主创新示范区建设实施方案的通知》（2016）、《中共郑州市委郑州市人民政府关于加快建设创新型城市的意见》（2014）、《郑州市人民政府关于促进科教和金融结合的意见》（2016）、《中共郑州市委郑州市人民政府关于引进培育创新创业领军人才（团队）的意见》（2015）、《郑州市引进培育创新创业领军人才（团队）"智汇郑州·1125 聚才计划"实施办法（暂行）》（2015）、《郑州市引进培育创新创业领军人才（团队）专项资金管理办法（暂行）》（2015）、《郑州市科教创业企业家培育计划实施办法》（2015）、《郑州市企业股权和分红激励实施细则（暂行）》（2015）、《郑州市引进创新创业领军人才安居保障办法（暂行）》（2015）、《郑州市引进创新创业领军人才享受社会保险和医疗保健有关待遇实施办法》（2015）、《郑州市引进培育创新创业领军人才有关生活服务保障措施实施办法》（暂行）、《郑州市大型科学仪器设施共享促进办法》（2014）、《郑州市大型科学仪器设施共享实施细则》（2016）、《郑州市科教企业孵化器认定管理办法》（2014）、《郑州市众创空间管理办法》（2015）、《郑州市科教创新创业券实施管理办法（试行）》（2016）、《郑州市国际科教合作与交流资金后补助办法》（2016）、《郑州市促进科教服务业发展实施细则》（2017）、《郑州市地方税务局关于支持郑州国家自主创新示范区建设的意见》（2017）等。[①] 但问题在于，上述政策体系分别由

[①] 所有文件通过河南省科技网、郑州科技网、郑州市人民政府、河南省人民政府等网站收集整理而来。

不同的部门出台，管理体制带来了科教资源的分散管理，造成科教创新活动的事权、财权的多头管理现象，缺乏有效整合。例如，市级科教资金分配权分散在科教局、工信委、农林口等多个部门，这种多头管理、职责交叉的状况容易导致一些项目单位重复申报、套取财政性科教资金，如支持企业研发中心建设方面，科教局的研发中心专项资金和工信委的企业技术中心都可以扶持，完全杜绝重复申报还难以做到。另外，有些科教项目资金分配存在"撒胡椒面"的问题，有限的资金被分割和分散使用，虽然照顾到方方面面，但是，由于补助金额较小，难以对企业起到支持和引导进行科教创新的作用。同时，科教创新政策的运用还不够充分。一是科教创新政策的宣传上。科教创新政策宣传不够到位，宣传形式较为单一。目前，在政府门户网站上公布政策是各部门常用的宣传形式，但相关部门网站的政策法规信息存在更新不及时以及综合性、配套性不够强等问题，不便于企业全面了解相关政策。二是科教创新税收优惠政策落实上。例如，企业研发费用加计扣除政策作为国家普惠制激励政策，对于引导和促进企业加大研发投入、提升科研水平、增强创新能力具有重要意义。实际上，郑州市对该政策的运用不够充分，许多企业都不清楚政策，没有企业享受研发费用加计扣除这一政策。再如，郑州市高新技术企业的数量和规模与同类城市相比差距较大，高新技术企业税收优惠政策的引导作用有待进一步发挥。三是政策体系完善方面。上述政策内容涉及科教投入、税收优惠、金融支持、科教创新基地与平台、人才队伍和科普建设、技术转移与成果转化、创造和保护知识产权、政府采购等方面。郑州市通过颁布一系列规范性文件，补充、细化了国家促进科教创新的相关政策，促进了政策的落地和有效实施。从调研情况来看，郑州市在促进科教创新金融支持方面尚存在不少空白。如缺乏规范科教型中小企业融资担保、贷款贴息、科教保险等方面的政策支撑，投融资"瓶颈"尚未得到有效解决。

（四）科教创新文化有待进一步优化

一方面，科学精神尚未广泛弘扬。科学精神包括求真务实、开拓创新、理性怀疑、无私奉献、淡泊名利、攻坚克难等诸多要素。其核心要求是求真务实和开拓创新。通常来讲,大学和科研院所科研工作者云集,理所当然是科学精神高扬的地方。但是,遗憾的是,近些年来,学术界学风浮躁,学术不端行为多有发生。一些学者在科研立项上急功近利,求速度,求数量,看效益,拈轻怕重,避开周期长、风险大的项目,专门选择短平快的项目;一味地追求发表文章的数量、刊物的档次和被引用的次数;在学术观点上见风使舵、随波逐流;热衷于自我宣传,到处挂名推销。[1] 作为科教工作者,没有科学精神深入骨髓,就容易失去理性、迷信权威、追求利益、学术堕落,创新就更加无从谈起。

另一方面,鼓励创新、宽容失败的社会氛围尚未整体形成,虽然从国家层面看,创新发展已经成为未来中国经济社会发展的五大理念之一,但由于受到市场经济的冲击以及某些消极文化的影响,社会上不少人把追求物质利益和物质享受作为首要目标,而对真理真知的追求不够强烈。[2] 部分人固守封建社会残余的等级观念,利用手中掌握的资源,在科研实践中放大学术权威,在学术观点上搞"一言堂",这就使富有创新精神和创新能力的青年科教工作者不敢对他们的成果进行怀疑和批判,对于失败的容忍度很小,严重违背了求真务实的基本原则。

第六节　郑州建设全国重要科教中心的战略途径

建设全国科教中心是一个系统工程,郑州应从国家战略需求出发,紧紧咬住全国科教中心这个目标,全盘考虑、扎实推进,按照"5年引进、10年培育、15年提升"的步骤,构建"外源型—混合型

---

[1] 杜红:《高校学风建设指标体系与改进策略的研究》,《现代计算机》(专业版) 2018年第1期。

[2] 同上。

—内生型"战略途径,力争到2050年建设成为具有雄厚竞争力、强大辐射力和广泛影响力的全国科教中心,成为全国创新资源配置中枢、全国创新知识生产源地、全国创新经济战略高地和全国科教创新竞合平台(见图6-2)。①

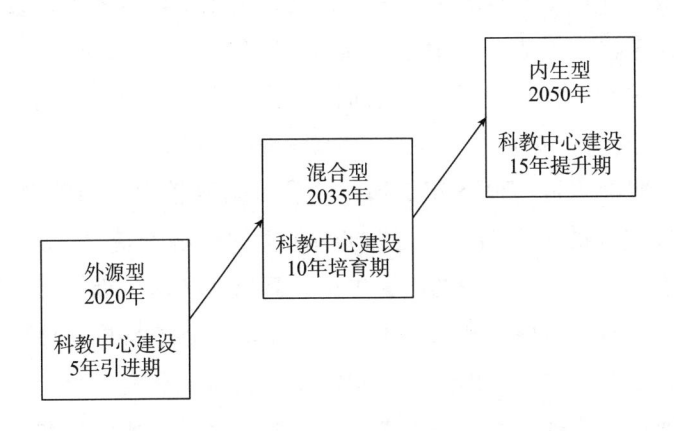

图6-2 郑州建设全国科教中心的战略迈进路径

一是外源型发展阶段(现在至2020年)。初步建成与全国一流城市相适应的具有一定影响力的科教中心,成为引领区域或全国科教创新和创新驱动发展的重要引擎,继续引进和集聚高端人才、顶级科研机构、跨国公司研发总部等创新资源的重要基地,进一步提高全球创新资源配置能力,进一步引进国内外一流高校或科研院所来郑建立校区、研究机构,增强郑州科教创新影响力。

二是混合型发展阶段(2020—2035年)。强化引进消化吸收再创新,科教创新企业蓬勃发展,自主创新能力和全国竞争力加速提升,全国科教中心城市功能进一步凸显。到2035年,基本建成与郑州市综合实力相匹配、在重点领域具有影响力的科教中心,成为引领全国城市科教创新的重要引擎。

三是内生型发展阶段(2030—2050年)。涌现一批国内甚至全国

---

① 阮梦乔:《外源型与内生型城市发展的特征比较与实证——以苏南小城市宜兴和溧阳为例》,《城乡治理与规划改革——2014中国城市规划年会论文集》2014年9月。

科教"引擎"企业和1—2所世界知名大学及科研机构，1—2所国内一流大学及科研机构，产出一批前沿科学研究成果和关键核心技术。全面建成具有全国影响力的开放式综合型科教创新中心，在科教创新和创新驱动发展方面走在全国前列，形成全国科教创新的核心节点和全球科教创新资源配置的重要平台，成为引领全国科教创新发展的典范。具体来说，形成"三中心一高地"。"三中心"是指全国知名的科学研究中心、科教创新资源的协同转化中心、全国领先的技术与产业孵化中心；"一高地"是指全国创新创业人才高地。

需要明确的是，2035年是郑州建设全国科教中心的关键转折期，也是验收成果的重要时期。经过近20年的外源和混合发展，首先，郑州要成为全国创新资源的配置中枢，高层次科教创新人才、国内外高端研发机构和国内外知名高水平大学集聚，拥有国内一流的创新基础设施和公共平台；全国创新资本汇聚、科教金融有机融合，全社会创新氛围更加浓郁、创新基础进一步夯实，全社会研发经费支出相当于郑州地区生产总值比例达到显著提高。其次，郑州要成为全国创新知识的生产源地，社会创新意识强烈，创新氛围浓厚，有利于创新的社会制度健全；掌握一批前沿科学研究成果和关键核心技术，涌现出一批具有国内外影响力的重大科教创新成果，在众多领域达到国内外领先水平；科教产出能力进一步增强，涌现出一批达到国内外领先水平的科学研究成果和关键核心技术，每百万人口发明专利授权数达到2000件，市民科学素质达标率在2020年的基础上再提高15个百分点。再次，郑州要成为新兴产业的战略高地，企业成为技术创新的主体，科教创业活跃，新的企业、新兴产业和新型业态不断涌现；科教成果与商业模式创新融合发展，战略性新兴产业和高科教产业成为经济发展的主导力量；研发服务、科教服务等知识密集型服务业充分发展，科教对经济社会发展的贡献度进一步提升，知识密集型服务业增加值和战略性新兴产业完成工业产值占全市工业总产值的比重较2020年显著提高。最后，郑州要成为全国科教创新的竞技平台，全国性的重大科教创新活动频繁，经常举办全国性科教创新论坛，拥有国内一流的科教期刊，技术交易发达，形成多层次、多渠道、多方式的国内外科教合作与交流格局，具有利用全国科教创新资源的综合能力和多元渠道载体，涌现一批知名的科学家，培育形成1—2所世界知名高水平大学和研发机构，培育1—2所国内一流大学和研发机构。

第七节 加快郑州科教发展的对策

一 实施郑州科教创新战略

目前，河南已获批粮食生产核心区、中原经济区、郑州航空港经济综合实验区、郑洛新国家自主创新示范区、河南自贸试验区等诸多国家战略规划和战略平台，涉及农业、对外开放、创新发展等方面，但却缺乏与科教对应的战略规划。因此，建议把郑汴新区建设成为科教创新试验区和高等教育改革与教育扶贫试验区，从教育供给侧改革的角度助力郑州国家中心城市建设；建议河南省、郑州市两级政府加强协同，积极出台促进高等教育发展的专项政策和战略，进一步落实好"十三五"教育规划，推进河南省高校梯队化建设高水平大学和一流学科建设。一方面，加快郑州大学、河南大学"双一流"建设，建设高水平应用型大学，加大对高校财政和政策支持力度，加快构建开放性终身教育学习和服务平台，为河南一系列国家战略实施和郑州国家中心城市建设提供有力支撑。另一方面，引导并支持省会郑州市内高校在学科建设、科学研究、人才培养等方面的合作，促进资源共享、域内协同，打造若干个省会郑州市内高校协同体，发挥整体优势。在注重加强域内高校协同体建设的同时，采取特殊政策，引进高层次科研院所、国内外知名大学、知名企业落户郑汴新区、创立郑州分支机构或郑州校区、郑州厂区，形成科教创新高地。[①]

二 完善郑州科教创新政策

实现教育公平、公正，让更多河南考生上名校，不能仅仅停留在

---

① 唐菜菜：《科教强市建设评价指标及路径研究——以合肥市为例》，《安徽科技》2018年第6期。

口头上，郑州市要发挥引领带头作用，像深圳、苏州、珠海、青岛等地那样积极主动出台政策，吸引高端科教成果在郑州落地，通过引入北京、上海知名高校在郑州办分校、联合办学、建立研究院等多种方式，集聚高端科教创新资源要素，形成面向全国的技术转移集聚区。对于来郑州办学的高校，在用地、建设、财政等方面给予支持，充分利用各种资源支持高等教育机构落户郑州航空港经济综合实验区，在教学科研活动、建设用地、人才公寓、房屋租赁、税收减免等方面执行国家、省、市的相应优惠政策。鼓励世界500强和全国500强企业在郑州设立研发机构，加快郑州知识产权布局，参与国家标准研究和制定，抢占国家产业竞争高地。另外，要在积极支持开展一流大学、一流学科建设的同时，努力像深圳、苏州等地学习，积极引进国内外高水平大学和国家级科研院所设立分支机构，建设全国重要的科教中心，确实提升科教创新水平和国际合作办学水平，让越来越多的青年学子能够在家门口读世界一流大学，充分利用郑州年轻指数居全国第三、北方城市第一的优势，引导越来越多的青年人根植于当地深厚的包容文化，为创业创新奉献青春与热血。完善更加开放、更加灵活的人才培养、吸引和使用机制，集聚国内外创新型领军人才、高水平创新团队和青年专业人才队伍。促进科教和金融结合，让有志创业者有现代金融资源支持。[①] 另外，对老百姓切实关心的房价问题，通过具体政策创新与试验，切实把习近平总书记提出的"房子是住的，不是炒的"落到实处，使居民增加幸福感，为刚刚步入社会的年轻人逐步解决居住问题。在补短板方面，重点仍在民生领域发力，为人民群众创造就业、看病、上学、社保等均衡化公共服务，形成宽松、自由、和谐的社会文化氛围。

三 优化郑州科教创新环境

良好的科教创新发展环境是科教创新中心开展创新活动的前提和保障。全国科教创新中心必须要有比其他城市更适宜创新的体制与政

---

① 张永安：《基于关联数字矩阵的科技创新政策传导路径研究》，《科技进步与对策》2018年第2期。

策环境。其中，市场要发挥科教创新资源配置中起决定性作用，政府侧重解决制度和政策等公共性问题，有计划、有重点地增加有利于科教创新的公共产品的投入和公共服务的供给，为创新主体或个人提供创新发展的稳定政策和预期以及良好的生产生活环境。同时，郑州要保持科教创新环境竞争力，特别需要勇于改革，先行先试，在科教创新重要改革领域有所突破，特别是科技企业混合所有制改革、股权激励改革、科研经费改革、促进产学研结合的综合改革、支持源头创新的体制创新、金融体制创新、人才评价与利用制度创新等。此外，城市文化软实力作为一种支持科教创新活动的隐性环境资源，是各项创新活动的土壤。郑州应更加注重勇于创新、宽容失败、包容开放的城市文化建设，以自信、多元、开放的心态参与创新交流，为城市科教创新活动注入长久活力。[1]

目前，从河南的现实情况看，虽然出台了一些高等教育的配套政策，但力度有限。从总体上看，河南高等教育及创新创业的软环境还不够优化，吸引人才的资本与力度都不够。针对高等教育短板，河南省和郑州市应联合发力，深化全面创新改革，建设一支规模宏大、结构合理、素质优良的创新人才队伍，加快推进国家科教创新中心规划建设，不断优化创新创业生态，激发全社会创新创业活力，以开放包容的环境、尊重知识的氛围、人性化的服务、优厚的待遇吸引人才，以优美舒适的生活环境留住人才。例如，积极开展重大创新政策先行先试，培育产业技术研究院等新型研发机构，推进跨行业跨区域协同创新，建设制造业创新中心。加快国家"双创"示范基地建设，发展开放式众创空间，为青年人创新创业提供低门槛支持。建设国家区域性技术转移中心，促进国内外技术成果就地转移转化。倡导开放式创新，促进中高端人才双向流动，积极融入全球创新网络，建设一批高水平国际联合研究中心和科教合作基地，勇当创新驱动、绿色发展的领跑者。另外，要按照全国科教"三会"的要求，以建设郑洛新自主

---

[1] 陈国政：《上海科技创新环境面临的问题与对策建议》，《上海经济研究》2013 年第 2 期。

创新国家示范区为契机,清理妨碍创新的制度规定,构建符合科教创新规律的普惠性创新支持政策。深化保障和激励创新分配机制改革,落实创新成果处置权、使用权和收益权改革以及科教成果转化收益分配制度的相关政策。完善知识产权创造和保护机制,建设在线知识产权交易服务平台。

四 夯实郑州科教创新平台

对于新兴城市来说,如果说吸引大企业入驻更多是依赖本地的人力、土地等资源以及区位优势和税收等方面的优惠政策,那么创业的活跃和民营经济的繁荣则更多地依赖于人才的聚集、投融资平台和信息交流平台的搭建,以及城市自然和社会环境的优化。[①] 两相比较,前者更多属于城市硬件、先天优势,后者则更多地依赖于城市软环境的建设,而后者更有利于一座城市抢占未来竞争的制高点。要努力建设先进制造业基地,发挥郑州制造业人才资源集中的优势,紧紧把握中国经济转型发展的历史机遇,以智能化为核心,积极务实地发展壮大先进制造业,就必须进一步夯实郑州科教创新平台。同时,要全面提升制造业基础能力和创新能力,在高端装备、电子信息、汽车及零部件、量子技术研发等领域,培育一批国内外知名创新型领军企业,打造智能终端等具有国际竞争力的产业集群。特别是要发展壮大新一代智能终端、电子核心基础部件、智能制造装备、生物医药、超硬材料等新兴产业,建设全国制造业强市,并为中原城市群其他城市提供技术支持。要以"大众创业、万众创新"为基本理念,以鼓励激励青年人创业创新为重要动力,促进"互联网+"新业态、新模式、新技术创新,发展分享经济、平台经济、体验经济、社区经济、微信经济等新经济的培育发展状态。要建设提升中原云等大数据基地设施水平,促进大数据在经济社会发展和老百姓日常生活中的实际应用。在下一代信息网络、生命科学、人工智能、微信文化创意应用等前沿领域培育一批未来产业增长点。唱响改革与创新引领发展的时代强音。另外,要适应全国国民经济服务化的历史趋势,全面提升服务业特别

---

① 李斌:《国家科技创新平台建设的思考》,《实验室研究与探索》2016年第4期。

是现代服务业在国民经济中的水平和比重。增强国际文化旅游交流功能，提高服务业开放度，积极引进跨国公司和企业集团区域性、功能性总部。加快郑东新区金融集聚核心功能区建设，搭建辐射全国的特色化、专业化服务平台，提升服务经济层次和水平，加快建设区域性金融中心。加快发展服务型制造和生产性服务业，创新发展商务服务、信息服务、文化创意、健康养老等服务经济新业态。

第七章　郑州建设国际文化大都市的路径

在郑州着力加快建设国家中心城市的关键期，政治、经济、文化、社会和生态文明全面发力是重要保障。建设国际文化大都市，是郑州建成国家中心城市的需要，也是提升郑州及河南省文化软实力的战略选择。当然，建设国际文化大都市不是一蹴而就的，更不是盲目跟从，要考虑自身的实际并彰显与众不同。国际文化大都市应该从历史参照、横向比较、创新能力、人才指数和品质特征等方面构建指标体系。历史参照即郑州作为古都，具有得天独厚的历史资源和优势，要体现其深厚的历史底蕴；横向比较是指国际文化大都市既是一种文化体量，也是一种文化格调，更是一种文化气象，只有在与其他世界级的文化大都市的比较中，才能检验出郑州的现代化、国际化与都市化水平，进而寻找差距发现不足。[①]为此，横向比较不只是参照国内一线大城市，更要参照国际一流大都市，尤其要参照世界公认的已经成熟的国际文化大都市，如英国的伦敦、法国的巴黎、美国的纽约、日本的东京等；创新能力是指作为一座真正意义的国际文化大都市，不仅要成为外来商业文化登陆抢滩的码头，更是本土原创文化源源不断向外输出的源头，没有本地老字号和不具备研发文化新产品能力的地方，称不上真正的文化大码头。[②]因此，郑州国际文化大都市的建设，既要强调码头，更要强调源头；既要重视硬件，更要重视软件；既要搭建交流平台，更要培植原创舞台；人才指数是指一个时代的优秀文化人才聚集在哪里，哪里就是那个时代文化创造的中心，郑州应

[①] 伍江：《国际文化大都市的空间特征与规划策略》，《科学发展》2016年第12期。
[②] 鲍宗豪：《国际大都市文化战略规划论》，《中国名城》2008年第1期。

立志成为当代文艺的"创造性转化"与"创新性发展"的沃土;品质特征是指郑州要正确设定自己的品质内涵与精神特征,既要注重地域性,真正体现中国之中,再现古都风姿,又要注重时代性,即历史的、现代的、未来的,展现现代风姿。为此,立足国内外国际文化大都市建设经验,深度挖掘郑州建设国际文化大都市的历史资源和现代资源,构建郑州建设国际文化大都市的系统化模式,是提升郑州城市品质和郑州文化软实力,增进人民福祉的内在要求,对于郑州早日建成国家中心城市具有重要意义。

第一节 国际文化大都市建设的经验考察

作为具有世界影响力的重要城市,纽约、伦敦、巴黎、东京、上海等发达地区,在推进文化大都市建设中积累了大量经验,可以为郑州建设国际文化大都市推进提供有益借鉴。

一 完备的文化战略

从当前国际经验看,纽约、伦敦、巴黎、东京等国际大都市都将文化作为提升核心竞争力的重要内容,政府均制定了城市文化的全球领先地位的战略。众所周知,城市文化规划的核心是保持国际文化大都市的竞争力、吸引力和创新力,通过良好的环境设施和强大的资金实力,促进文化财产和文化活动持续发展。[①] 为此,由专门机构负责文化发展,以市场机制为主,扶持创意产业和项目,繁荣文化市场,推广文化产业和品牌,以吸引全球受众和资金就成为国际文化建设中的共同选择。从国际经验来看,在伦敦,最先由伦敦发展局负责的重要国际节庆活动如伦敦时装周、伦敦电影节等活动,后来伦敦市政厅全面接管,使伦敦的文化推广变成专业政府机构来组织。同时,伦敦市政府设立了"推广伦敦委员会",加强与各界各行各业交流合作,在全世界范围内推广伦敦文化产业,对伦敦的整体经济带来了积极效

[①] 鲍宗豪:《国际大都市文化战略规划论》,《中国名城》2008年第1期。

果。目前，影视、时装、设计等领域的文化创意产业已经成为伦敦经济的支柱之一，每年吸引了大量的专业人才，输出了高质量的产品和服务。从国内经验来看，上海作为国内最早实施国际文化大都市战略的地区，经过多年建设已经初具成效，形成了独特的上海模式。上海市政府通过了《上海市"十三五"时期文化改革发展规划》，制定了2020年"基本建成国际文化大都市"的既定目标，在全国率先提出了"构建现代公共文化服务体系""健全文化产品和文化市场体系""构建城市文化新格局""构建中华优秀传统文化传承体系""形成覆盖全区域的直辖市文明城区测评体系""建成现代公共文化服务体系"等具体目标，助推上海成为国内建设国际文化大都市的标杆。目前看来，上海的经验是可以复制和推广的。①

二 高度的文化自觉

一个城市的文化自觉状况与这个城市的历史、经济、社会发展所处的阶段有着十分密切的关系。纽约、伦敦、巴黎、东京等城市尽管发展背景不同，路径不一，但作为文化中心城市，它们都对自身的文化优势有着高度的清醒和认识，促进文化发展打造文化优势有着强烈的责任。

首先，立足城市自身特点，体现城市独特品格。纽约作为美国的经济文化中心，其地位源于其经济中心和移民中心的地位，而高度的文化自觉也源于其经济中心和移民中心的推动。众所周知，纽约的城市文化具有移民文化最基本、最丰富的特质，体现着文化的多元性特点。仅就宗教文化而言，纽约有教堂、礼拜堂、庙宇以及各种宗教建筑3600多座，约有一半的纽约人信罗马天主教，23%的人信基督新教，26%的人信犹太教，只有3%的人信其他教或不信教。正是对经济中心、移民中心这种城市特质的深入理解和把握，纽约人对自己有着哪些文化、需要哪些文化有着比较清晰的认识，使纽约在国家文化大都市建设上有着高度的自觉，逐步培养了海纳百川的文化胸襟、敢

---

① 陈恭：《国际文化大都市建设语境下上海文博人才发展战略思考》，《科学发展》2013年第4期。

于创新的文化意识和自强不息的文化品格，形成了纽约独特的城市文化品质。上海是中国国际文化大都市建设的典范，兼具红色资源和现代资源的多重文化品格与特征。作为中国共产党的诞生地和发源地，上海市政府提出，依据上海独有的红色资源优势，实施迎接建党百年"党的诞生地"发掘宣传工程。在此基础上，通过建立红色历史资源数据库，绘制上海红色历史资源地图，并利用新媒体制作红色资源APP，传播革命遗址上发生的历史故事等形式，着力总结和提炼党的诞生地精神内核，更好地传承信仰之光和理想之火，打造红色文化展示品牌、红色经典文艺作品、红色文化创意品牌等，让红色基因融入城市血脉、根植市民心中，成为上海除现代都市文化之外的另一张亮丽文化形式。[①]

其次，经济发展倒逼文化发展。历史经验表明，经济与文化发展是相互印证和支撑的。发达的经济对文化的繁荣发展提出了相应的要求，也为文化的发展奠定了坚实的物质基础。相应地，为了保持经济中心的地位，必须提供相应的文化设施、创造良好的文化环境，以及发达的文化产业，才能形成强大的文化人才群体，纽约、伦敦等城市则是经济发展倒逼文化发展的典型代表。第二次世界大战后，美国经济结构大调整，纽约的经济结构也随之发生调整，即制造业急速衰落，传统经济地位下降。在这种情况下，从20世纪70年代开始，纽约把第三产业作为产业发展重点，把加速文化产业发展作为经济结构调整的主要举措。经过20多年的发展，纽约的第三产业逐渐取代第二产业而成为第一大产业。与纽约相似的是，伦敦的文化发展很大程度上源于其城市发展的转型需要。伴随着第二次工业革命，伦敦在经济快速发展促进生活水平提高的同时，因工业发展所导致的资源约束与环境污染问题一并引起了政府部门的高度重视，特别是经过对泰晤士河的治理和"雾都"称号的深刻反思后，伦敦政府决定将发展文化产业作为实现经济复兴的重要途径。在此背景下，"创意伦敦"概念

[①] 胡霁荣、张春美：《国际文化大都市语境下上海文化产业转型发展》，《上海文化》2017年第6期。

应运而生。①

最后,政府在利用传统文化优势实现现代文化繁荣中主动担当。巴黎素有"西方文明之都"称号,是世界上以文化立市的典范,也是全世界公认历史遗存保护最好的城市之一,整个城市像一个巨大的天然博物馆和艺术圣殿。对于文化艺术保护、传统与发展问题,巴黎采取的是政府主导体制。第二次世界大战后,面对法国的文化传统和产品受到英语国家渗透与侵蚀的挑战,戴高乐政府于1959年成立了法国历史上第一个文化部,阐明了法国的文化政策,即"使最大多数的法国人能接触全人类的、首先是法国的文化精华;使法国的文化遗产拥有最广泛的群众基础;促进文化艺术创作,繁荣艺术园地"。为巴黎政府实施传统文化资源的创造性保护提供了法理依据。同时,巴黎政府对文化事业的发展给予大力的财政支持,对文化及相关产业给予不同形式的财政补贴或赞助。此后,历届政府基本上持续执行了这一文化政策。由此可见,面对其他国家的文化侵蚀,以政府为主导采取了强势立场和主动担当,极大地保证了巴黎文化古都和艺术圣殿的地位不可撼动。

三 宽松的文化环境

从目前的国际经验看,宽松的文化环境是国际文化大都市共同的特征,特别是政府在致力于创造和营造宽松文化环境方面有很多实质性工作尤为值得借鉴。例如,纽约的文化艺术是其特色之一,文化艺术主要靠美国政府委托基金会来进行松散和间接管理。基金会不对文化政策进行制定,而是在有限的范围内为文化艺术服务,通过自助行为来引导全国文化艺术的发展。这就决定了纽约在管理方式上对非营利文化与营利文化的管理方式是不同的,但对非营利文化经济政策实行免税政策,对于营利文化的政策则是通过制定有关的法律法规,包括实行财政优惠政策。通过这些优惠的财政、税收和信贷政策,不断地改善文化产业的经济环境,减轻文化部门或团体的经济负担,使其

---

① 刘新静:《文化大都市建设与非物质文化遗产保护》,《南通大学学报》(社会科学版)2010年第3期。

有更多的经济收益，促进文化产业的良性发展。同样，巴黎宽松的文化环境体现在其具有无比强大的包容性。巴黎以其特殊的方法，巧妙地在这片狭小的空间中汇集了大量精英，成为欧洲甚至在某种程度也是世界的"文化之都"，形成一个得天独厚的"文化场"。当然，这源于巴黎的管理者始终秉持着"水至清则无鱼"的原则，对这种"巴漂"越来越宽容，并不动辄清理。而且，管理者从政策、资金方面扶持自己赞同的文化，但对自己并不喜爱的某些文化现象也并不压制，以至于在19世纪末开始创办越来越多的杂志，各种杂志遍地开花，逐渐成为巴黎的文化基础，而许多杂志的存在又使文化环境一点点宽松，这种良性循环更增强了巴黎的文化吸引力和辐射力。与此同时，巴黎还是一座以"沙龙"著称的城市，这所城市对"文化"形成的另一个重要机制是各种报告会，这些报告会已远不限于教育界、学术界，学术报告会与通俗报告会的界限也不再严格。[①] 正是这种官方的、非官方的沙龙和随现代化而生的杂志、报告会形成的"非正式制度"形成了特殊的空间，给予创作者很大的自由，造就了巴黎"文化之都"的国际地位。

四 严肃的文化法治

通过健全法律制度、营造法律环境，为文化建设提供坚实的制度保障，是纽约、伦敦、巴黎、东京的共同做法。一方面，具有完善的文化发展的法律法规体系。1965年，美国国会通过了第一部支持文化艺术事业的法律，即《国家艺术及人文事业基金法》，致力于促使文化产业成为美国经济大萧条后的引领产业。另外，《版权法》《合同法》《劳动法》等法律条文的出台极大地保护了美国文化产业的发展。时至今日，美国已经建立起以《专利法》《商标法》《反不正当竞争法》等为支撑的一套完整的知识产权法律体系，很好地保护和促进了美国文化产业的崛起与发展。当然，纽约文化发展也受益于此。伦敦作为顶尖的全球城市和世界文化之都，其鲜明的文化特质、繁荣

---

① 刘新静：《文化大都市建设与非物质文化遗产保护》，《南通大学学报》（社会科学版）2010年第3期。

的文化产业和强大的文化竞争力得益于完备的文化法治保障。值得关注的是，历任伦敦市长都极其重视文化发展战略，先后制定了《文化大都市：市长文化战略的优先责任（2009—2012）》《通过文化塑造伦敦的公共场所》和《文化大都市2014：市长文化战略的成就与前瞻》，成为支撑伦敦形成国际文化大都市的关键所在。此外，日本东京通过法律调控文化市场的手段也逐步机制化，先后制定了《振兴文化艺术基本法》和《有关振兴文化艺术的基本方针》，使东京政府调控文化产业的手段更加完善。另一方面，注重通过法律制度保护文化遗产。通过法律制度保护文化遗产和文化传统，传承本民族的传统文化，是上述城市在打造国际文化大都市中的共同做法。例如，巴黎市政府颁布的《城市规划和保护法》是世界上最全面、最完善和最严格的城市法律之一。对一些已被确定为文物的历史建筑施行非常严格的保护制度。伦敦政府于1882年就颁布了《古迹保护法》，至此开始了伦敦历史文化遗产保护制度的漫长的完善过程。如今，伦敦市政府已经颁布了几十种相关法令、条款，历史文化遗产保护对象也延伸到建筑、保护区、自然环境和人类的居住环境等大空间、大维度。①

五 成熟的文化市场

作为市场经济发达的地区，纽约、伦敦、巴黎、东京等城市文化市场与经济市场一样，非常成熟，这不仅仅体现在市场充分孕育、现代传媒产业高度发展、文化传播力强劲、文化设施齐全等表象上，更体现在其对发展文化市场的认识，以及对自身文化的自信。一方面，多数城市对文化市场的定位是"大文化产业"格局。文化建设不同于文化产业发展，文化产业发展不仅仅只是搞几场演出、办几次展览，上述城市都致力于推动文化产业发展，着眼于"大文化"格局，形成了规模效应、连锁效应，使文化真正产业化。例如，东京在发展展览、演出、体育、新闻媒体、广播影视等传统文化产业上，结合其民族特点，凸显民族文化在产业中的影响，逐渐培育出全世界一流的动漫产业，并成为拉动经济、体现和输出日本民族文化的"拳头"产

---

① 伍江：《国际文化大都市的空间特征与规划策略》，《科学发展》2016年第12期。

品。应该说，对文化市场核心要素的理解和把握，使东京的文化产业对世界都产生了重大影响。上海通过实施"城市背景板"工程和"魅力上海"海外推广活动，打造统一鲜明的上海城市形象。上海的文化定位也是大文化格局，利用友好交往、旅游交流、民间活动、学术论坛等多种形式，打造民间对外传播工作体系，扩大文化交流合作，并鼓励社会组织、中资机构等参与海外中国文化中心等国家文化交流项目建设，集中各方力量建成国内一流、初具国际影响力的上海智库，增强城市文化软实力，树立了鲜明的上海城市形象。[1] 另一方面，在政府与市场的关系上，政府的自由竞争为文化产业发展提供了良好的环境。纽约在自由经济体系中对文化产业提供了各种软硬件支持，政府通过政策手段对民间资金的投入给予优惠，极大地调动了民间资本投入文化市场的积极性。伦敦借助日本的"产、官、学"的发展模式，即企业通过与政府及研究机构的合作来谋求发展，政府负责提供政策支持、研究机构负责提供市场预测、发展前景等信息支持，企业则利用这些优势充分发展而获得文化产业发展的有效平台，促进了东京文化市场的大繁荣大发展。伦敦政府作为伦敦市战略决策的行政机关，担负着制定和实施全市文化发展策略的法定责任。但并没有一个类似的政府机构来支持文化战略的实施。事实上，伦敦并不存在一个单独的文化传播部门，而且伦敦文化部门的发展也并非主要依靠政府部门的赞助。因为在伦敦有许多文化传播组织和部门，它们的资金来自国家彩票收入和其他的公共基金。另外，上海将"健全现代文化市场体系，加快文化创意产业创新发展"作为文化改革发展的一项重要任务，明确到2020年上海文化创意产业增加值占GDP比重要达到13%以上，突出传统产业转型升级、新兴产业融合创新，实施产业载体建设、丰富文化市场主体、加强文化市场建设、促进大众文化消费、提升文化开放水平等具体任务。明确要对影视、舞台艺术、网络文艺、新闻出版等不同艺术形态的发展进行分类规划指导，充分发挥

---

[1] 黄启哲：《建设"国际文化大都市"上海亮出具体目标》，《文汇报》2016年第6期。

上海出版的深厚历史积淀和人文资源优势，做好主题出版规划和实施，孵化培育并推出一批在国内极具影响力的优秀主题出版物。[①] 此外，在舞台艺术方面，依托国有文艺院团"一团一策"分类改革，建立优秀剧目题材版本多样化机制、戏曲院团传承机制、院团驻场演出制度。而网络文艺将被纳入全市文艺创作生产和引导管理范畴，使之采用适合互联网的话语体系，推动形成"写人民、人民写、人民参与、人民共享"的网络文艺新常态。而对于备受重视的文化产业[②]，同时，在推动产业载体建设方面，明确了要充分发挥上海迪士尼乐园的溢出、辐射和带动效应，加快集聚国际高端优质旅游文化产业项目，建成海昌极地海洋世界、冰雪世界，打造上海未来服务经济的新引擎。提高上海张江国家级文化和科技融合示范基地、国家版权贸易基地、国家数字出版基地、中国（上海）网络视听产业基地、金山国家绿色创意印刷示范园区等国家级基地的产业能级和引领作用，依托文化市场提升文化影响力效果显著。[③]

六 优质的文化品牌

综观发达国家的文化中心城市，都有着自己鲜明的文化特色和文化品牌，并深深地植入人们的印象当中。例如，说起百老汇，人们就会想起纽约；说起动漫，就会想起东京；说起艺术，就会想起巴黎；说起创意，就会想起伦敦。"只要你说出这些特点，人们就自然而然地联想到了这个城市。"这应该是文化大都市的又一共性特点，以博物馆、艺术馆、展览馆、体育馆、文化遗产为代表的文化印象又会给城市带来巨大的经济和社会效益。例如，伦敦享誉全球的文化设施每年吸引了数以千万计的海外游客，产生了巨大的经济效益。[④] 此外，

---

① 黄启哲：《建设"国际文化大都市"上海亮出具体目标》，《文汇报》2016年第6期。

② 林少雄：《上海国际文化大都市的内涵建设》，《上海大学学报》（社会科学版）2008年第5期。

③ 张来春：《借鉴国际经验的上海国际文化大都市建设思路》，《南通职业大学学报》2015年第10期。

④ 吕玉洁、葛菁：《国际文化大都市公共图书馆服务体系建设与规划》，《图书馆杂志》2016年第1期。

伦敦市政府直接负责组织管理的伦敦时装周、伦敦电影节等重要国际节日，向全球推广伦敦文化，不断强化着伦敦的国际竞争力。

从国内来看，上海市的文化品牌多元而典型。上海市政府努力构建"两轴一廊，双核多点"文化空间发展新格局，主打文化品牌。"两轴一廊"文化集聚带，一轴是东西向城市文化发展轴，即沿朱家角—虹桥商务区—静安寺—人民广场—外滩—陆家嘴—花木地区—上海国际旅游度假区—浦东空港地区，打造体现国际标志性和文化核心功能的城市文化发展主轴。另一轴则是南北向的，即沿宝山滨江地区—杨浦滨江地区—北外滩—外滩—陆家嘴—世博地区—徐汇滨江地区—闵行滨江地区，以世博地区文博区建设为重点，发挥徐汇滨江西岸文化走廊带动效应，推动上海大歌剧院、上海轻音乐团、上海越剧院等黄浦江沿岸功能性文化设施项目建设，打造体现城市历史文脉和世界级文博区的黄浦江文化发展轴。"一廊"是指苏州河沿岸都市文化景观长廊，规划、保护、利用沿岸文化遗存和景观资源，推动苏州河整体开发和多元提升，打造体现历史人文积淀和中西文化交融的"母亲河"文化景观廊带。"双核多点"中"双核"指的是人民广场文化核心功能区和浦东花木地区文化核心功能区。[①] 在前者充分发挥上海博物馆、上海大剧院、上海音乐厅及周边演艺剧场群等现有文化设施的集聚融合作用基础上，建成上海市历史博物馆、上海大世界传艺中心，提升综合服务能级；在后者上海科技馆、上海东方艺术中心等现有文化设施基础上，建成上海博物馆东馆、上海图书馆东馆等地标性重大文化设施，逐步形成上海文化新枢纽。"多点"则是结合城市副中心、新城和新市镇建设，推进多个点状文化功能区布局。其中就包括建设程十发美术馆、中国近现代新闻出版博物馆、上海市少儿图书馆、上海文学博物馆，改建上海宛平戏曲中心、上海沪剧院、上海马戏城中剧场；推动上海与世界反法西斯战争纪念馆、桃浦文化艺

[①] 黄启哲：《建设"国际文化大都市"上海亮出具体目标》，《文汇报》2016年第6期。

术中心等项目建设。[①] 上述举措都是城市文化品牌建设的强有力保障。

七 平等的文化共享

文化的主体是人，本质是共享。只有市民参与的文化，才是真正具有生命力的文化。纽约、巴黎、伦敦、东京、上海等国际大城市都将加强城市公民文化服务基础设施投入和建设，增强城市凝聚力、加快经济社会发展作为重要任务。例如，巴黎的文化设施不是被围墙和收费窗口重重包围的堡垒。从2009年起，全日制的欧盟国家学生可以免费参观包括卢浮宫、蓬皮杜艺术中心、凡尔赛宫等在内的大部分文化场所，与平民百姓共享文化经典。另外，巴黎面向所有市民免费开放的市政图书馆也非常多，散落在巴黎的各个社区，而且多数社区图书馆的藏书量甚至超过大学图书馆，门类齐全。伦敦也特别注重发掘和培育来自民间的草根文化，促使国际文化大都市中文化多元性表现明显。众所周知，平民文化是伦敦文化的一个主要组成部分，也是伦敦文化不断发展和更新的主要动力，许多民间自发形成的非正式的文化艺术形式正是伦敦文化形象的生动代表和体现。所以，伦敦市政府通过鼓励平民文化的表现形式，发展民间文化组织，为民间文化提供表现场所、资金和其他帮助等方式，推动草根文化的发展和融入伦敦城市形象，最终孕育着巨大的文化发展潜能。[②] 此外，上海市注重公共文化服务体系建设对于公众的普惠性功能，通过加强文化信息资源共建共享，大力建设"文化上海云"，推进数字图书馆、博物馆、文化馆建设，提高基层公共文化设施数字化服务水平。另外，通过实施沪版图书数字化工程建立全民阅读公共服务信息平台，倡导全民阅读，建设"书香上海"。上述有关公共文化服务的举措和政策并举，极大地提升了市民在国际文化大都市建设中的参与度和主体性，文化育人功能得到了极大的体现。

[①] 张来春：《借鉴国际经验的上海国际文化大都市建设思路》，《南通职业大学学报》2015年第10期。

[②] 吕玉洁、葛菁：《国际文化大都市公共图书馆服务体系建设与规划》，《图书馆杂志》2016年第1期。

第二节 郑州建设国际文化大都市的优势与短板

一 郑州建设国际文化大都市的优势

(一)郑州历史资源丰富,地缘优势凸显

从历史维度来看,郑州市地处中原腹地、位居"天地之中",七朝为都,八代为州,各类文物古迹达10315处,其中,世界文化遗产2处,全国重点文物保护单位74处80项,列入《国家级非物质文化遗产名录》的6个。省级文物保护单位131处,市级269处,不可移动文物近万处。[①] 所以,无论是文物古迹总量,还是全国重点文物保护单位数量均居全国地级市前三甲。其中,有少林寺、中岳嵩山等人文自然景观闻名海内外;诞生了列子、韩非子、杜甫、白居易等一大批思想家、文学家;形成和发展了嵩山文化、黄河文化、黄帝文化、商都文化等多元文化,为华夏文明的创立与辉煌做出了巨大的贡献。同时,位于郑州市中心城区的郑州商城遗址,是目前世界范围内现存同时期规模最大的都城遗址,在中国城市发展史上具有不可复制、不可替代的里程碑意义,是郑州城市文明起源和发展的重要见证,也是郑州作为国家历史文化名城、中国八大古都之一的核心支撑基础,更为郑州打造华夏历史文明传承创新示范区和国家中心城市奠定了重要文化载体支撑。[②] 特别是2016年8月吹响的"郑州商都历史文化区"建设号角,正是为传承弘扬中华优秀传统文化、铸就郑州城市之魂,支撑国际商都建设画上了点睛之笔。

(二)文化制度体系丰富,政策指导性强

从制度维度来看,先后制定了《郑州市"十三五"文化事业产业

[①] 刘建军:《郑州特色历史文化资源的传承创新问题研究》,《郑州师范教育》2014年第3期。

[②] 同上。

发展规划》《关于进一步深化文化体制改革,加快文化资源大市向文化强市跨越的实施意见》《关于创新文化产业发展促进机制的意见》《关于扶持动漫产业发展的若干意见》《关于文化创意产业项目用地的实施意见》等文件,初步形成了财政、税收、国有文化资产管理、资产处置、土地处置、人员分流和社会保障、收入分配、工商管理等方面的配套性政策体系,有力地促进了文化改革发展。

(三) 文化产业初具规模,价值空间大

从产业维度来看,郑州市文化创意旅游产业的表现有《禅宗少林·音乐大典》实景演出、方特欢乐世界旅游文化主题公园、石佛艺术园区、恒大童世界主题公园、樱桃采摘节、大枣风情节、葡萄采摘节、石榴采摘节等各种节庆活动,涵盖了文化创意旅游产业的多种表现形式。表明郑州文化创意旅游产业具备相当的基础;郑州市坚持项目带动,促进了文化领域的投资和建设,先后安排重点项目68个。其中,"只有河南"项目、郑州日报社印务发行中心、《禅宗少林·音乐大典》一期、炎黄二帝巨型塑像、黄河碑林一期、点点梦想动漫城少儿职业体验馆、康百万庄园保护与开发、杜甫故里保护与开发等一大批项目先后建成,海洋馆二期、《禅宗少林·音乐大典》二期等一批项目正在推进。[①] 截至2009年,郑州文化重点项目共完成投资48.75亿元。通过重点项目建设的带动,促进了演艺业、影视业、动漫产业等加快发展。尤其是郑州市动漫产业企业数量占全省的95%以上,动漫作品制作总量位列中部地区省会城市第一。[②] 坚持品牌带动,提升文化产品的竞争力和影响力;着力打造《禅宗少林·音乐大典》等演艺精品力作,得到市场的广泛认可并成功走向国外。嵩山实景演出《禅宗少林·音乐大典》走出了演艺业与旅游业共生共赢发展的新模式,其经验得到中央肯定并在全国推广。另外,由河南超凡影视公司和郑州电视台联合制作的《快乐星球》,填补了我国大型科幻少儿

---

① 张敬燕:《郑州市新型城镇化建设中的历史文化资源保护利用研究》,《中共郑州市委党校学报》2016年第6期。

② 同上。

电视剧的空白。儿童电影《幸福的白天鹅》，2011年获得圣地亚哥国际儿童电影节"最佳艺术片"大奖。《小樱桃》《少林海宝》《少年司马光》等动漫产业也形成了较强的品牌影响力，带动了相关衍生产业的发展。郑州百花园杂志社打造的《小小说选刊》《百花园》成为全国小小说的期刊品牌，影响力不断提升。每年的黄帝故里拜祖大典向全世界彰显了中华传统文化的魅力。此外，还有连续多年举办郑州国际少林武术节、世界传统武术节，扩大了中原文化的辐射力和影响力，展示了郑州的良好形象和崭新面貌。由此可见，郑州文化产业初具规模，且创造价值的空间巨大。

（四）战略设计明确，宏观指向性强

作为历史文化名城，郑州开启了《郑州历史文化名城保护与发展战略规划研究》，对郑州的历史沿革、文化风貌特色进行了详细研究，并提出了基本保护思路及框架。郑州出台了《郑州历史文化名城保护规划（2015—2020年）》方案，在地域空间上将郑州全域分为市域、市区和历史城区三个层次。其中，历史城区即指商城遗址古城墙环绕区域，大概相当于金水路、城东路、杜岭街、北顺城街和城南路所围合区域，面积约3.8平方千米。市区层次是指黄河、西南绕城高速公路、京港澳高速公路合围区域（不含历史城区3.8平方千米），约1006平方千米。作为华夏历史文明传承创新区，依照河南省委、省人民政府印发的《华夏历史文明传承创新区建设方案》，正在通过打造华夏文明传承展示基地、国家重要文化产业基地、全球华人根亲文化圣地、世界武术文化之都、国家文化创意城市等定位郑州的国家战略。[①] 目前，已经围绕文化传承创新研究提升工程、文化传播弘扬工程、文化遗产保护传承工程、城市文化形象塑造工程、城市文化品牌打造工程、特色历史文化街区建设工程、文化资源产业转化工程、文化产业提升发展工程、文化旅游融合发展工程、区域文化协同发展工程等努力提升市域范围的文化协同发展水平、增强与省内城市的文化协同发展、强化与省外重要城市的文化

---

① 杨超：《郑州城市文化形象研究初探》，《中州建设》2015年第9期。

协同发展，再现千年商都风采。

二 郑州建设国际文化大都市的短板

（一）传承创新华夏历史文明的整体性设计理念不足

郑州是传承创新华夏历史文明的核心区，且是全国唯一，历史脉络贯穿是郑州的突出优势，任何地域都不能替代。但就目前来看，郑州在文化产业、文化旅游、文化遗产开发等工作上重抓局部具体项目建设，轻着眼全局系统布局，导致华夏历史文明传承创新的根脉尚不明晰，局部看轰轰烈烈，全局看不成体系。其根本原因在于郑州缺乏足够的文化想象力。目前，郑州人口的多样化远远不足，上海的文化多样性、开放度等方面还有待加强，而注重文化多样性和市民参与性是文化建设的重中之重。同时，国际文化大都市的影响力和价值，很大程度上体现在具有示范和引领性的文化创造力，这是各类精神思想的发源地，而这也恰恰是郑州目前所欠缺的。另外，郑州还缺乏国际级的文化影响力与辐射力，文化影响力小、辐射范围小，直接影响了城市的能级和软实力状况，与纽约、伦敦、巴黎、东京、上海等城市的差距较大。

（二）城市精神概括不准，城市内涵建设缺乏明确导向

城市精神是城市意志品格与文化特色的提炼，是市民共同追求的价值。城市精神是对既有的、连贯的、独特的城市特色文化传统的概括，不是想象的、片段的和千城一面的概括。城市精神概括不准，有碍于对城市的认知和自豪感，有碍城市的凝聚力和影响力。郑州城市精神2008年被确定为"博大、开放、创新、和谐"，缺乏明显的传承性和浓郁的地方特色。比如"博大"：郑州是商王朝的都邑，但缺少北京、西安、开封棋盘式的城市格局，缺少秦文、汉赋、唐诗、宋词、元杂剧、明清小说里程碑式的文学标志，缺少魏征、诸葛亮、王安石、商鞅、包拯、杨家将那样的大国将相，也缺少"云想衣裳花想容""宝马雕车香满路""淡妆浓抹总相宜"的古都风流，冠以"博大"似有牵强。比如"和谐"：老子说"万物负阴而抱阳，冲气以为和"，和谐只是阴阳斗争交融后的最高阶段，是新的矛盾运动开始前的暂时现象，天人合一、人与自然和谐相处是我们追求的目标，并不

是常态化的静止不变的社会形态。郑州从都城到州县,历尽沧桑,谓之"和谐"与史实相左。

(三) 古都资源与古都地位不相匹配

如前文所述,郑州有着丰富的历史资产资源,但史书没有详尽记载,缺乏一批可供观赏的文化遗存,中华人民共和国成立前夕,衰落为一个县城,等等,使郑州第八大古都的底气不足,造成其宣传乏力影响力疲软。

第一,缺乏学理性和形象性宣传。从目前来看,关于郑州的理论宣传文章不多,具有较强说服力的影视宣传片不多,不能鲜明地以中国古都旗号开展文化宣传对外交流。

第二,缺乏与开封、洛阳、安阳等古都联袂宣传。郑州、开封、洛阳和安阳在中国历史上举足轻重,四城各具特点,共同构成中国历史文化的半壁江山。目前是四座城市单打独斗,尚未形成强大的中原文化合力。

第三,放任抹黑郑州的负面宣传。网络上"郑县""县民"等对郑州的蔑称铺天盖地,一直在混淆视听,郑州影响力不断遭受损害,地域黑现象较为明显。

总之,郑州尚无安身立命之文化标志,城市文化设计模糊,线条不清晰,无法让人印象深刻。

(四) 新型城镇化建设导致千城一面,城市特点不鲜明

第一,新型城镇化建设宣传忽视人文传统。新型农村社区是在不破坏农村优良人文传统的基础上营造的一种新的社会生活形态,让农民享受到与城里人一样的公共服务,进而缩小城乡差距的一种表现形式。当前报纸、广播、电视、网络宣传新型城镇化建设时多注重基础设施建设,即怎样造城,造了多少城,资金从哪里来,怎样可持续发展,新型城镇化百分比提高了多少等,轻视人文环境建设,较少宣传社区建设怎样与农村环境衔接,社区布局怎样兼顾文化传统风俗习惯。

第二,新型城镇化建设千城一面。新型城镇社区,农民从虚掩门窗的小院住进了防盗门紧闭的高楼,宗亲血缘网络支离破碎,人际关

系渐行渐远。新型城镇化建设忽略人文传统，最终会导致没有特色没有亮点。[①] 传统的"采菊东篱下，悠然见南山"的田园风光一去不复返，郑州传统农村人文特色丧失殆尽，郑州城镇化形态与西方没有两样，西方文化、西方价值、西方审美在郑州新型城镇化建设中不战而胜，导致历史文化底蕴逐渐丧失。

（五）文化产业发展尚存在较大上升空间

郑州文化产业总量在全省独大，占全市 GDP 总量的 4% 左右，但这些与郑州位居省会、享全省优质文化资源、华夏历史文明传承创新区龙头等地位相比还很不相称。同时，郑州在参与、承办国际大型文化活动的经验明显不足，承载能力有限；动漫游戏、电子出版物等尚未进军国际市场；传统与现代媒介的知名栏目较少，缺乏与海内外知名媒介合作的积极性；虽然有《禅宗少林·音乐大典》等文化产品，但世界知名度较低，无法实现带动辐射作用。另外，与上海等发达城市在财税政策、投融资政策及土地政策等方面对文化创意旅游产业有较大的倾斜和扶持力度相比，郑州相去甚远。同时，郑州市发展文化产业的相关政策有待完善。目前，郑州市主要是依靠政府投入、补贴来推动此产业的发展，这种发展方式使文化产业缺乏发展动力，而且郑州市文化产业在一定程度上有趋同现象，很难形成自己的特色和品牌，也没有形成郑州自己的风格和标志。当然，这些与郑州文化产业缺乏产业链的完整性有关，尚无法充分实现文化产业的最大价值，可延伸的空间还很大。所以，通过文化产业聚集资源把产业的上游研究开发、中游的生产制造、下游的市场营销及衍生产品的开发汇聚在一个比较集中的区域，打造完整的文化产业链条，发挥文化产业聚集的溢出效应，使整个行业都处于一个良性发展的轨道，是郑州建设国际文化大都市中应着力思考的问题。

---

① 陈恭：《国际文化大都市建设语境下上海文博人才发展战略思考》，《科学发展》2013 年第 4 期。

第三节　郑州建设国际文化大都市的战略重点

一　实施打造古都名片战略

2017年3月出台的《郑州市人民政府关于进一步加强文物工作的实施意见》，详细提出了郑州打造以历史文化为载体的古都形象的思路，规划以"寻找丝绸之源"为切入点的青台、点军台、秦王寨等一批新石器时期遗址勘探发掘，以商都历史文化片区、古荥大运河文化片区、百年德化历史文化片区、二砂文化创意园区为重点的郑州"四大文化片区"，以及以郑州商城国家考古遗址、大河村遗址、郑韩故城遗址、东赵夏商城遗址、苑陵故城遗址、荥阳故城遗址、汉霸二王城遗址、新密古城寨遗址、李家沟遗址等为依托的考古遗址公园建设与开放，以改扩建郑州博物馆、郑州运河遗产、纺织工业遗址、老奶奶庙旧石器遗址、商都遗址博物院、古荥汉代冶铁遗址等全市公共文化服务体系为支撑文物旅游融合发展载体，基本构建了郑州在遗址保护与新型城镇化之间的良性互动，为进一步优化郑州历史底蕴厚重、时代特色鲜明的人文空间夯实基础。[①]

当然，郑州古都形象的树立不能单纯依托发掘保护和新建，还必须打造与古都旅游相适应的一系列体系保障，以及与其他古城形成连片效应，借助多地联合的力量提升古都品牌效应，体现郑州的核心地位。例如，要将郑州中华文化发祥地优势与安阳文字始祖之地、洛阳是礼仪记忆之地和开封文化巅峰之地相结合，共造四大华夏历史文明传承创新高地，勾连华夏文明脉络，形成中原文化对外展示的窗口；要充分利用每年农历"三月三"新郑黄帝故里拜祖大典，打造根亲文化；要着力设计精品旅游线路，做大现有的、做强基础的、开发未知的、发展科技的，实现体验旅游、寻根旅游和观光旅游有效对接，既

[①] 杨剑龙:《上海加快推进国际文化大都市建设的机制与动力》,《毛泽东邓小平理论研究》2011年第12期。

寻找过往，又感受现代。

二 实施提升城市文明战略

城市文化精神是城市的精神地标，是通过市民的精神气质、道德素养、生活方式以及规章制度、城市风貌体现出来的公共价值，是市民文明素养和道德理想的综合反映。郑州实施提升城市文明战略，要以全国文明城市为抓手，以创建全国山水园林城市为着眼点，以水清、天蓝、路宽、人美为目标，不断地提升郑州城市文明程度和水平。众所周知，郑州根植于中原沃土，河南人血脉中具有"兼容并蓄、刚柔相济、革故鼎新、生生不息"的优秀品质，商都郑州的城市文化精神同样得益于中原文化的积极影响。实际上，郑州从不缺乏品质高尚的灵魂，也是一座不缺乏温暖的城市。例如，中央电视台"感动中国"栏目开播十多年中，郑州就有多人与群体入选；2017年4月11日阿里巴巴正能量大数据显示，郑州入选"全国十大正能量城市"。但不容忽视的是，郑州人口众多、市民素质良莠不齐等行为习惯问题依然突出，随手丢垃圾、随地吐痰、破坏景区文物等生活中的不文明行为往往被一些人忽略，郑州及郑州人在全国人民评价中饱受争议等，这是郑州软实力提升的硬伤。[①] 为此，郑州要继续实施提升城市文明战略，积极统筹传统媒体与新兴媒体讲好"郑州故事"，让世界更好地了解郑州，特别是借助郑州作为"一带一路"重要节点城市、新欧亚大陆桥的战略支点城市这一关键时机，搭建"一带一路"城市旅游联盟的合作平台，打造全方位、多渠道的对外宣传阵地，整体塑造与展示郑州的城市文化形象；机场经济是同心圆，餐饮、服务、会展、金融、物流等许多相关产业都会围绕机场布局而发展，并会逐渐形成一个新兴城市，机场就是这个新兴城市的窗口，而航空港建设理应成为郑州建设国际文化大都市的依托和载体。所以，航空港建设应该既融入中原人文精神理念，又与华夏历史文明传承创新区建设相结合，彰显空港文化与城市文化的有机融合；要有计划地组织一

---

① 张帅旗：《试论郑州建设世界文化名城的意义、优势与制约因素》，《城市建设理论研究》（电子版）2014年第2期。

批能够凸显郑州发展并能更多体现中原特色、中原气派、中原风格的学术成果与文艺精品，持续提升郑州城市文化形象在整体公众印象中的认知度与美誉度；要加大公共文化投入，将培育与践行社会主义核心价值观放在重要位置，不断加强市民的思想道德素质、科学文化素质、健康素质教育，借助文明城市的创建、道德标兵的评选、政风行风的整顿等载体加强对市民的引导，使其能够身体力行做城市文化精神的践行者，最大限度地凝聚全体市民的智慧和力量，促使社会文明程度进一步提高。①

三　实施文化产业集聚战略

发展文化产业是贯彻落实中共十九大精神，满足人民群众对美好生活向往的需求重要举措，要把握发展机遇，健全现代文化产业体系，培育新型文化业态，建设中华民族共有精神家园标志地，当好中华优秀文化忠实传承者和弘扬者。世界各国经验表明，文化是城市经济的主要动力之一，创造着仅次于金融服务业的经济价值，是最富活力的行业。所以，郑州要实施以创造化、集团化、集群化、链条化为导向的文化产业战略，使文化产业成为郑州建设国际文化大都市的重要支撑。为此，应依托郑州现有的文化产业基础，对标先进、向内挖潜、创新创造、融合发展，把郑州市的资源优势转化为发展优势；要持续深化文化体制改革，实施文化产业倍增计划，推进文化融合创新发展，培育新业态，激发新活力；要不断完善文化产业的相关政策法规，从传统文化产业现代化、现代文化产业规模化角度着手，传承好弘扬好传统文化，深入挖掘传统文化资源，大力发展重点文化产业，打造促进知识产权文化培育的文化产业集群，使其成为传承传统文化元素、彰显现代文化魅力的重要创新载体，为郑州建设国际文化大都市奠定坚实的物态基础。

首先，进一步完善文化创新体制，保障文化产业的健康发展。文化产业发展的目的是推动文化的创新发展，借助文化产业这一物质载

---

① 刘士林、刘永：《上海浦江镇的文化资源与发展框架》，《南通大学学报》（社会科学版）2009 年第 3 期。

体，提升创新的能力和水平。在这一过程中，不断完善与促进文化创新相关的政策体制，显得至关重要。[①] 例如，组建大型文化产业公司。在文化产业发展中，出台与民间资本和外来资本在法律地位、权益保护、退出机制等相关的法律法规，不断地吸引社会资本参与文化产业发展，并赋予其与国有文化企业一样的权利，打造若干具有较大影响力的民营文化企业，增加郑州文化产品生产与服务的能力，形成多种所有制共同发展和竞争的文化产业发展格局。

其次，构建完善的文化产业发展政策服务平台。深入研究制定文化产业政策，健全法制化的信用评估体系，使文化产业融资拥有立法和政策保障；建立文化产业投融资体制机制，出台文化企业融资的相关法律法规，建立企业投入、政府资金、银行贷款、文化基金、证券融资、民间捐助、境外资金等相结合的多元化投入机制，促进文化产业资金的快速汇集，为大力推进文化创新、保障文化产业健康发展提供制度保障。主要是依托郑州传统节日、休闲旅游、历史文物与古迹、民风民俗等优秀传统文化资源，挖掘其中存在的创新性元素及无形价值，并借助现代技术手段，大力发展休闲娱乐服务、艺术咨询与欣赏服务、工艺美术品生产等文化产业集群，以打造上规模、上档次的"精品"。

再次，大力发展重点文化产业，实现现代文化产业规模化。重点发展以高科技为载体的娱乐、时尚消费、新闻出版发行服务、文化信息传输服务、文化咨询策划等具有高附加值的现代文化产业，使其成为推动我国知识产权文化创新性发展的高级表现形式。

最后，要坚持园区带动，促进文化产业规模化发展。要高标准建设登封文化产业示范区、高起点建设动漫产业基地、高水平建设郑州华强文化科技产业基地、高规格规划建设黄河滨河公园，整合沿黄河南岸一线的文化资源、自然资源、现代农业资源，打造集文化、生

[①] 王敏：《"十三五"背景下郑州建设国际化大都市路径研究》，《财讯》2017 年第 5 期。

态、农业、休闲于一体的文化旅游产业带，构建多层次文化产业结构。①

四 实施智力资源培育战略

推动社会主义文化大发展大繁荣，队伍是基础，人才、教育等智力资源是关键。繁荣人民群众文化生活、发展文化事业与文化产业，归根结底，要靠队伍、靠人才。推动郑州文化建设迈上新台阶，必须大力加强以文化行政人才、文化经营管理人才和文化艺术专业人才为主体的文化人才队伍建设。近年来，文创产业作为经济发展的新引擎，加快其发展已成为各级党委、政府的广泛共识。郑州高度重视文创产业发展，形成了有利于文创产业发展的工作合力和良性机制，在培养、引进文创产业人才方面也做了大量工作。但是，随着经济转型升级加快，文创产业人才"瓶颈"越来越突出，如高端、复合型人才匮乏，原创人才短缺，结构性短缺，教育培养与市场需求脱节，培养体系不健全等。针对这些短板，在继续加大人才引进力度的同时，更加注重人才培养。

一是采取政府引领、市场主导的"产、学、研"相结合的培养模式，加强高层次专业技术人才创新团队的培养。根据文化企业的需要，组建具体的文化创意人才团队，鼓励思维创新的"大兵团作战"，以激活和形成星火燎原的创意火花。政府可以为具有创造潜能的团队提供政策支持、资金支持和税收优惠，建设创业服务平台，加强创业孵化，激发文化创意团队的创造活力；积极举办国际化、专业化的文化创意和设计竞赛活动，开展创新成果展示交易，促进文化创意团队的良性循环和可持续发展。

二是对文化创意人才进行整体性开发，加大核心人才、重点领域专门人才、高技能人才、国际化人才的培养和扶持力度，造就一批领军人物。以智汇郑州战略为牵引，进一步完善政府奖励、用人单位奖励和社会奖励互为补充的多层次文化创意和设计人才奖励体系，对各

---

① 刘战国、刘艺娃：《郑州大都市圈及中原城市群结构优化研究》，《郑州航空工业管理学院学报》（社会科学版）2017年第5期。

类创意和设计人才的创作活动、学习深造、国际交流等进行奖励和资助，促使具有传统文化深厚底蕴、能够融会古今中外、做出原创性贡献的文化创意大师脱颖而出。

三是充分发挥企业和高校、科研机构在培养文化创意人才中的主体作用，扶持和鼓励相关行业和产业园区、龙头企业与高校、科研机构共同建立人才培养基地。要结合市场需求优化专业设置，加快创新教育的理念更新，注重提高创意者文化底蕴、科技创新与市场营销三者融会贯通的能力，拓展跨学科知识和资源整合能力。

四是深化改革，打破体制壁垒，扫除身份障碍，营造有利于创新型人才健康成长、大显身手的制度环境。文创产业人才具富于想象和创新，乐于接受有创意的工作，不愿意接受条条框框的束缚，倾向于宽松自在和公平竞争的工作环境，具有较大的工作流动性等特点。因此，要遵守人才发展顾虑，突破常规评判人才标准束缚，建立符合文化创意人才特点的使用、流动、评价和激励体系，特别是要注重其特殊性，追求长远的战略价值和长远的经济效益。

五 实施文化交流合作战略

文化"走出去"精细化战略就是通过调整管理理念和方法，合理配置文化资源，使文化"走出去"工程取得最优的社会效益和经济效益，实现郑州本土文化走进国际社会、文化企业走进世界市场、文化产业走进全球经济分工体系的目标。构建文化走出去精细化战略，要兼顾整体布局和细节设计。[①] 其中，整体布局就是把"走出去"战略放在世界文化市场发展和国际文化交流格局中，兼顾促进文化事业与文化产业协调发展，侧重文化事业与文化产业双轮驱动，注意文化事业在交流与传播方面的规律特点，在文化产业上，逐渐遵循国际标准。细节设计就是针对不同的文化行业运作规律进行程序化、规范化、数据化和信息化管理，各个企业在遵循行业发展规律的基础上，科学准确地严格规范自己的运营，形成竞争优势，从而有针对性地打

---

① 刘战国、刘艺娃：《郑州大都市圈及中原城市群结构优化研究》，《郑州航空工业管理学院学报》（社会科学版）2017 年第 5 期。

造特色文化品牌。同时，构建文化"走出去"精细化战略，需要建立一套科学的综合评价体系，包括细化目标市场，实现"受众对象层级化"；细化文化产品与行业管理，实现"任务目标规范化"；细化营销手段，实现"市场运营制度化"；细化管理体系，实现"监督环节标准化"等。① 此外，构建文化"走出去"精细化战略还需要建立完善的"政府—社会—市场"多元统一的运营机制，发挥各级政府的文化职能，制定相关法律以及银行、财政税收等政策措施，为文化实体做好管理和服务、做好引导和调控，为企业发展创造公平竞争的市场环境，推动国际文化产品交易和文化服务平台建设。要发挥文化产业和文化企业在推动文化"走出去"中经常性、持久性的优势和作用，培育一批具有较强实力和国际竞争力的外向型文化企业，拓展文化企业的国际合作，努力构建以政府为主导、以企业为主体、以市场化运作为主要方式的文化"走出去"新格局。

第四节 加快郑州建设国际文化大都市的对策

一 围绕打造古都名片战略，构建四地联手模式

郑州、安阳、洛阳、开封作为不同文化的历史见证地，共同铸就中华文明的基本脉络，具有打造连片古都的历史与现实基础。此外，郑许、郑汴、郑洛新等地的一体化进程正在加快，也为连片打造古都提供了良好的契机。为此，要由各地市委、市政府牵头，宣传文化旅游，工商，以及高等院校科研院所等多部门协同开展顶层统筹设计，构建跨区域、跨部门古都建设指挥中心，联手挖掘、培育、创新文化资源；要整合现有场馆、旅游景区等历史文化平台，开发设计精品旅游线路。可以以郑州为核心、以历史为依托，打造新郑裴李岗—黄帝故里—登封王城岗—少林寺—宋陵旅游线路；郑州—安阳殷商文化旅

---

① 王琪：《创意航空港——打造国际航空文化大都市》，《决策探索月刊》2014年第8期。

游线路；郑下洛唐代大诗人游历线路、春秋战国百家争鸣探胜线路和诗经国风诗情画意线路；古代商业历史文化线路等，勾连从新石器时期、氏族社会到夏、商、周、汉、唐、宋的历史轨迹；郑洛新现代科技创新之旅等，夯实郑州作为中原古老对外展示的窗口地位，复兴古都风采。

二 围绕提升城市文明战略，构建三维共进模式

郑州要在形象传播、精神文明和城市精神等方面很下功夫，提升城市软实力。首先，要借助电影、戏剧、小说等传播手段，描绘历史人物，渲染历史文化，通过文化工程节点，形成古都坐标，扩大郑州的美誉度和影响力，彰显其厚重博大的华夏历史文明底蕴。其次，要通过影视、网络、动漫、游戏等现代手段，利用学校、单位、社区等有形载体，把中央方针政策化为形象具体、生动感人的老百姓喜闻乐见的话语，对不同群体进行社会主义核心价值观教育、郑州城市文明公约教育、奠定代表人物和事迹影响示范教育等，形成良好的社会公德、家庭美德、个人品德风貌，奠定全社会文明程度不断提升的广泛群众基础。最后，要准确塑造城市精神，引领城市健康发展。郑州因为古老的历史文化传承而形成的"厚重"气息，因从县城发展成为省会而传承的"自强"精神、因具有海纳百川的"中和"胸怀、因立足现有开拓发展的"创新"意识，构成了"厚重、自强、中和、创新"的城市精神，成为引领并将继续引领郑州人不断前行的精神动力，必须予以弘扬和创新。这种城市精神，需要借助历史文化传承、现代经济发展和市民教育等多种方式予以传递和展现，向世人传递古老与现代、文明与素养同在的新郑州，引导全体市民身体力行做城市文化精神的践行者，最大限度地凝聚全体市民的智慧和力量，促使城市文明程度进一步提高，为打造国际文化大都市提供不竭的精神动力。

三 围绕集聚文化产业战略，构建四类产业格局

按照省委、省人民政府的战略部署，"十三五"期间，河南省将重点打造10个省级重点文化产业园区和10个省级重点文化企业"双十"工程，重点培育郑州国际文化创意产业园、开封宋都古城文化产

业园、许昌钧瓷文化创意产业园等园区，加快培育文化产业成为国民经济支柱产业，为河南加快构筑全国重要的文化高地提供坚实支撑。应该说，郑州的文化产业资源不仅限于传统历史文化，也包括现代文化资源，都应该予以充分创造和创新。[1] 为此，要依托传统文化资源，建设集少林禅武文化、儒学文化、道教文化和古代天文文化的登封功夫宗教创意体验区，集新郑、新密黄帝文化资源，联动黄帝故里、具茨山和黄帝宫的华夏文明朝觐产业区，集郑州黄河国家公园、古商都文化旅游区和大伏羲山休闲度假区的寻根商旅休闲文化产业，将郑州打造成为集少林文化、黄帝文化、黄河文化、姓氏文化、寻根文化于一体的传统旅游文化中心；要依托现代技术，高起点建设国家动漫产业发展基地（河南基地）、郑州国际文化创意产业园、郑州华强文化科技产业基地、金水文化创意产业园区、建业华谊电影项目、国际马戏演艺王国、开封宋都古城文化产业园、许昌钧瓷文化创意产业园等园区，充分利用高新科技，打造动漫郑州、智慧郑州、旅游休闲郑州、便利郑州等科技名片；要充分利用郑州航空港经济综合实验区开发建设空港旅游文化产业，增强郑州地铁文化墙、机场建筑物诉说殷商、汉唐、大宋、明清风情，凝聚黄帝太昊、老庄韩非、青铜甲骨、唐诗宋词、钧瓷版画、少林太极意韵，展示郑庄公掘地见母、黄帝战蚩尤等中原文化动漫，打造航空旅游观光和航空文化传播的特色公园等，催生军民共建的航空文化产业的发展壮大。要增加文化产业综合投入，扩大市民文化消费。只有调动和扩大普通老百姓对文化产品的消费，才能从根本上促进文化的不断繁荣与发展。[2] 国际文化大都市普遍重视文化投入，为普通市民提供享受文化产品的机会和能力。例如，纽约市政府每年资助博物馆1800万美元，资助艺术界100万美元；伦敦每年为博物院、档案馆、图书馆争取的资金达5.3亿英镑；巴黎对重要的人文景观采取"国家管理"和"底价策略"，其大多博

---

[1] 河南省人民政府办公厅：《河南省"十三五"战略性新兴产业发展规划》，http://www.hndrc.gov.cn/ar/20170213000004.htm，2017年2月13日。

[2] 王哲：《郑州蓝皮书：2013年郑州文化发展报告》，社会科学文献出版社2013年版，第103—109页。

物馆靠国家财政拨款维持，门票价格1—9欧元不等。[1]此外，按照政府有关规定，博物馆定期设有"开放日"或"遗产日"，供游人免费参观。据此，郑州要加大文化投入，实施公共文化低价策略，提高民众的公共文化消费能力，还要进一步开放文化市场，吸引更多民间资本、外资对相关文化领域的投资。

四　围绕实施文化智力资源聚集战略，构建五保障人才体系

（一）注重实践，搭建平台

要充分认识在实践中磨炼、摔打和学习对文化人才成长的重要性，有意识地为人才提供锻炼、成长的平台，把出精品与出人才有机结合起来，造就一批国内一流、业内公认的文化拔尖人才和领军人物。要搭建好艺术展演月、文学奖、青年美术作品展等平台，推出一批在全国有影响力的优秀艺术人才。要全面发挥河南省图书馆、河南省博物院、郑州市图书馆、郑州市博物馆、郑州市科技馆、郑州市非物质文化遗产展示馆等公共文化设施的龙头作用，为公共文化人才培养提供坚实保障。要鼓励支持基层文化能人、民间文艺团队、优秀文化人才到基层挂职锻炼，开展交流和帮扶活动，培育基层文艺活动骨干和带头人。[2]

（二）优化结构，突出重点

要立足智汇郑州、千人计划战略、"四个一批人才"等大力实施青年文化人才培养工程，鼓励高层次文化人才与优秀青年文化人才开展交流合作，为青年文化人才提供专业指导。要大力实施青年文艺人才引进计划，选拔一批有实力、有潜力的青年人才进行重点培养，注重发挥文艺名家的传帮带作用，推动青年人才逐步成长为各文艺门类的领头人；要加强后备人才队伍建设，以学科和专业建设为重点，办好各类艺术中专学校，鼓励高校与文化企事业单位共建培养基地，提升人才的综合素质能力。

---

[1] 伍江：《国际文化大都市的空间特征与规划策略》，《科学发展》2016年第12期。
[2] 王哲：《郑州蓝皮书：2013年郑州文化发展报告》，社会科学文献出版社2013年版，第103—109页。

（三）交流合作，拓宽视野

要开展"精彩郑州"文化品牌系列活动，积极打造面向世界的对话交流平台，提升文化人才队伍的整体素质和国际视野。要加强郑州文化人才的国际交流合作，积极引进海外人才和海外智力，特别是要引进一批高端人才和领军人物，通过他们的引导，学习国际前沿管理理念、创意思路和运营模式，从而带动和影响国内的文化人才队伍。要同有关国际机构联合培训策展等创意人才，积极评选创新团队和创新人才，培养一批具有国际视野、善于经营管理的高层次复合型人才。[1]

（四）内外协调，统筹兼顾

要加大对体制外公共文化人才培养力度，打破体制、身份界限，把民间艺人、非物质文化遗产传承人、业余文化骨干、文化热心人、文化能人、文化志愿者等体制外人才，纳入公共文化人才统计范畴，纳入业务培训规划，纳入人才工作服务对象。同时，在职称评定、政府奖励、支持资助、表演展演、社会荣誉等方面享受同等待遇。要积极推进基层综合性文化服务中心建设，统筹基层各类人才资源，进一步完善文化志愿者队伍招募、培训、服务、考核、奖励等制度，促进文化志愿服务制度化和日常化。

（五）强化激励，优化环境

要积极探索建立特殊人才奖励制度，对有突出贡献的高层次文化人才实行特殊财政补贴，对优秀人才在职称评定、荣誉表彰、成果奖励等方面出台更多具体化、精细化的措施。要大力宣传优秀文化人才及其成果，扩大他们的社会影响力和知名度，着力营造鼓励人才干事业、支持人才干成事业、帮助人才干好事业的社会氛围。[2]

五 围绕实施文化交流合作战略，构建四维度协同体系

在扩大文化交流与合作方面，要提高文化开放水平、加强与国内外

---

[1] 阎智力、李小英：《上海体育文化大都市建设研究》，《体育文化导刊》2009年第4期。

[2] 张佑林、张晞：《西安国际化大都市的战略定位：文化大都市》，《经济论坛》2011年第6期。

文化发展地区展开文化交流与合作、大力促进对外文化贸易发展，特别是要加强与"一带一路"沿线国家的文化交流与合作等具体措施。

首先，要提高文化对外开放水平，配合国家整体战略和郑州市对外经贸交流战略，推动郑州本土优秀文化品牌和非物质文化遗产项目积极参与到国家对外文化品牌活动中，深化与友好城市、联合国教科文组织创意城市网络的交流与合作。推动郑州优秀文艺团体及文化精品"走出去"，加强民间文化国际交流，形成多层次的对外文化交流格局。探索举办郑州设计周、郑州国际现代艺术节。

其次，要加强与文化发达地区文化交流与合作，推动郑州与北上广深、港澳、纽约、巴黎、伦敦、东京等城市在表演艺术互派交流、文艺作品联合制作以及艺术人员培训等方面深化合作。深化文化产业合作，推动各地域在创意设计、动漫游戏、影视传媒等产业的分工协作和优势互补；要借鉴青岛、威海、秦皇岛、深圳等地引进知名大学设立校区的经验，引进5所左右的知名大学，为培养大批高层次文化人才，郑州打造国际文化大都市提供智力支撑。

再次，要大力促进对外文化贸易发展，以国家对外文化贸易基地为载体，整合郑州市主要对外文化贸易企业资源，形成文化出口联合体。通过搭建公共服务等平台，吸引长三角、珠三角、黄三角有关企业加入，建立对外文化贸易辐射圈。按照园区主体运营、政府扶持的原则，通过友好城市合作等渠道，鼓励有条件的文化创意产业园区加快走出去，推广设立国家创意产业孵化中心和分支机构。

最后，要加强与"一带一路"沿线国家（地区）的文化交流与合作，加强郑州与东盟、澳大利亚、东非等海上丝绸之路沿线国家（地区）的合作与交流。要举办郑州"一带一路"国际音乐季，提升城市国际化水平和软实力。要建设国家对外文化贸易基地（郑州）"一带一路"专业服务平台，扩大对"一带一路"沿线国家（地区）的文化贸易。[1]

---

[1] 张佑林、张晞：《西安国际化大都市的战略定位：文化大都市》，《经济论坛》2011年第6期。

第八章 强化城市文化设计与提升城市品质

第一节 城市、文化与城市品质

一 对"城市"界定

许慎在《说文解字》中对"城"字解释道:"以盛民也。从土从成,成亦声。"说明"城"的本意乃是指供人民聚集、居住的所在,而且夯土筑成围墙。从包括郑州在内的众多古城遗址来看,中国传统的城市,通常有城墙作为保护屏障。《吴越春秋》说:"鲧筑城以卫君,造郭以卫民,此城郭之始也。"这说明,早在夏代之前,军事防御就已成为早期城市的重要功能。《管子·度地》记载:"天子中而处,此谓因天之固,归地之利。内为之城,城外为之郭,郭外为之土阆,地高则沟之,下则堤之,命之曰金城。树以荆棘,上相穑著者,所以为固也。"但是,随着军事技术的现代发展,城墙的防御功能几乎丧失。特别是进入现代史以来,随着现代化浪潮的汹涌开展,城市发展的主导力量不再是军事、政治或宗教。城郭层层的防御功能,其实是居住功能的附属产物。就古今中外城市的发展而言,我们通常看到的是从中心向四周不断扩展和蔓延的发展路径。

城市作为人民的聚居地,人口数量的多寡就成了界定城市的一个重要参数。比如,联合国为了进行国际性的对比调查,建议所有国家的人口普查和官方统计,把集中居住人口达2万人以上的地方称为城市。但迄今为止,各国沿用的统计标准很不一样,从不足1000人到2万人以上不等。美国采用的数字是2500人,而有些国家则根本不用人口数量作为标准。① 比如，著名城市理论家芒福德指出："我们与人口统计学家的意见相反，确定城市的因素是艺术、文化和政治目的，而不是居民数目。"刘易斯·芒福德在研究人类城市发展演化时，特别重视城市与人类文化的内在关系，也就是说，他非常重视城市文化研究。芒福德提出，人类最早的礼仪性汇聚地点就是城市发展的最初胚胎，这表明了人类区别于动物的精神性。人类驯化野生动植物、驯化人类自身，与人类对于自然地形的驯化改造是同时并进的客观过程；而人类改造大地正是后来形成城市的一个重要组成部分。芒福德非常重视城市的文化功能。他形象地将城市比喻为"容器、传播者和流传者"。② 城市的物质性存在与城市文化之间的关系，犹如车之两轮、鸟之两翼，相辅相成，不可分离。缺少文化的城市，犹如缺少灵魂的驱壳。

我们对于城市的界定，既要考虑物质因素，也要兼顾文化因素。可以说，城市是人类在一定地理区域中以雄厚的经济力量为基础而建造的、非农业异质性人口高度密集的文化生产、贮存和传播中心。

二 对"文化"的理解

什么是"文化"？在中国人的视野中，"文化"语义甚多。最早可以追溯到《周易》，所谓"观乎天文，以察时变；观乎人文，以化成天下"。这大概就是中国人论述"文化"之始，但"文化"二字尚未连用。到了汉代，"文化"一词正式出现，但含义不同于现代。西汉时期，刘向在《说苑·指武》中说："凡武之兴，为不服也，文化不改，然后加诛。"这里的"文化"，是以文德教化人的意思，犹如春风化雨，改变人物。到了唐代，孔颖达指出："圣人观察人文，则诗书礼乐之谓。"这里的"文化"就不再是德教的意思，而是指文学、礼仪、风俗等有形态的东西。明末清初，顾炎武在《日知录》中说："自身而至于家国天下，制之为度数，发之为音容，莫非文也。"这又把"文化"的范畴扩展到了人的行为表现和国家的各种规章制度

---

① 吴志强、李德华主编：《城市规划原理》，中国建筑工业出版社2010年版，第4页。
② 饶会林主编：《城市文化与文明研究》，高等教育出版社2005年版，第17页。

之上。

英文中"文化"（culture）一词源自拉丁文中的 colo、cultus、cultum，包含有"栽培、驯养、耕作"等含义。culture 所蕴含的"耕作"的原意当然是指人工劳作，将自然界的野生动植物加以驯化和培养，使之成为符合人类需要的品种。也就是说，养殖业、畜牧业和农耕的出现，是文化产生的标志。那么，"文化"与"文明"的关系呢？英文中"文明"一词为 civilization，词根为 citi，是指"城市""城镇"，也就是说，当大批人口聚集生活的城市出现的时候，社会才过渡到了文明状态。文明是文化发展的更高级的阶段。比如"政治"一词，英文的 politics 来源于希腊语 polis，即"城邦"的意思。有了大量人口聚集生活的城市，就有了处理人与人之间的管理与服从关系的政治制度，以及相应的文化艺术和风俗习惯。马林诺夫斯基对文化下的定义是：文化包括一套工具及一套风俗——人体的或心灵的特性，它们都是直接地或间接地满足人类的需要。[1]

三 城市文化的要素

在现代社会中，城市是物质文明和精神文化的主要容器和载体。城市文化的内涵主要体现在物质文化、精神文化和行为文化三个方面。物质文化包括建筑物及其布局、道路、设施、设备、住宅、各色的商品以及树木、草地、花卉等所组成的人工环境，因此，物质文化可划分为商品文化、建筑文化和环境文化三种形态。从概念上讲，这三种文化之间是交叉的、相互影响、相互制约的。比如，城市广场附近的大楼，可以被看作建筑，属于建筑文化，也可以被看作环境的一部分。商品文化也一样，多数建筑本身就是商品，是可以交易的劳动产品。

物质文化处于城市文化的表层，它直观地反映了人类物质生活的文明程度，反映了人与自然的依存关系，反映了科学技术的发展水平。人类对物质文明的追求是城市发展的根本动力。从城市的空间架构来说，作为城市的表象，它是自然影响、市场力量和规划引导共同

---

[1] 饶会林主编：《城市文化与文明研究》，高等教育出版社 2005 年版，第 5 页。

起作用的结果。其中，规划起着主导作用。一个科学理性的城市规划，不仅是城市现时繁荣的纲领，也是城市未来建设的依据，更是城市可持续发展必不可少的前提。而规划，说到底是取决于观念的东西，是人们运用一定的文化理念，以主观见诸客观的符号表达。

精神文化是城市文明的核心与灵魂，是城市文化发展的无形的内在驱动力。精神文化可以进一步分为观念文化、知识文化和艺术文化，其中，观念文化居支配地位。这里的观念文化包括人的世界观、人生观、价值观、道德观等。知识文化包括自然科学和社会科学，而社会科学之中，经济、法律、道德等方面的积淀十分重要。艺术文化则是人们的感性、意向、时尚、情感、意志、风俗习惯、道德风尚和审美情趣的表达。

外在地看，城市精神表现为一种风貌、气氛、印象；内在地看，城市精神则更多地表现为一种市民精神，是这个城市民众集体拥有的气质和禀赋的体现。因此，一个城市市民的素质往往反映了这个城市的精神素质。在我们评价一个城市的时候，所看重的不仅仅是其面积与人口，而是其内涵。古代的雅典，按今天的城市标准来看，不过是一个小城市，但它特有的精神内涵却使它成为民主和哲学的摇篮。中世纪和近代的威尼斯与佛罗伦萨，充其量只能算是中等城市，但它们孕育了影响深远的商业精神和人文精神，使它们在人类文明史上占有不可替代的重要地位。我国改革开放后的新兴城市深圳是一个移民城市。《深圳市民行为道德规范》中提出的"无约不访，有约守时"，体现了深圳市民对时间的珍惜，对效率的看重。正是这种明确的时效观，催生了"深圳速度"。

行为文化包括生活文化、产业文化和管理文化，其中，生活文化包括衣食文化、婚姻文化、求知文化、休闲文化、居室文化等。产业文化包括生产文化、经营文化和服务文化，在这里，生产和服务是一种并列关系，但生产和服务是表层的东西，而经营则是深层的东西，生产和服务都是受经营统领的。管理文化包括组织文化、制度文化和治理文化。城市历来都是创新文化、产生新知识的先进场所。城市里集中着知识、技术、人才，承担着带动农村地域开发、传播进步道德风尚和先进科学思想的任务,城市是产生先进科技的世袭领地。城市,尤其是大城市,通常是国家首都或区域首府,国家和地区的各项职能机构都设在此。政治、经济、文化等各界领袖人物,都以大城市为基地来发挥他们的组织领导才能,使大城市被赋予了强烈的指导职能。在现代社会中,城市已经占据了主导人类生活方式的地位,在政治、经济、文化各方面起着进步和积极的作用。

四 城市品质的内涵

从现代汉语词义来看,品质包括品位和质量。品位的原意,一是指官吏的品级、官级;二是指矿石中某元素或它的化合物含量的百分率,含量的百分比越大,品位越高;三是指人或事物的品质、水平,如人的审美、修养、气质风度、生活情调、阅读倾向、欣赏情趣等。而质量是"产品或工作的优劣程度"。故而,品质生发出两个基本含义:一是指人的行为、作风所表现的认识、思想、品行等实质;二是指产品的质量。如果沿袭这两点含义的话,品质就是反映人或事物的内在精神实质和外在形象的高度统一。

在"品质"一词的前缀以"城市"组成一个联合词组,"城市品质"可以又被赋予"城市"品位和城市质量的含义。有品位的城市无须张扬,它通过城市物质的自然流露,向人们展示其内在的形象。城市的精神、文化等可以融入城市的物质建设与发展中去,从而形成反映城市个性特色的精神实质。城市品质是一种可感受的状态,城市品质通过城市物质载体来反映,是人们对城市的表象进行抽象化处理后所保持在人的头脑中的较为持久的一种状态,与物质载体不同。城市品质具有一定的不确定性。基于个人所处的阶层、家庭环境、成长环境以及学养、情趣的诸多差异,会对同样的物质环境形成"仁者见仁、智者见智"的理解。一般来说,城市品质的基本内涵包括内在本质和外在表现,内在本质包括城市的自然品质、经济品质、生活品质、文化品质、管理品质等;外在表现有城市形象、城市品牌、城市特色、城市精神、城市文脉等形式。

总之,城市品质是指一个城市的品位和质量,反映一个城市内在精神实质和外在形象的高度统一。也就是说,既包括城市空间结构、生态环境、道路交通、产业结构、居住条件等外形的特质，又包括城市历史文化、城市精神、管理水平、市民素质等内涵的特色。城市品质的高低直接影响着一个城市的发展程度、发展质量和人们生活水平的高低。提升城市品质，既是城市化进程中必须要解决的重要课题，也是现代化城市发展的必然要求，对于提高人们的生活水平和城市竞争力具有重要意义。

第二节　国内外城市文化设计的经验

一　法国巴黎城市文化设计的经验

（一）旧城改造中的教训

巴黎是一座具有悠久历史的城市，在对旧城区的改造中，既有成功的经验，也有失败的教训。19世纪是法国的一个动荡年代，工业革命的浪潮带来了一批批的农村人口。巴黎在受到工业革命的巨大冲击后，经济迅速增长，人口快速膨胀，但城市基础设施几乎没有，日益狭小的城市空间已然满足不了城市的发展势头，巴黎需要一次彻底的变身。19世纪50年代，奥斯曼决定彻底改造巴黎。在奥斯曼长达17年的改造中，所有涉及的项目基本上都是自上而下的模式。政府没有对公众做过多的解释和征求意见，便对城市进行随意拆除，其所造成的后果是城市中心被大资本家占领，大量低薪工人被迫迁移到城市郊区，社会阶级矛盾加深，同时，部分新建建筑失去了旧有功能，变成一个空洞的场所，例如，如今的西岱岛，除去建筑的纪念性功能外别无其他。[①] 这便是我们需要引以为戒的教训。中国的旧城改造应该更加重视城市文化的传承，加强政府的干预能力，从整体上控制城市的发展方向，在局部上引导市民自发地为城市建设做出贡献。

法国城镇化始于19世纪30年代，当时法国城市人口只有10%；

---

① 胡洁：《19世纪巴黎大改造对中国旧城改造的启示》，硕士学位论文，武汉理工大学，2013年，第46—47页。

到了第二帝国时期,法国城镇化在全国范围内展开;到了第三共和国后期,法国已经基本实现城市化,据统计,1931 年法国的城市人口达到了 51.2%;1994 年,法国的城市化率已经达 95% 以上。因此,我国的城市化进程要远远落后于法国,但是,单就城市发展速度而言,中国城镇化的速率是惊人的,我国只用了近 30 年的时间便走完了法国近百年的城市化历程。[①] 进入 21 世纪以后,中国一味地追求速度的发展模式出现了越来越多的弊端,如何在接下来的快速发展阶段寻求更健康、可持续的发展模式是新时代的重要课题。法国作为一个城市化高度发达的国家,其城市规划经验非常值得现阶段的中国学习。

(二)古城保护规划

20 世纪 60 年代,巴黎的城市建设趋于完善,不断地吸引着大量的外来人口,巴黎城市建设已经满足不了激增的人口需要。随着战后大规模的住宅重建和新建,城市中大量的历史环境迅速消失,导致人们怀旧情绪的加重和保护意识的增强。70 年代则是欧洲历史城市保护中最有意义的时期。为了保护巴黎旧城,在戴高乐总统主持下,法国出台了巴黎大区总体规划,并首次提出将新城作为平衡巴黎市中心人口以及就业的主要方式,进而减轻巴黎市中心的负担,预防可能由巴黎市郊发展不平衡所带来的隐患。巴黎新城的规划和建设被普遍认为是世界上新城规划的典范。巴黎市政府非常重视保护这些历史遗产。对新建筑的规划、古建筑的使用都有严格的法律规定。1977 年,巴黎制定了古城保护规划,105 平方千米内是古城范围,得到了法律的严格保护。古城内城市建设侧重于环境绿化和美化。建设现代建筑控制很严,允许兴建的,在设计上必须追求与古城整体风貌和谐统一。因此,在巴黎旧城区内,很少能见到新建的高层建筑。现代化的城市新区建在了 4 千米外的拉德方斯。

政府重视文物保护,巴黎市民也视文物保护为自己义不容辞的责任。巴黎有民间文物保护组织 2000 多个。历史巴黎协会是其中很有

---

① 丁窈遥、周武忠:《守得住的"乡愁"——法国城市规划案例对中国城镇化的启示》,《中国名城》2016 年 6 月 5 日。

代表性的一个。该协会设有古建筑保护委员会、历史遗址保护委员会、文物保护演讲寻访委员会和信息中心四个机构，拥有众多志愿者。他们通过宣传活动，形成有利于古建筑遗产保护的公众舆论，唤起公众关注，说服各种权力部门、开发商和群众自觉保护文物，阻止盲目拆除旧的建筑和建设与周围环境不协调的新建筑；动员社会力量修缮那些古老的或者有历史意义的建筑。在他们的保护名单上，保护对象数量比政府的高出一倍多。

  而今的巴黎是一个有很高文化品位的城市。巴黎的文物遗存丰富多彩，很多古建筑至今风韵犹存，走进巴黎，就如同走进了建筑的历史、文化的圣殿、艺术的宝库。巴黎受到保护的古建筑有3115座，每一座历史建筑都为巴黎添色增辉。雨果的寝室、莫奈的睡莲池、巴尔扎克的小花园使城市宁静。[①] 城市记忆是在历史长河中一点一滴地积累起来的，从文化景观到历史街区、从文物古迹到地方民居、从传统技能到社会习俗等，众多物质文化遗产与非物质文化遗产，都是形成一座城市记忆的有力物证，也是一座城市文化价值的重要体现。但是，一些城市在所谓的"旧城改造""危旧房改造"中，由于急功近利作祟、经济利益驱使等人为因素的影响，实施过度的商业化运作，采取大拆大建的开发方式，致使一片片积淀丰富人文信息的历史街区被夷为平地；一栋栋具有地域文化特色的传统民居被无情摧毁，一处处文物保护单位被拆迁和破坏的事件也屡见不鲜。由于忽视对文化遗产的保护，造成这些历史性城市文化空间的破坏、历史文脉的割裂、社区邻里的解体，最终导致城市记忆的消失。

（三）新城区建设

  从20世纪六七十年代，巴黎大区陆陆续续地设置了五个新城，分别是埃夫里（Evry）、赛尔吉蓬图瓦兹（Cergy Pontoise）、伊夫林（Yvelines）、马恩拉瓦莱（Marnela Vallée）以及默伦塞纳尔（Melun

---

① 白志刚：《巴黎的城市文化》，《前线》2000年9月5日。

Sénart),整个巴黎的土地面积拓宽了 4 倍。① 在 1976 年之后的 30—40 年时间里,新城吸收了 20% 的巴黎大区新增人口和建设量,避免了城市过于分散及建设远离基础设施的情况。这五座新城并没有脱离于巴黎而独立发展,它们与巴黎市区之间通过搭建便捷的交通网络,共同组成了完整而和谐的城市体系。

为了将巴黎新城与老城相连接,政府逐步建起五条遍布整个法兰西岛的巴黎大区快铁(Réseau Express Régional,RER)。到目前为止,RER 已经形成了五条线路,巴黎大区快铁的所有线路都是以地下线形式穿过巴黎市中心,与郊区铁路连成了一个功能完备的、连接市区与郊区的铁路网。由于郊区铁路的终点站设在城市近郊区域,不能直接到达市中心,因此,巴黎大区快铁和郊区铁路两者在功能上互补,共同承担着每天运送大量而集中往来于市郊的上班族,在很大程度上分担了巴黎地面交通以及老式地铁线路的压力。总之,交通网络的规划与建设,对于缓解市中心住房紧缺、人口密度过高以及城郊发展不平衡等问题至关重要。另外,这五座新城的规划理念各不相同,特色鲜明,给巴黎的发展注入了新的活力。

二 西班牙巴塞罗那城市文化设计的经验

(一)现代与传统的完美融合

在建筑文化上,古典建筑与现代建筑交相辉映。西班牙著名建筑师高迪一生在巴塞罗那留下了无数精妙的创作,以科米亚随性屋、格尔之家为代表的早期的东方风格,到后来的以特瑞莎学院、马略卡大教堂为代表的新哥特主义及现代主义风格转变成以格尔公园、米拉公寓、圣家族大教堂为代表的自然主义风格。在巴塞罗那的街头,可以看见不同时代的建筑作品,向人们展示了文化的演进与多元。新落成的巴塞罗那大剧院就是在原有建筑的基地上利用现代材料、工艺、灯光技术改造成为一个外观为古典建筑形式内部为现代生活空间的建筑,向人们展示了大剧院曾经的辉煌。

---

① 丁窈遥、周武忠:《守得住的"乡愁"——法国城市规划案例对中国城镇化的启示》,《中国名城》2016 年 6 月 5 日。

在巴塞罗那，对老房子的保护，细致到了每一扇窗、每一面墙，毕加索的画、米罗的雕塑，而这一理念早在170年前就得到了重视，并颁布法令予以保护，成立了专门的机构。巴塞罗那市政府成立了一个由技术人员、历史学家、社会人士等组成的团队，对所有需要保护的建筑建立了一个十分详细的名册，涉及3000多幢建筑，每一幢建筑就如人的档案一样，从"身高""出生日期"到"个性"等都记录在案，并公布在巴塞罗那市政府网站上，任何人都可以查询到，哪些部分该保护，怎么修缮，一目了然。[1]

巴塞罗那将需要保护的建筑分为A、B、C、D四个等级。A、B、C三个级别的建筑多为古罗马人的遗迹、哥特式建筑、上百年的教堂等，是绝对不能拆的，但可以被修缮甚至被再利用。最值得一提的是，巴塞罗那对D级建筑的保护，这些建筑并不具有文物保护价值，但却是很多巴塞罗那人抹不去的记忆，它可能只是某条街道上老人儿时常去玩耍的小房子，或者年轻人经常去谈恋爱的一个墙角，同样，它也不能随意被拆除。

在巴塞罗那，老建筑与新建筑和谐相处，这种融洽渗透到了每一个角落，但又不会让人感到突兀。这一切归结于巴塞罗那对老建筑精心的保护和"以旧修旧"的城市改造原则。对于他们而言，大拆大建与这座城市的性情格格不入，170年前就已经浸入巴塞罗那人骨子里的老建筑保护意识，让他们推动旧城改造时，一定要对老建筑小心翼翼地去保护。这些建筑不同于雕塑、绘画，放到不同的地方，价值绝对不一样，它们就如散落在巴塞罗那城市里的珍宝，需要精心地保护起来。

（二）空间发展的应对策略

巴塞罗那城市的空间形态包含整体空间、带状空间、节点、楔形空间和指状空间五种要素。巴塞罗那城市形态，受北部的山体与南部地中海的限制，形成平行于山体与海洋的带状空间。城市化的压力促

---

[1] 《承载儿时记忆的建筑不能随便拆》，http：//blog.fang.com/33941500/13615907/articledetail.htm。

使城市用地范围不断扩大，城市继续以带状的形态继续向东西两侧蔓延。

巴塞罗那人口180万，有200多万辆机动车。城市的交通尤其是节点交通更需要一个综合的改善系统。一方面，必须加强交通管理控制措施；另一方面，对整个空间的利用与基础设施的综合开发结合起来，建立复合型的城市节点。[1]

城市新区的发展用地与周围的山地互相咬合，形成犬牙交错的楔形空间城市，继续向郊区蔓延。但这种无限制增长的负面影响也逐渐地显现出来，人们最先注意到的是其导致耕地的锐减和对环境资源的破坏。随着全球环保意识思潮的高涨，人们要求制定更加完善的措施来对土地开发活动进行管制。巴塞罗那面临的主要问题是：城市的发展必须考虑"内部增长"，而不是继续向外扩张。大都市区以减少城市蔓延为着眼点来进行新发展地区的选址，都市边缘区政策从分散发展转变为密集化发展。从城市内部而非外部克服它的诸多限制条件，对现有的城市结构做新的架构和整理，才能克服国土的无序蔓延。

巴塞罗那具有丰富的海岸景观资源，城市景观的塑造不仅仅需要面向大海，更需要渗透入大海，形成海面上的指状城市空间，使人们能从海面上欣赏到城市优美的滨水岸线景观。巴塞罗那是一个港口城市，港口城市的特色在于将丰富的文化活动、人文景观与优美的自然景观有机地结合起来。对旧岸线的改造与利用使巴塞罗那成为地中海边上一颗璀璨的明珠。

城市是一个复杂的网络系统，网络中的一个点位出现问题，将会影响整个网络的良性运行。巴塞罗那通过一套新的城市干预模式，对于城市衰败的地方，利用技术性的、功能性的、阶段性的以及灵活的土地利用手段，改变现有的策略，通过再次注入资金，激活潜在的资源，实现了从点状改善到城市网络优化。

（三）文化战略的推动作用

为了更好迎接创意经济时代的来临，巴塞罗那提出，"文化是城

---

[1] 李翅：《巴塞罗那的城市文化与城市空间发展策略初探》，《国外城市规划》2004年8月25日。

市，城市是文化"，并以知识城市为宣传口号，实施了一系列文化政策，试图在城市良好的发展基础上，进一步提升城市的竞争力与活力。巴塞罗那采取的文化政策的具体目标是：吸引各种流动资金和创意人才；刺激文化和技术的结合及商业化进程；在后工业经济中，合理更新老工业区；促进文化多元化等。

首先是文化生产战略。巴塞罗那创立文化项目风险基金和"零空位"项目。创立文化项目风险基金的目的在于增强城市文化生产动力（很大程度上在于吸引创意文化项目的能力），内容包括给学生和潜在创意人才组织文化集市；加强创意人才与企业之间的联系；培养企业在创意生产中的协作；创意人才接收项目的支持完成在企业的实习等。"零空位"项目的目的在于简化使用文化的方式，改进城市文化消费水平，使剧场、音乐会等入座率高于50%，使门票分配和门票减价在不同部门间达成一致。其次是数字时代战略，目的是使巴塞罗那能够适应新时代的要求，成为信息化的文化城市。主要目标是简化文化数字化、技术化过程，使各城市文化团体发生关联，并且简化市民接触新技术的途径。基本项目为构建数字文化空间网络。[1]

其次是国际文化战略。使巴塞罗那具有传递世界或国家文化的能力，协调文化部门和旅游业的关系，提升城市竞争力。基本项目包括把世界作为观众、智能集市、上演的世界和文化菜单。

把世界作为观众：通过分发宣传册（电子和纸制）和举行信息会议的方式，把信息传达给文化生产者和发行者。

智能集市：把展览临近的区域作为交换创意和想法的地方。

上演的世界：目的是提供文化展示平台。基于提供文化信息，培育地方与国家产品联系链，利用展览后的会议和派对等。

文化菜单：目的是提升城市资源，使文化旅游业多样化，并加强游客与文化的可接近性。使文化部门适应旅游业的需要，把项目转化为国际性活动，以及举办城市大型文化活动等。

---

[1] 汤爽爽、王红扬：《通过文化政策营造创意城市——巴塞罗那文化政策的启示》，《现代城市研究》2006年12月30日。

三 南京城市文化形象提升方案

（一）城市文化的软实力

南京在完成由传统城市向现代城市转型和实现城市功能、结构蜕变的过程中，从文化视角来组织和配置城市的各种资源，使文化成为发展创新的强大引擎。文化事业和文化产业发展是城市文化软实力的重要标志，南京市大力推动文化事业和文化产业发展，并突出了两个环节：一是加强扶持公益性文化事业。大力发展文学艺术事业，繁荣哲学社会科学，创作一批有南京特色、有巨大影响的文化艺术精品。二是大力培育文化创意产业。实施重大文化产业项目带动战略，加快文化产业基地和区域性特色文化产业群建设，打造具有核心竞争力的南京特色文化品牌和文化产品。历史的积淀是提升城市文化软实力的源泉，南京历史悠久、文化厚重，延续"中国历史文化名城"的品牌优势，对各类历史文化资源进行科学保护、深度挖掘、合理开发、有效利用，保护城市历史，延续城市记忆。

文化是一种无形的力量，人才是提升城市文化软实力的有力保障，文化竞争力实际上就是人才的竞争力。对于城市发展来说，吸引优秀人才至少具有两方面的意义：一是有利于提高城市人口的文化素质，从而影响城市气质、精神的形成，影响城市价值观的形成，影响城市文化软实力的实现。二是有利于促进城市科技文化的发展。引进人才实质上就是引进科学文化技术，为人才提供良好的科研平台就是为城市的发展提供很好的平台。城市文化软实力的建设和发展，关键在于文化创新，这就需要充分发挥文化人才的主动性、创造性和积极性。当前，南京市积极提升城市文化软实力，招揽文化经营人才、产业研发人才、策划人才、管理人才等，并采取各种有效措施，使南京成为对优秀人才极具吸引力的城市。

（二）法规政策的支持

2014年，南京市委、市政府印发《苏南现代化建设示范区南京国家文化遗产保护试点工作实施方案》（以下简称《实施方案》）。《实施方案》提出，以青奥会、"十二五"期末为两个时间节点，系统地推进文化遗产保护工作，切实让祖先留给南京的宝贵文化资源传之后世、永续利用、惠及民生，推动南京文化遗产保护工作走在全国前列、发挥示范效应。

《实施方案》明确了世界文化遗产申报和管理、明城墙管理与利用、大遗址保护与彰显、重要近现代建筑（民国建筑群）保护与利用、科教遗产保护与利用、工商遗产保护与利用、老城南保护与复兴、非物质文化遗产保护与传承、博物馆建设与管理、文化遗产信息化建设、文化遗产解读11项任务，并提出要充分发挥市场在资源配置中决定性作用，按照"谁投资、谁受益"的市场准则，支持鼓励社会资本参与文化遗产保护。《实施方案》提出，要充分挖掘展示南京古代和近现代教育遗存，维修保护六朝太学、周处读书台、夫子庙、江南贡院、国子监、江宁府学、崇正书院、惜阴书院、六合文庙等为代表的一批古代教育遗存；梳理矿路学堂、水师学堂、国立中央大学、金陵大学、金陵女子大学、国立中央研究院等近现代科教资源，建立文物保护片区及主题博物馆。

四　杭州城市文化设计的镜鉴意义

（一）杭州的山水文化与坊巷文化

杭州地处杭嘉湖平原与浙西丘陵山地的交接地带，得天独厚的地理环境使其素以山水之秀而名甲天下，享有"东南第一州"的美誉。临山傍水，山环水绕，构成了城市别具一格的空间形态，使杭州既有水乡的妩媚秀丽，又平添了几许清俊和硬朗。空灵的山、秀美的水给城市注入了生机与活力，成为城市空间的特色与灵魂。

从审美角度来看，山水之美更是中国传统审美价值取向中的至高境界，属于大雅的审美范畴。孔子说，"仁者乐山、智者乐水"，古语说，"静观山""动观水"。山与水在传统审美理念中代表着阴与阳、柔与刚、动与静、仁与智等关系。这种对比与互补关系的糅合与融会体现了传统社会特有的审美意境。

从社会人文的角度来看，杭州的山水空间给生活于斯的人们提供了极富人文意蕴的社会空间。湖畔、山脚、河埠、桥头，无不成为城市中人们交往、交流，进行世俗活动的重要场所。

杭州的坊巷，自古有之，南宋《临安三志》就对当时杭城坊巷的概貌有所记载。《乾道临安志》纂修于公元1169年，记载了7厢68坊南宋后期的坊，范围稍大于现时的居民区，坊下有巷，坊间建有石坊和木门以示区别，它的缘起，是出于加强消防和治安等考虑。发展至近现代后，其内涵逐渐扩大，成为一种民间组织的单位，类似于今天"社区"的概念。① 如果说山水代表着杭州的自然状貌特征，那么，坊巷就代表着杭州的社会状貌特征，它不同于北京的胡同、上海的里弄，它的出现以及历史的沿革显示出一种地域文化的特性。

今天，随着杭州现代化的进程，"坊"已不复存在。然而，千百年来生活在杭城坊巷间的人们所承袭和延续下来的坊巷文化却不曾消失，它深深地浸润于杭城的街头巷间、一砖一瓦之中。杭州的人文状貌、风俗习惯乃至建筑格局无一不带有坊巷文化的痕迹，它所呈现出来的商业化、多元化与市民化的特点，在今天重又凸显出来，成为杭州城市文化的重要组成部分。

杭州除多次获得"中国最佳旅游城市""东方休闲之都"等称号外，近些年来也一直被评为"中国最具安全感的城市""中国最具幸福感城市"之一，这自然和杭州市的自然环境和文化品质等息息相关。

(二) 杭州城市文化设计中的矛盾冲突

当前，杭州城市的精神品格被定位为"精致、和谐、开放、大气"。有论者认为，杭州在走向现代化的过程中要更为大气、包容、有格，就必须改变其城市品性中的狭隘、耽于逸乐、不思进取等特点，改变其炫耀奢华、不重精神的暴发户心态，而应增加城市文化的阳刚气、自信力和追求精神品格的风气。这种风气的养成，既有赖于政府部门的政策措施对高雅文化的培植，有赖于新闻媒体对奢华享乐生活报道的淡化和对良好城市文化氛围的营造，更有赖于市民真正戒除浮华和小市民气，培养对高雅、大气的精神文化的热情和因

---

① 徐晖：《试析杭州城市文化品格的形成与提升》，《中共浙江省委党校学报》2001年6月25日。

心胸、视野开阔而油然而起的自信。只有杭州市民真正具备了钱江潮那种精神和气势，而不总是如西湖般风平浪静、孤芳自赏时，杭州城市文化的品格才会得到真正的提升，杭州也才会真正迈入世界都市之林。

当然，相反的声音同样存在，有论者认为，杭州作为江南婉约之城的文化意象日渐被城市化浪潮所淹没。[1] 婉约是一种具有女性气质的格调。杭州的确是一个很女性化的城市。在一个追求特色竞争力的时代，有个性、有气质、有故事的城市大多占据了先机。杭州就是占据了很多历史文化故事的城市，其中的东方爱情故事，便给杭州的城市旅游营销创造了巨大的机会。历史上有名的《梁祝》《白蛇传》《论雷峰塔的倒掉》，还有金庸、古龙小说中的西湖刀光剑影的故事，都一次又一次地为杭州做了深入人心的促销。这些杭州历史形成的"女性化"的城市气质，更成为城市营销的绝佳注脚。但是，杭州却主动放弃了女性化城市意象所塑造城市文化资本。今日之杭州，在工业化、城市化进程中，逐渐随波逐流地成为千城一面的水泥森林。

杭州应该重新拾回"东方女性美"与"精致生活"的文化意象，通过产业开发，整合历史文化资源，打造美丽经济产业。通过丝绸织物、印染、布料等产业集聚的条件，引进国际知名服装设计师、品牌发展商，率先打造知名的女性服饰品牌。并通过世界顶级的模特大赛、选美大赛和开发"西施文化节""西湖天使"之类的活动，建立广泛的美丽经济文化载体，最终延伸到时尚杂志、香水、美容、化妆品、家具等系列产品。从而继承一座城市最经典的文化形象，经营最具前景的美丽产业。这样，不仅继承和发扬了城市的历史文化特色，更以时尚创新理念，打造了富有竞争力的时尚产业，用现代理念经营好杭州这一丰厚的城市文化资本。

---

[1] 胡小武：《品质之城的变味——杭州城市文化品位批判》，《中国名城》2012 年 4 月 5 日。

第三节 郑州城市文化的特色与优势

一 丰厚的历史文化资源

（一）历史悠久的古城

郑州是一座古老的城市，历史悠久。远在七八千年前的新石器时代，我们的祖先就生息繁衍在这块土地上，考古发现有裴李岗文化遗址。进入新石器时代中期以后，郑州地区逐渐成为中原远古文化发展、聚集与融合的中心区域，大河村遗址为其代表。早在3500多年前的商代，这里就形成了相当规模的城市。位于市区的商城城垣周长7千米，面积4.43平方千米、在城东北部发现有大型宫殿基址。商汤灭夏建立了商王朝，商王仲丁曾建都于此，称隞都。

西周初年，武王伐纣后，封其弟管叔鲜于此地，称管国。春秋时期属郑国，为郑大夫公孙子产的采邑。战国时期，郑为韩国所灭，此地属韩。秦并六国后，在此设管县。东汉时期称管城县。北周武成元年（559）改为荥州。隋文帝开皇三年（583）改荥州为郑州，辖荥阳、成皋、密、中牟、苑陵等县，开皇十六年（596）郑州又改为管州，大业二年（606）将管州改名郑州。唐武德四年（621）郑州被一分为二：密县、泗水、荥阳、荥泽、成皋5县属郑州；须水、清池、管城、圃田等县归管州；贞观元年（627）将管州及其所辖县并入郑州；贞观七年，州治自武牢移至管城。宋熙宁五年（1072），废除郑州建制，将管城县划归开封府；元丰八年（1085）再度恢复郑州建制。清代，郑州曾两次升为真隶州。民国初年改为郑县。1948年10月22日郑县解放，设郑州市，1954年河南省政府由汴迁郑，郑州市成为河南省省会。

（二）国家级重点文物保护单位

据统计，郑州拥有的国家级重点文物保护单位数量居全国之首。目前，郑州拥有世界文化遗产2项，全国重点文物保护单位74处80项，不可移动文物近万处。自20世纪50年代以来，郑州的考古工作取得了一系列重大发现,入选"中国20世纪100项重要考古大发现"4项,入选"全国十大考古新发现"13项。

郑州市的全国重点文物保护单位有大河村遗址、裴李岗遗址、古城寨城址、西山遗址、王城岗及阳城遗址、郑州商代遗址、郑韩故城、少林寺、常住院、初祖庵、塔林、太室阙、少室阙、启母阙、中岳庙、嵩岳寺塔、会善寺、嵩阳书院、观星台、巩县石窟、宋陵、净藏禅师塔、打虎亭汉墓、荥阳故城、韩王陵、巩义窑址、后周皇陵、康百万庄园、永泰寺塔、法王寺塔、大唐嵩阳观纪圣德感应之颂碑、织机洞遗址、新砦遗址、唐户遗址、大师姑城址、小双桥遗址、大周封祀坛遗址、欧阳修墓、李诫墓、新郑轩辕庙、崇唐观造像、刘碑寺碑、二七塔、李家沟遗址、尚岗杨遗址、后庄王遗址、青台遗址、秦王寨遗址、人和寨遗址、花地嘴遗址、曲梁遗址、娘娘寨遗址、稍柴遗址、南洼遗址、望京楼遗址、祭伯城遗址、华阳故城、京城古城址、苑陵故城、汉霸二王城、铁生沟冶铁遗址、密县瓷窑遗址、苌村汉墓、后士郭壁画墓、千尺塔、寿圣寺双塔、凤台寺塔、清凉寺、南岳庙、郑州城隍庙、登封城隍庙、郑州清真寺、密县县衙、慈云寺、张祜庄园、刘镇华庄园、苌村汉墓、千尺塔。

(三)独具特色的郑韩文化

郑州是黄帝故里、郑韩故都,思想文化繁荣。郑州在中国历史上曾经出现了众多的哲学家和思想家,先秦时期,有子产、子夏、邓析、列御寇、申不害、韩非子等;秦汉魏晋时期,有晁错、向秀、钟会、韩康伯等;唐宋时期,有司马承祯、张载等;元明时期,有许衡、高拱、王应麟等。这些哲学家在中国思想文化史上占有重要的地位,尤其是自先秦时期以来奠定的求真务实、进取革新的法家思想传统薪火相传,未曾断绝。与齐鲁地区维护封建礼教的儒家礼乐思想相比,黄帝故里周边郑韩文化显得更具进取革新的精神;与荆楚地区崇尚玄想的道家神仙思想相比,黄帝故里附近的郑韩文化显得更具求真务实的品质。

郑韩文化内容厚重,形态多样,既有法家、儒家和道家文化,也有独特的民俗民风和诗词文化。郑韩文化有许多优良的精神品格,其特质可以概括为：博大包容、革新务实。郑韩思想家多为法家，比如，郑子产铸刑鼎，把法律条文铸刻刑鼎，公布于众，便于百姓了解和遵守。邓析又改刑鼎为竹刑，将法律条文刻于竹板，不仅制作简便，省时省力，而且也有利于法律普及，更易于百姓接受。申不害重"术"，提出"修术行道"，"内修政教"，即整顿吏治，加强集权。总之，从子产铸刑鼎到邓析刻竹刑，从申不害重术到韩非法、术、势结合，孕育了郑韩文化变法图治、改革图强的精神。

（四）非物质文化遗产项目众多

郑州作为中国历史文化名城、中国八大古都之一、中国优秀旅游城市，其非物质文化遗产极为丰富，底蕴深厚。保护和利用好这些非物质文化遗产，对于继承和发展郑州市优秀特色文化，促进文化传承，弘扬民族精神，建设和谐郑州，具有重要作用。

2008年7月，由郑州市非物质文化遗产保护中心组织有关专家进行了郑州市非物质文化遗产项目普查工作。经过两个月的普查，郑州市发掘出252个非物质文化遗产项目，其中，有些新发掘的项目，包括"许由的传说""溱洧婚俗""列子的传说""黄河号子"等涵盖了生产生活习俗、岁时节日、手工技艺、歌舞曲艺、游艺竞技等各个方面，价值较高。从2008年起至今，郑州市政府批准市文化局确定了两批市级非物质文化遗产名录15类82项[①]，具体情况见表8-1。

表8-1　　　　　　　郑州市非物质文化遗产项目

序号	种类	数量	具体内容
1	民间文学	17	火烧秦桧传说、洛神传说、毛潭毛延寿传说、祝英台梁山伯传说、中牟西瓜传说、孔子回车庙传说、黄帝传说、郑风、楚河汉界——象棋文化传说、嫘祖传说、潘安传说、中牟寿圣寺双塔传说、许由传说、大禹传说、慈云寺传说、孝义传说、河图洛书传说

---

① 潘盛俊：《论非物质文化遗产的保护与传承——以郑州市为例》，《大舞台》2012年7月20日。

续表

序号	种类	数量	具体内容
2	民间美术	12	黄河澄泥砚、炭精画艺术、砖雕、蛋雕、烙画、新密洪山庙戏曲壁画、嵩山木版年画、嵩山木雕、嵩山根雕、剪纸、巩义泥塑、巩义潢彩画
3	民间音乐	7	超化吹歌、二七区民间歌谣、狮子鼓、玉门号子、古荥对花鼓、黄河打硪号子、穆沟道教祭祀古乐
4	民间舞蹈	5	小相狮舞、荥阳狮舞、荥阳笑伞、独脚舞、猩猩怪
5	戏曲	1	常香玉豫剧唱腔艺术
6	民间手工技艺	10	影雕技艺、香包技艺、猴加官、泥塑、新郑三里岗李家菜刀、新郑八千刘家钢勺、新密麻纸手工造纸技艺、中牟香稻酒酿制技艺、郑州古琴制作技艺、嵩山"泥人刘"
7	生产贸易习俗	6	新郑枣树栽培技艺、荥阳石榴栽培技艺、中牟大白蒜栽培技艺、巩义小相野菊花生产技艺、荥阳柿树栽培技艺、荥阳柿饼霜糖生产技艺
8	消费习俗	6	蔡记蒸饺、合记烩面、葛记焖饼、郑州蔡记蒸饺(京都老蔡记)、京都老蔡记鸡丝馄饨、海记清真牛肉制作技艺
9	民俗	4	摸摸会、新密溱洧婚俗、中原古荥葬俗、郑州老坟岗习俗
10	游艺、传统体育与竞技	4	少林功夫、苌家拳、太乙拳、七巧板游戏
11	民间信仰	5	中岳庙会、郭氏家祠祭祖、李堂药王庙庙会、新密天爷洞拜祖庙会、郑州城隍文化
12	民间知识	2	张杨贵皮肤科、鸭李正骨
13	文化空间	1	黄帝故里拜祖大典
14	曲艺	1	巩义河洛大鼓
15	民间杂技	1	巩义东庄秋千

二 强大的经济贸易基础

(一)"天下之中"的区位优势

在传统观念中,郑州居于"天下之中",域内登封市至今保存着世界文化遗产"天下之中"历史建筑群。郑州最大的优势和底气便是"天下之中"的"区位+交通"之利。

近些年,郑州不断地挖掘"居中"区位红利,打造"米"字形高铁网,建设联通境内外、辐射东中西的物流通道枢纽,拓展空中、陆路、网上三个向度上的"丝绸之路",筑起内陆地区对外开放门户。现代郑州是一座"火车拉来的城市"。得益于区位优势,京广、陇海两条铁路大动脉交会,确立了郑州的铁路枢纽地位,郑州铁路货运北站作业量居亚洲之最。如今,以郑州为中心的"米"字形高铁正在加快建设,郑州晋级为高铁枢纽,强化了作为中国铁路"心脏"的地位。

郑州依托国家一类航空口岸,打通了走向国际的空中走廊;依托郑州国际陆港、铁路国家一类口岸和多式联运体系,构建了以中欧班列(郑州)为载体的亚欧陆路走廊;依托海关特殊监管区发展跨境电商,开启了国际贸易的网上通道。自郑州航空港经济综合实验区成立以来,随着基础设施的完善和各类功能性口岸的开通,郑州已成为全球鲜活农产品集散地。数据显示,2016 年,郑州新郑国际机场货邮吞吐量为 45.7 万吨,跃居国内机场第 7 位。旅客吞吐量首次突破 2000 万人次,同比增长 20%。以口岸建设筑起内陆开放高地,是郑州大枢纽战略走向国际的延伸。

目前,郑州的"大交通经济"方兴未艾,还处于急速上升的关键期,要保持良好的发展势头,除本身的规划以及努力促成国家战略外,还要从行政体制改革这一外力系统中寻找动力源。在地方交通运输管理体制追求多元的今天,行政管理体制也不必因循守旧,与一定经济区域甚至不同区域内的政府开展不同形式的合作,也是可取的。比如,利用"西气东输"和"南水北调"的关键大势,促动未来的管道运输能够更适时地融入"大交通"的领域等。在机构设置上,必然要囊括更多的相关机构、职能融为一体,为有地方特色和带动力的交通运输行业服务。

(二)经济总量提升与经济结构的优化

改革开放后,郑州经济发展步入快车道,1978 年,郑州市 GDP

仅为 20.3 亿元，到 1990 年，仅发展到 116.4 亿元，到 2010 年则增加到 3365 亿元，较 1978 年增加了 165 倍之多。2017 年，郑州市 GDP 总量达到 9130 亿元，离万亿只差一步，在全国排在第 17 位，和宁波、佛山形成第二梯队，比第三梯队榜首的南通多将近 1400 亿元。

郑州市发展主导产业是以棉纺织业的轻工业和机械制造为主的重工业，第三产业对郑州市经济贡献较小。到 20 世纪 80 年代末，郑州基本形成了以大中型企业为骨干、多门类、结构较为合理的现代工业生产体系，成为河南省重要的工业基地。但进入 20 世纪 90 年代后，棉纺织工业及机械制造业等工业逐渐衰败，为配合郑州商贸城建设，郑州市大力扶持郑州高新技术产业开发区、郑州经济技术开发区和河南郑州出口加工区等一批高科技企业，逐渐形成了以电子信息、生物医药、电力器材、新材料、软件、汽车、食品、光机电一体化为特色的新兴产业体系。[1]

郑州市资源型工业发达，工业基础较好，在 1996 年以前，工业的比重较高，且非常稳定。1996 年中央提出"建设社会主义的新型商贸城市"后，第三产业，尤其是批发和零售贸易业、餐饮业在数量上取得了很大的发展。到 2009 年，郑州市 GDP 已达到 3308.5 亿元，其中，第三产业生产总值为 1418.92 亿元，占郑州市 GDP 的 42.9%。"十二五"期间，郑州市经济发展处于工业化后期，产业结构调整快步进行，经济发展质量稳步提高。2015 年，郑州市 GDP 完成 7315 亿元，其中，第一产业增加值完成 151 亿元，第二产业增加值完成 3625 亿元，第三产业增加值完成 3539 亿元。郑州市三次产业结构由 2010 年的 3.1∶54.5∶42.4 变化为 2015 年的 2.1∶49.5∶48.4，第三产业占 GDP 比重持续上升，第一、第二产业占 GDP 比重持续下降。产业结构进一步优化，是郑州市经济持续、健康发展的保障。

---

[1] 王文棋：《郑州市二七商业中心区发展研究》，硕士学位论文，华南理工大学，2011 年，第 25 页。

第四节 城市文化品质的提升战略、评价机制与具体措施

一 城市文化的品质提升战略

（一）补齐短板、巩固优势

一座城市与其他城市相比，其相同的优点，容易被人们忽视，差异之处则容易引起人们的关注。水桶的容量取决于短板，链条的力量总是由最弱的一环决定。因此，在我们强调提升城市的文化品质时，也要清晰地认识到，补齐短板与巩固优势具有同样重要的作用。

郑州市自身存在下述"短板"现象。

第一，城市承载力不足，基础设施和公共服务设施严重滞后于城市发展。郑州市城市空间弹性较大。其主要表现为城市建设面积和城市人口的不相匹配，城市建设面积增长速度较快，人口的集聚速度却相对较为缓慢，造成城市空间在一定程度上的浪费，城市交通体系也随之呈现不均衡分布状态，因此，放缓城市建设用地的扩展速度，引导城市人口均匀分布，改善城市空间弹性，实现城市空间布局的合理优化，是当前郑州市高效城市建设的关键。

第二，科技创新能力不足，与周边城市相比，国家工程技术研究中心、国家及部属重点高校、科研院所等机构较少。在知识经济时代，人才、知识、信息、科技、文化正成为城市经济发展的关键要素，人力资源开发是城市经济发展的根本推动力。以人力资本开发为中心，实现产业结构软化，建立以智力输出为主的产业集群，是城市可持续发展的内生动力。郑州市应抓住航空港经济综合实验区建设的契机，加大科技、教育、文化投入力度，加强高端人才培养和引进力度，实施企业创新能力建设工程，强化与高校、科研院所及跨国企业的战略合作，建设一批企业技术中心、工程（重点）实验室、工程（技术）研究中心等研发平台，努力创建国家创新型城市。

第三，开放力度不足。支持企业"引进来""走出去"。当今世

界政治多极化、经济全球化、区域经济一体化，全面提升对外开放水平，要把握世界发展大势，实施更为主动的开放战略。郑州市处于中原地区，是我国重要的交通枢纽、物流中心，也是我国联系世界的重要城市，郑欧班列的开通，给郑州市带来很大的发展空间，是郑州市前所未有的发展机遇，是郑州联系世界的又一个重大里程碑。它不仅加强了郑州市与国际的接轨，郑欧班列也是"一带一路"最活跃的国际货运班列，大大提升了我国的改革开放水平，也是我国历史上重要的一页。因此，郑州市应大力推进支持企业"走出去"，带动其他产业的发展，抓住历史机遇，再创辉煌。实施更加主动的对外开放战略，完善互利共赢、多元平衡、安全高效的对外开放格局。

（二）清晰定位、塑造形象

定位的混乱会对城市形象的发展产生负面影响，无法在人们心中形成清晰的印记。比如西安，也像郑州一样，有着悠久的历史资源。西安在从西周初被建为国都迄今3000余年的发展历史中，其前2000年作为周、秦、汉、唐等16个王朝与政权的都城，但西安市在城市文化设计方面主打"大唐文化"这张牌，形成了特色和优势。

郑州市在城市文化设计方面，一定要有清晰的定位，不可以用缺乏特质和个性的理念与词汇来描述。中国的国土虽然广袤，但中心在河南；中国人的历史源远流长，但起点在中原。从地理上讲，郑州是"天下之中"；从文化上讲，郑州是"黄帝故里"——华夏文明的发祥地；从功能上讲，郑州是中国新时代的"国际商都"。

从文化来讲，郑州可以举起"黄帝文化"这面大旗，既可以恰当地涵盖先秦郑韩文化，同时也彰显了中原作为华夏文明之源的重要地位。黄帝文化统摄根亲文化在其中，与郑州市文化设计方面的前期工作能够一脉相承。据《中华姓氏大典》记载，4820个汉族姓氏中，起源于河南的1834个，所包含的人口占汉族总人口的85%。李、王、张、刘、陈中华五大姓氏均起源于河南。2007年，公安部公布的中国当代百家大姓，有80个姓氏起源于河南或其中一支起源于河南。充分研究并发掘根亲文化，对于凝聚中华民族的向心力具有不可低估的作用。

除了作为华夏文明始祖的黄帝，郑州还有列子、子产、韩非子、邓析等众多具有标志性的历史文化名人，他们都可以被打造成以黄帝为首的郑州城市文化的代言人。文化名人往往代表一个城市的文化自信。文化自信是一个城市发展进步不可或缺的无形资产，它能将有形的文化名人经由一种文化的象征意义或者传播功能，逐渐内化为一个地区的文化符号，并最终内化为一种精神的、心理的、性格层面的自信心。在一个地区的文化史中，必定以地方名人作为一种激励工具，给市民以一种精神刺激。因此，城市文化名人是一个城市文化自信和精神激励的重要"代表物"。

不管是历史文化名人，还是当代文化名人，都具有重大的城市营销和文化激励的效果。名人作为一种资源，在当代社会日益产生出一种名人效应。山东曲阜的"三孔文化"孔府、孔林、孔庙便是基于孔子这一历史文化名人而开展的旅游文化发展战略。当前发生在各地的历史文化名人"故里之争"更深刻地体现了城市营销的一种名人促销策略，比如，湖北襄阳和河南南阳开展的诸葛亮故里之争。

2016年1月召开的郑州市委十届十三次全体会议讨论了《郑州建设国际商都发展战略规划纲要（讨论稿）》，郑州市接下来会在十八届五中全会精神的指导下积极融入国家"一带一路"倡议，坚持以建设国际商都为统领，加快建设"买全球、卖全球"的大物流体系，把郑州打造成为依托国际物流中心为基础的国际商都。目前，郑州已经构建了一批物流管理和配送中心，但是，这离国际物流中心的标准还有一定的差距，必须在现有的基础上不断完善配套的物流设施建设。除了进一步完善航空、公路、铁路等物流网络，还必须营造良好的物流产业发展环境，进一步扩建货站面积，建立大型立体仓库和仓储设备，配置专业的机械设备，以完善的基础设施配置带动相关产业的发展，更好地发挥规模效应。

二 城市文化设计的评价机制

（一）文化评价机制

城市是历史文化的象征，也是一座城市灿烂文明的直接见证和世世代代的集体记忆。城市文化在其表征性上，体现在各地的世界遗产、历史地段、历史街区、名镇古村之中。它不仅体现在一切物质文化的承载之中，同时也体现在文学艺术、诗词歌赋、风俗习惯、节庆事典、俚语方言等方面，城市文化因历史积淀而成，并不断演绎和发展，对一座城市的文化的过去、现在和未来，都将产生重要而深刻的影响。

郑州市要将自己悠久的历史、众多的全国重点文物保护单位以及丰富的非物质文化遗产等，转化为城市发展的动力，而不是负担；成为城市形象的亮点，而不是鸡肋。因此，在郑州城市文化设计中，要将文化评价机制包含在内。1994年，郑州被确定为国家历史文化名城，在历史文化名城的保护上，应该开展一系列弘扬优秀文化的精神创建活动，使全体市民树立起强烈的"名城古都"意识。

城市旅游在发展的整体过程中，旅游企业将重心放在城市的景点和自然景区上，并没有注重对当地特色文化进行资源利用。在长期的发展过程中，就会降低城市旅游整体的竞争力，阻碍现代城市旅游经济的快速发展。郑州市大力宣传城市旅游文化特色，着重宣传城市文化旅游资源，借助新兴媒体的宣传方式，利用"明星效应"打造城市旅游品牌，充分融合广播、电视和网络的宣传优势，树立城市文化旅游品牌，维护城市文化特色形象。对城市文化的视听效应进行多方位的宣传，提升城市旅游形象的整体影响力，为文化资源的开发提供强有力的保障。

(二) 环境评价机制

1990年，郑州市绿化覆盖面积2683多公顷，绿化覆盖率达到35.25%，居全国省会城市第3名。郑州市曾被称为"绿城"，但是，由于历史和认识方面的原因，一度忽视了城市生态建设，导致城市绿化覆盖率明显下降。目前，郑州市的城市绿化主要分布在西部的碧沙岗公园、五一公园、西流湖公园；北部的绿茵广场、文化广场、文博广场、动物园、森林公园等；东部的紫荆山公园和郑东新区CBD商务中心的大面积集中绿化；南部的世纪欢乐园、双秀公园和烈士陵园；市中心的人民公园以及贯穿市区的金水河两岸的城市绿化。中心城区绿化覆盖率为35.5%、绿地率30.31%、人均公共绿地6.9平方米，联合国环境和发展委员会认为，人均绿地60平方米是城市居民最理想的居住标准。[①]

环境是发展的前提，如果没有一个良好的发展环境，经济转型升级很难得到大幅度的提升，要努力创建有利于经济转型升级的环境。从郑州市经济转型升级模型的综合评价得分可以看出，环境治理一直是一个比较严重的问题。在2010—2013年数据中，只有2013年的综合得分大于零。因此应加强环境治理。加强环境治理，树立保护与发展相统一的理念；坚持节约优先，保护优先，自然恢复为主；着力推进绿色发展，循环发展，低碳发展；形成节约资源和保护环境的空间格局，大力推进节能减排，大力淘汰落后产业，优化调整能源结构；建立系统完整的生态文明体系，用制度保护环境；规范并完善重大项目引进和推进机制，杜绝高污染项目，高耗能项目，增加项目的针对性与有效性；完善经济社会发展考核评价体系；划定生态保护红线，建立责任追究制度，共同维护郑州"绿城"风貌。

三 提升城市品质的具体举措

（一）打造主题公园

主题公园是在传统公园基础上发展形成的具有明显大众性及商业性特征的城市休闲娱乐活动空间。在主题公园当中，文化主题公园是其中的一个类别，而与普通的主题公园不同，其在实际建设中，更加注重在特定文化主题中对文化进行陈列与复制，以此塑造出以文化传播、园林环境为载体的文化休闲空间。

在文化主题公园建设中，在以文化为载体的同时，也兼顾人与自然的结合，从人的需求出发，也是文化公园公共性及社会属性的重要体现。第一，文化宣传与认知需求。不同地区都具有该地区独特的文化。文化正是城市发展建设的灵魂。主题公园正是不同区域文化异质性及差异性的一种表达方式，通过城市文化主题公园建设，能够以全方位的方式展示城市的民俗及地域文化，在增加城市认知度的基础上

[①] 王文棋：《郑州市二七商业中心区发展研究》，硕士学位论文，华南理工大学，2011年，第48页。

宣传城市的文化。第二，城市品牌塑造。文化主题公园是城市的重要名片。通过文化主题公园建设，对提升城市社会知名度及品牌塑造也具有积极的影响。

（二）承办文化艺术节

打造城市文化品牌，走具有自身特色的可持续发展路线，成为经济全球化大背景下许多城市发展的必然选择。郑州先后以"绿城""轻纺城""商贸城""东方芝加哥""区域性中心城市"等作为城市定位，相继建设了一批标志性的文化设施，多次承办国际高端论坛、赛事，提升了郑州的城市影响力，郑州正以更加开放的姿态走向世界，并融入国际社会。

近年来，以深度开发中国传统文化和中原地域文化的有郑州国际少林武术节、新郑黄帝故里祭祖大典，目前已形成规模和文化品牌并具有国际影响力。另外，郑州动漫艺术节彰显本地特色新兴文化产业，打造郑州动漫之都；开发本地特色产品的郑州文化节更是多种多样，有郑州葡萄文化节、郑州红枣文化节、河阴石榴文化节、郑州国际啤酒文化节；注重开发中国传统文化和中原地域文化的中国（郑州）国际汉字文化节、郑州善文化节；开发黄河文明的河南郑州黄河湿地文化节。

（三）推动惠民文化工程

城市社区要构建多层次文化艺术空间，确保居民能在周末、在适宜的游憩出行范围内使用具有一定服务品质的体育场馆、图书馆和青少年文化中心等公共文化设施；鼓励商业商务配建图书馆等文化设施，多元业态混合，提升实体商业活力和体验度；鼓励各类学校的图书馆、体育场馆、各类训练中心等文化、体育设施，在确保校园安全的前提下，积极创造条件，向公众开放。

在城市建设环节中，我们不仅要加强对图书馆的有效建设，还要提升城市文化建设工作的水平，确保全面参与，实现全民阅读，对城市文化建设提供更大的帮助。城市文化是对城市发展的综合体现。要想在实际发展中更好地展现城市文化，就要在根本环节上加强全民阅读，实现全民阅读质量的提升。只有不断提升全民阅读质量和效率，才能更好地实现城市文化内涵的全面提升。应该充分发挥互联网等现代信息技术优势，利用公共数字文化项目和资源，为基层群众提供数字阅读、文化娱乐、公共信息和技能培训等服务。

（四）打造智慧城市

郑州市可以通过现代信息传媒技术，将自己丰富的文化资源，其中包括非物质文化遗产、国家重点文物保护单位、博物馆、旅游景点等相关资源，转化为数字信息，建立网上虚拟博物馆，免费向全市、全省乃至全国人民开放。让大家足不出户，就能够了解到郑州厚重的历史和文化。

智慧城市的基础设施包括信息、交通和电网等最基本的专业系统，这些智能化发展的基础设施和公共平台将让市民充分享受到有线宽带网、无线宽带网、高速移动网、物联网以及智能电网等带来的便利。郑州市完全可以通过智慧城市建设，将自己的传统文化优势和现代商业中心的特色结合在一起，用数字传媒的形式向外投射自己的文化实力。

第九章　城市慢行交通系统规划与建设

随着城市蔓延以及城市工业不断发展，机动车保有量快速增长，远距离出行需求增多，城市交通重心逐渐从步行偏向于机动车发展，然而，有限的城市道路资源无法满足日益增长的机动车出行需求，从而引发交通拥堵、空气污染等一系列问题，制约了城市的可持续发展，也导致慢行交通环境遭到破坏，对居民的出行质量造成严重影响。因此，现代城市交通规划者需要逐渐地将目光转向城市交通发展的内生问题，从"以人为本"以及城市可持续发展的角度出发，考虑到城市交通的效率与公平，研究城市慢行交通系统规划问题，完善城市慢行交通系统，提高短程出行效率，填补公交服务空白，使其与公共交通以及私人机动化出行方式互补和谐发展。

第一节　慢行交通的概念

《北京宣言：中国城市交通发展战略》[1]曾明确提出，中国交通的目的不是实现车辆的移动，而是实现人和货物的移动，应根据各种交通方式运送人和货物的效率来分配道路空间的优先使用权，为公共交通、非机动车以及行人提供优先权。这可以看作是对于"以人为本"的城市交通系统发展理念的高度概括。

"慢行交通"概念最早由法国西塔斯公司引入中国，并于《上海

---

[1]　中国住房和城乡建设部：《北京宣言：中国城市交通发展战略》，中国住房和城乡建设部，1995年。

市城市交通白皮书》[①] 中首次提出"慢行交通"这一概念：慢行交通由步行、自行车和助力车三类交通方式构成。在后续的相关文献中对于慢行交通的定义有一定的差异，一些文献中对慢行交通剔除在车速上进行限制的定义，将助动车速度限制在 20 千米/小时以下，噪声较低，制动良好。[②] 对于速度阈值的确定存在一定争议，尚未制定完全统一的标准。本书中的慢行交通是指以步行和自行车为主体，以低速环保型助动车为补充的非机动车交通系统。慢行交通系统常是指城市步行、非机动车系统以及相关软硬件配套设施的总称。慢行交通作为一种出行方式，更是城市活动系统的重要组成部分，提供多样化的出行体验。

慢行交通具备如下基本特性：

（1）生态性。慢行交通与高能耗、高排放的机动车交通方式相比，能够做到零排放、零能耗，同时能够节约城市出行空间，占用更少的交通资源。慢行交通也是一种较为健康的出行方式，研究表明，慢行交通出行比例与肥胖人口比例具有强相关性。步行以及骑行能够锻炼耐力、体力、控制体重，有益于增强身体素质。但同时慢行交通受气候以及地理环境影响较大，对于山地城市、热带城市等，慢行交通方式的发展往往受到限制。

（2）连续性。慢行交通对道路线形要求较低，出行更为灵活，且在短距离出行中更能体现出速度以及便捷性等方面的优势，步行优势距离范围在 1 千米内，骑行优势范围在 5—8 千米以内[③]，相较于机动车出行更为快捷与灵活，通勤率高，无拥堵成本。因此，慢行交通系统的连续性以及良好的道路状况有助于充分发挥慢行交通的优势，提高出行效率，在出行方式划分环节引导市民采用慢行交通方式出行。

（3）延展性。慢行交通在衔接多种交通方式的同时，也是解决公共交通中"最后一公里"难题的关键。慢行交通可达性强，慢行交通

[①] 上海市人民政府：《上海市城市交通白皮书》，2002 年。
[②] 李晔：《慢行交通系统规划探讨——以上海市为例》，《城市规划学刊》2008 年第 3 期。
[③] 熊文、陈小鸿、胡显标：《城市慢行交通规划刍议》，《城市交通》2010 年第 1 期。

系统能够蔓延至城市道路系统以及公共活动空间的各个角落,是城市交通系统与生活系统的融合和延续。

慢行交通系统作为城市交通系统必不可少的组成部分,其主要作用有以下几点:

(1)缓解城市交通拥堵。良好的慢行交通系统规划能够为市民提供多样化的出行选择,从交通需求管理层面减少机动车出行需求,从而降低常发性拥堵路段的交通压力,促进交通微循环,改善交通环境。

(2)减少城市环境污染。随着空气污染、噪声污染的日益加剧,以及资源短缺日益严重,建设低碳城市成为国际共识。慢行交通方式与其他交通方式相比,不产生直接原油能源消耗,以及二氧化碳等污染物排放。因此,培养市民采用慢行交通方式出行能有效地减少机动车尾气排放对空气质量的影响。

(3)节省城市建设资金。有限的道路资源难以满足日益增长的机动车出行需求,道路修建、养护以及配套软硬件设施的建设必然耗费大量城市建设费用,而慢行交通对道路线形要求低,运行过程中占用道路资源少,静态占地面积较小,因此,发展慢行交通系统可以在一定程度上减少城市建设资金。

(4)改善市民居住环境。注重慢行交通系统建设不仅能够优化市民步行以及骑行出行体验,同时能够改善公共生活空间环境,营造良好舒适的城市环境,提升居民生活品质。

尽管慢行交通方式具有众多优势,但目前其发展依然受到多方面因素的制约。

首先是认识层面的误区。许多人错误地认为城市交通系统的发展要经历机动化,相对落后的慢行交通方式在更新换代过程当中必然成为牺牲品;因此,在城市规划上常常忽略慢行交通系统,为机动车服务进而演变成为机动车交通规划,慢行交通空间被压缩,从而导致人车冲突加剧。由于认识层面的种种误区,导致路权分配中机动车拥有更大话语权,慢行交通者被忽视。

其次是解决思路层面的误区。许多城市在不断发展的过程中容易陷入"当斯定律"（Downs，1962）即"机动车保有量增长—交通资源供给不足—交通拥堵—修建道路增加交通供给—诱发新的交通需求—机动车保有量继续增长"的恶性循环[①]，交通拥堵状况短期内看似得到缓解但不久后会恢复原样甚至加重，与此同时，慢行交通资源被蚕食，慢行交通者减少，对机动车依赖更为严重。

再次是城市发展中管理层面的缺失。由于城市化进程中，城市蔓延以及住职分离引发大量远距离出行需求，限制了慢行交通的发展。同时慢行交通系统规划与管理不到位，路网规划中缺乏统筹安排，无法保证慢行交通系统路网的连续性以及通达性，道路建设中缺乏对其服务水平的重视，使其在安全性以及舒适性上处于劣势。

最后是政策以及技术层面的问题。助动车的机非分离难题，以及慢行交通管理困难，均限制了慢行交通系统的发展。

第二节　城市慢行交通研究与实践

对于慢行交通系统，近年来，国内外对其发展的重视程度逐年提高。国外诸多研究成果为后续深入研究以及工程实践提供了良好的经验借鉴，较为典型的诸如雷德朋体系、交通稳定化、荷兰乌那夫人车共存道路、新城市主义等[②]；提倡以行人以及非机动车为导向的城市发展模式；提倡以人为本，创造最适合步行、骑行以及发展公共交通的城市空间。除了慢行交通理论上的推进，国外许多城市在实践中对于慢行交通的运用迈出了探索性的步伐，重点体现在以下三个方面：（1）将慢行交通系统建设融入城市公共空间改造中，积极推进慢行交通系统发展。（2）对于商务商业区以及居民住宅区的步行网络以及步行环境的改善给予充分重视。（3）推动自行车专用道以及自行车租赁

[①] 王有为、赵波平：《关于当斯定律与城市需求管理的几点思考》，建设部城市交通工程技术研究中心。

[②] 赵和牛：《城市规划与城市发展》，东南大学出版社2005年版。

服务，完善自行车道系统。哥本哈根的自行车交通规划，美国的马德里州自行车交通规划以及圣地亚哥的步行交通规划实例均是慢行交通规划的优秀范例，从中可以看出发达国家对于慢行交通系统的关注逐步升级，并在慢行交通路网规划中形成等级分明的慢行网络，这对于国内的慢行交通系统规划具有借鉴意义。

国内对于慢行交通系统的研究以及建设实践始于21世纪初期，许多城市相继将慢行交通系统纳入城市交通规划项目中，其中研究关注度最高、贡献最突出的是上海市，上海市于2007年首次将慢行交通纳入城市交通科技重大课题当中，并编制了《上海市中心城慢行交通系统规划》，提出要建设300余处慢行核以及慢行岛。杭州市于2008年推出了《杭州市慢行交通规划》，提倡引导慢行交通方式，推动"快慢分行"，完善"公交+慢行"一体化交通出行等一系列举措。[1] 国内学者也对慢行交通系统开展了一系列研究，在上海慢行交通规划项目研究的基础之上，同济大学熊文的博士学位论文《城市慢行交通规划：基于人的空间研究》一文中详细阐述了慢行交通规划相关理论，分别从慢行发展战略层面、慢行空间策略层面、干道设施规划层面以及慢行网络规划层面对慢行规划的理论进行了细致详细的阐述。[2] 林琳等于2002年在《广州市中心区步行通道系统探讨》一文中对城市商业区步行交通系统的构建进行研究，并以广州商业区步行交通系统的构建为例，运用景观生态学进行探讨。[3] 合肥工业大学袁进霞于2010年从人行道、人行横道的设置方法、自行车过街等微观层面对城市慢行交通系统规划建设进行研究。[4]

尽管诸多城市陆续出台发展慢行交通的政策，慢行交通规划的研究逐步开展，但总体而言，其理论和规划方法的研究仍处于起步阶

---

[1] 王琳琳：《慢行交通思想在城市规划中的运用》，《城市建设理论研究》2013年第4期。
[2] 熊文：《城市慢行交通规划：基于人的空间研究》，博士学位论文，同济大学，2008年。
[3] 林琳、薛凯德、廖江莉：《广州市中心区步行通道系统探讨》，《规划师》2002年第1期。
[4] 袁进霞：《城市道路慢行系统规划方法》，博士学位论文，合肥工业大学，2010年。

段,而且由于重视程度、发展模式等原因,慢行交通在城市交通发展领域内依然处于弱势地位。

第三节 慢行交通系统规划方法

一 慢行交通规划框架

城市慢行交通规划的目标是通过分析居民需要怎样的慢行空间,交通系统为满足人们的慢行出行需求,合理设置交通设施。城市慢行交通规划,能够为决策者提供近期以及远期的慢行交通规划信息,以供决策者进行抉择。

慢行交通规划中慢行空间的概念不仅局限于单一平面,还可扩展至空间领域,如地下通道内的商业街、衔接地铁站点之间的商业区。慢行交通可以从宏观、中观和微观三个层面进行规划。宏观层面规划的内容包括发展战略规划、系统结构规划和空间布局规划;系统结构规划中根据城市结构形成不同定位功能的城市发展轴,诸如慢行社区发展轴、慢行廊道发展轴等。中观层面规划的内容包括慢行网络规划和发展策略规划,微观层面规划的内容主要包括交通设施规划和慢行交通设计。慢行交通规划的目标是在城市发展的总体目标的基础上,为慢行者提供公平、优先、安全、便捷的出行环境。根据其规划目标,从三个层面出发,其规划理论以及技术方法可归纳为如表9-1所示。

表9-1 慢行交通规划理论及技术方法

层面	研究对象	规划理论	技术方法
宏观	城市整体布局	交通与土地利用、景观生态学、交通规划理论	土地利用与慢行交通互动规划方法、博弈论
中观	城市分区	交通规划理论	交通需求预测方法、交通网络分析方法
微观	节点、路段	道路设计理论、景观设计理论、人性化理念	交通安全评价、交通设计方法、无障碍设施设计、交通宁静化

二 慢行交通系统规划要素

城市慢行交通系统规划涉及城市土地利用、城市形象、交通组织等多方面内容,可归为空间规划、土地利用、交通组织、景观设计、特色塑造、行为感知等几个方面。

(一)空间规划

慢行区,即城市中拥有一定规模的区域,通过制定相应的慢行策略,具备系统化慢行出行条件的区域。[1] 规划中常以城市干道或天然境界线作为边界,将具备相同出行特性的区域划分为慢行区,在该区域内倡导慢行交通。慢行核即慢行交通系统中的核心节点,诸如商业中心、社区中心、风景区等,对机动车驶入采取限制措施,保障内部慢行交通者的安全。

慢行道,即步行和非机动车道路系统,规划设计的重点之一是合理组织慢行道的空间结构。

(二)土地利用

对于慢行交通规划而言,街区尺度的把控对于居民的出行选择有较大影响。出行距离在500米范围之内,市民大多愿意选择步行,小尺度街区也易于创造丰富的街道生活,其适宜的尺度以及良好的通达性更适合发展慢行交通。通过构建功能复合用地区域,在慢行区域会集商业、餐饮、娱乐、办公等多种功能,使居民在区域内部就可采用慢行交通方式完成出行。

(三)交通组织

慢行交通规划体系中的交通组织包括慢行区之间的交通组织、慢行区内的交通组织和慢行核内的交通组织。慢行区之间通过慢行道以及干道连接,通过"慢行+公交"的方式完成跨区域出行。慢行核是慢行区域内的交通发生和吸引点,应当具备良好的可达性,可引入公共自行车,将机动化出行方式转换为慢行交通出行方式。慢行核内部的交通组织应注重人车分离,优先建设非机动车以及行人专用道,使

---

[1] 刘莹、罗辑、吴阅辛:《基于人本位的城市慢行交通规划细节设计研究》,《城市规划》2011年第6期。

路权划分明确，减少机非冲突，通过合理组织路线将交叉冲突转换为交织冲突。与此同时，内部的支路网系统与非机动车路网以及干道路网一同进行规划，对机动车驶入采取限制措施，保护区域内部的慢行环境。

此外，慢行交通系统在交通组织方面应考虑与其他交通方式的良好衔接，加强与多种交通方式转换的可能性。诸如在轨道以及公共交通站点周边建设自行车停车区域，在城市边缘区域以及中心区域建设相应的非机动车停靠设施以及公共自行车租赁点，将个体机动化交通方式转换为公共交通与慢行相结合的交通方式。

（四）景观设计

慢行交通系统中的景观设计包括人造景观、自然景观和人文景观三方面内容。景观设计应以慢行交通者的视觉特性为规划设计的出发点，并为慢行活动提供适当的停驻空间，可结合城市广场、滨水区、步行街区等场所形成具有观赏性质的城市慢行空间，对地面铺装、绿化种植、建筑墙面等进行细节化处理，使其适应慢行者的视觉特点。

（五）特色塑造

慢行交通系统不仅应由规划者主导自上而下进行构建，更应鼓励市民积极融入，自下而上维护与打造独具特色与城市魅力的、可持续发展的慢行空间，使慢行空间成为城市名片，将慢行文化融入市民的生活。因此，规划建设者要注重多元化心理需求，为市民打造有利于社会活动的慢行空间，延续城市的肌理特征与空间记忆。

（六）行为感知

慢行交通系统的使用感受是城市规划设计者应关注的重点。将城市的景观资源与慢行交通相结合，提升慢行交通体验，满足市民对于出行更高层次的需求，注重慢行空间的舒适性以及安全性，在丰富空间景观的同时，为慢行交通者提供一系列抵御恶劣天气的场所，诸如在交叉口处为非机动车使用者设置的遮阳棚。除此之外，应在慢行交通系统重要节点，加强慢行交通指引，增加导向性与透明度。

三　慢行交通网络构建

在慢行交通系统规划过程中，慢行交通网络的构建是核心步骤。

由于城市道路网"快速路、主干路、次干路、支路"的功能分级对慢行路网没有指导意义,因此,研究慢行路网的特性,提出针对慢行路网结构层次的划分以及规划方法,对慢行空间规划具有重要意义。大多数慢行交通网络具有增长性和偏好依附性两个基本特性。增长性表现为慢行交通网络规模随着时间推移而不断扩大。偏好依附性表现为部分重要的慢行节点随着周边商业发展以及慢行设施的不断完善而逐渐成为区域的慢行中心,演变成为主要的交通发生和吸引源。

慢行交通网络由节点与路段两个基本要素构成,可进一步抽象为交叉口集合 V 以及路段集合 E 组成的复杂网络模型 G = (V,E),为了进一步研究慢行网络特性从而构建慢行交通网络,可按照以下两种方法进行建模。[①]

方法一:原始法。原始法将慢行交通交叉口视为节点,将连接交叉口之间的慢行路段视为慢行网络的边,从而构建整个慢行网络,称为 L 空间网络。其中慢行路段包括人行道和非机动车道。在 L 空间网络中,通常以道路的通行能力作为各个边的路权,但有时为研究基于网络的空间特性,忽略人行道与非机动车道在通行能力等路段特性上的差异,统一采用规划慢行道路宽度来代表路权。

方法二:对偶法。对偶法将慢行道路视为慢行网络的节点,将慢行道路的交叉点视为网络的边,构建起的慢行交通网络称为 P 空间网络。在网络构建过程中,将同名路段视为同一个节点,而忽略不同路段的流量以及通行能力上的差异,构建无向无权慢行交通网络。

对比两种慢行交通网络建模方法,对偶法在网络拓扑分析方面优于原始法。运用对偶法构建慢行交通网络,有利于慢行道路在整个网络中的重要程度识别。而对于 L 空间网络,由于把慢行道路宽度作为路权,其加权特性使网络节点重要度更容易判别。

慢行道路网络存在四种形态,分别为完全规则网络、完全随机网络、小世界网络和无标度网络。其类型判断需要根据网络的各个基本

---

① 宗跃光、陈眉舞、杨伟等:《基于复杂理论的城市交通网络结构特征》,《吉林大学学报》(工学版) 2009 年第 4 期。

特征指标分析得到。基本特征指标是指网络特性以及类型判断的基本参数，包括平均路径长度、聚类系数和度分布。

平均路径长度用来衡量区域内网络节点之间的离散程度，对于无向网络，平均路径长度即网络中任意两个节点之间距离的平均值。

$$L = \frac{2}{N(N+1)} \sum_{i \geq j} d_{ij}$$

式中，N 为节点数，d_{ij} 为连接节点 i 与节点 j 之间最短路径的边数。

聚类系数 C 是指慢行网络中节点的紧密程度。假设网络中的节点 i 有 k_i 条边与之相连，k_i 条边所连接的 k_i 个节点之间最多可能有 $k_i(k_i-1)/2$ 条边，其实际存在的边数 E_i 与总的可能存在的边数之比为节点 i 的聚类系数。其计算公式为：

$$C_i = \frac{E_i}{k_i(k_i-1)/2}$$

整个慢行网络的聚类系数 C 是网络中所有节点聚类系数的平均值。

度分布是判断网络类型的重要指标，也是网络的重要几何性质。累计度 k 的分布 P_k 为：

$$P_k = \sum_{k'>k}^{+\infty} P_{k'}$$

式中，$P_{k'}$ 为分布函数，表示网络中任意随机节点的度 k' 大于 k 的概率。

复杂网络类型的确定是利用复杂网络理论解决交通问题的首要条件。规则网络的每一个节点只和周围邻居节点相连接，具有高度的聚类特性。随机网络具有偏小的平均路径长度，但无明显的聚类特性。小世界网络具有较小的平均路径长度以及较高的聚类系数。无标度网络的度分布符合幂律分布，且具有较小的平均路径长度。

通过分析慢行网络的基本特性指标，进而确定复杂网络的类型，有利于进一步分析慢行交通网络的特性，进行慢行网络的优化。随着慢行交通网络规模不断扩大，且新增的慢行网络节点倾向于与节点度较高的节点相连，因而出现网络中大多数节点的连接线路较少，而少数节点连接线路较多,这些节点度很大的点称为 Hub 点,在减少网络间距之间距离上起重要作用,因此,可通过寻找网络中的 Hub 点,根据其连接需求来优化慢行网络中的边与节点。

(一)慢行区结构优化

慢行区是指城市空间被宽幅道路或被江河分割,导致慢行交通穿越困难而产生的抑制出行区域。慢行区划分应综合考虑用地布局、道路网结构、自然地形等因素,并尽可能将慢行区划分在城市原有分区内部。

慢行区划分以非机动车出行作为参考,在边界、规模等方面应遵循如下原则:首先,其边界应选取非机动车较难跨越的人工或天然屏障,如轨道交通线、铁路或江河。其次,在规模限定方面,由于非机动车出行距离一般小于 6 千米,因此,慢行区半径应控制在此范围之内,慢行区内城市建设理想用地面积为 60 平方千米。根据慢行交通流量分布预测,将各个慢行区内 1—3 千米短距离出行结合慢行区进行调节,得到区域内非机动车出行比例较大的慢行区划分方案。[①]

例如,在《厦门市步行系统规划》中,将厦门市日常步行区划分为 96 个步行单元,为进一步引导单元内步行体系的建设,根据步行单元在城市中的需求等级,确定了 10 个重点步行单元[②],综合考虑到城市需求等级以及城市形象塑造等因素。

(二)慢行路网结构优化

慢行路网结构优化与慢行区结构优化同样属于慢行网络构建宏观层面的优化内容。路网优化主要从路网范围选择、路网层级、路网路径和路网建设指标四个方面着手。

在路网范围选择方面,以近距离方便出行、远距离限制出行,减少对城市主干道影响为准则。具体路网规划时,根据交通调查得到的土地利用、城市铁路、主干道以及天然屏障对城市的切割状况,在城

[①] 余伟、钱科烽、高奖等:《杭州市慢行交通系统规划与设计指引》,《城市交通》2009 年第 2 期。

[②] 高自友、吴建军、毛保华等:《交通运输网络复杂性及其相关问题的研究》,《交通运输系统工程与信息》2005 年第 2 期。

市公共交通系统的中点、端点、枢纽辐射区划分慢行交通区域，在区域内组织慢行交通接驳网络，并尽可能减少慢行区域之间的慢行交通路网联系，采用高效集约化的公共交通走廊承担跨区域的长距离出行。

在慢行路网建设中，应将慢行交通从城市干道中分离开来，限制在一定区域范围内，根据不同交通方式的特点划分交通层次，形成各自独立互不干扰的运输系统。在慢行交通专用道选择方面，可以选择位置合适、连续性较好、拆迁量较小的街坊开辟慢行交通专用道，将非机动车和行人流量从机动车道上分离开来。慢行路网层级可根据其功能定位划分为快慢分行道、慢行优先道和慢行专用道。快慢分行道是城市慢行交通网络的主框架，也是与公共交通连接最紧密的慢行道。慢行优先道是连接慢行区与慢行核之间的慢行道路，采用物理隔离或机非画线方式进行机非隔离。慢行专用道主要承担城市观光、旅游以及休闲的作用。

慢行路网路径优化部分，主要从慢行距离、非直线系数和出行时间费用三个要素出发。慢行距离即慢行者对采用慢行交通方式出行距离的承受值，是最简单直观的指标。以步行者为例，一般采取400米为理想步行距离。在加拿大1994年城市规划中要求，居民居住地距离公共交通站点距离不应超过300—450米。[1] 非直线系数即慢行交通网络两节点之间的实际距离与空间直线距离之比，在《城市道路交通规划设计规范》中规定，整个路网的平均非直线系数以1.15—1.2为宜。[2] 出行时间费用即采用慢行交通方式从出发点到达目的地的全部时间成本，大多数出行者在选择出行方式时，时间费用是首要考虑的因素。

（三）慢行道设计优化

慢行道是供徒步、自行车等慢速交通方式通行的廊道，主要分为自行车慢行道和步行慢行道。

---

[1] 黄娟：《城市步行交通系统规划研究》，《现代城市研究》2007年第2期。
[2] 中华人民共和国：《城市道路交通规划设计规范》（GB50220—95），1995年。

关于自行车慢行道设计。自行车道单侧设置符合国内大多数情况，即把较宽机动车道中的一部分剥离出来作为自行车道，仅在道路的一侧设置自行车专用道，以节约道路资源，提高非机动车道利用率，同时简化交叉口信号灯相位，提高交叉口通行能力与通行效率。其次是公共自行车的引入，应合理规划公共自行车停放点与租赁点，结合重要节点的布设，与周边用地与建筑相协调，统筹考虑城市轨道交通整体规划。关于步行慢行道设计优化，以保障步行者的安全为首要考虑因素，因此，可以在步行慢行道设置围护设施，在行人横道线上增加颜色或立体感以保障行人过街安全。在城市支路部分，为保障行人优先，并限制车速，可以在不影响通行能力的前提下增加道路曲率。除了在道路线形以及配套设施方面进行优化，应同时注重慢行景观设计以及慢行文化空间设计方面的优化研究，使软硬质景观要素兼容、协调，为慢行者提供一个安全、便捷、系统完善且富有观赏性质的慢行环境。

第四节　慢行交通规划案例剖析

这里选取国内较为典型的上海市慢行交通规划实践为案例进行分析，重点为其发展目标、规划方案以及实现策略。2005—2008年，同济大学配合上海相关部门研究并完成了《上海市中心城非机动车交通规划》和《上海市中心城步行交通规划》。

机非混行是国内混合交通流的主要特征之一。在上海，机非分离措施在城市主干道上已实施多年，部分主干道两侧的非机动车道被改为机动车道，并将平行支路改建为非机动车道，然而，由于绕行路线以及其他定量依据缺乏人性化，路权分配公正性遭到民众质疑，因此，机非分离效果不尽理想，许多非机动车专用道通行效率不高，未能发挥分流作用。经过上海市非机动车道改机动车道社会调查，结果显示，居民对机改非政策的接受与否取决于绕行距离，自行车骑行者可接受的平均绕行距离为274米，助动车骑行者可接受的平均绕行距离为 325 米。上海市将调查得到的上述指标作为机非分离可行与否的基准，为规划绕行路线设定人性化依据。除此之外，保障骑行者安全是另一项机非分离政策目标。因此，需要进行非机动车事故分析，进而设置机非分离规划依据。据估计，进行交通分流和车道分隔后，慢行安全性可提高 3—5 倍。[1] 据印度一项调查研究，新德里一条代表性干路机非分离后，事故率下降约 46%，其中，伤害事故率降低 40%，死亡事故率降低 60%。[2]

行人过街设施规划是上海市慢行交通规划的另一个重点。行人过街设施包括人行横道线、二次过街设施、人行过街天桥、下穿通道、交通控制信号灯以及相关标志标线。步行者对过街时的绕行距离以及等待时间存在容忍限度，称为步行者过街的时空阈值。上海市针对不同路段、不同年龄段行人过街的时空阈值调查显示：行人在主、次干道过街的平均绕行阈值分别为 152 米、74 米，其中老年人可承受的过街绕行距离最短，分别为 108 米、55 米，若前后选择公共交通作为接驳方式，则该值降低为 100 米、63 米。行人在主、次干路上可接受的平均等待实践阈值为 122 秒、78 秒。该调查结果显示的时空阈值可用于设置主次干道行人过街设施布局的约束指标，如干路过街设施间距在步行密集区应控制在 250 米，在步行活动较少的区域可适当扩大至 300 米，与公交车站以及轨道交通站点之间距离应控制在 60—100 米范围内，在主、干路上，行人过街信号控制红灯相位时间应控制在 90—120 秒范围内。[3]

在人行过街方式偏好选择方面，调查显示，少年倾向于使用人行天桥，青年与老年倾向于等候时长适宜情况下平面过街。因此，行人过街设施应随地点不同而改变，中小学附近路段行人过街应优先考虑

---

[1] 曾四清、刘筱娴：《自行车交通事故伤亡的现状及其预防对策》，《国外医学社会医学分册》1995 年第 2 期。

[2] Geetam Tiwari, "Pedestrian Infrastructure in the City Transport System: A Case Study of Delhi", *World Transport Policy & Practice*, 2001, 7 (4).

[3] 熊文、陈小鸿、胡显标：《城市干路行人过街设施时空阈值研究》，《城市交通》2009 年第 1 期。

过街天桥设施，大学以及社区附近路段行人过街应优先考虑平面过街形式，并合理设置行人相位，减少人车冲突。

在慢行优先网络规划方面，分为自行车廊道规划和步行系统规划两部分。在规划自行车廊道时，需兼顾机非分离需要以及骑行者对绕行距离和时间成本的接受程度等因素，选择线形顺畅、便捷、连接重要节点的道路来构建自行车廊道；并将自行车道路网划分为廊道、通道和休闲三个级别，以明确不同级别道路的骑行路权。自行车通道建设标准可略低于自行车廊道，但需要保障骑行者的安全与便捷。自行车休闲道宜沿河流或绿道布局，并优先选择车流量较低、具有观赏价值的城市支路。在上述三个级别的城市自行车道路网规划中，以自行车廊道规划最为重要。上海市中心城规划形成了"十三纵十二横"的自行车廊道布局，为骑行者提供了一个安全、便捷、相对优先的骑行环境。与此同时，将自行车廊道分为 A 级、B 级、C 级、D 级和 E 级五个等级，A 级、B 级廊道单向车道宽度标准分别为 4—6 米、2.5—4 米，并设置机非物理隔离，C 级廊道单向车道宽度标准为 2.5—4 米，并设置机非标线隔离，D 级廊道机非混行，设置独立人行道，路宽 6—9 米；E 级廊道机非人混行，路幅宽度小于 6 米。[1]

上海市自行车廊道规划中利用少量支路资源，为"骑行优先"创造条件，其廊道里程仅占中心城道路长度的 10%，就能够使绝大多数居民在出门 3 分钟之内融入骑行优先环境，随着路况的进一步改善，更多自行车流会转移至自行车廊道。

在步行系统规划方面，上海市利用交通宁静化技术，该设计理念是积极减少街道机动车流量，限制机动车行车速度，规范驾驶人行为，通过给予步行者优先路权改善慢性环境，但不单独设置慢行专用道。上海市中心城宁静步行系统规划结合 GIS 以及事故黑点分布比选[2]，规划宁静步道 406 条，399 千米，包含 26 条既有步行专用街，

---

[1] Chen Xiao-hong, Xiong Wen, *Planning Bicycle Corridor for Shanghai Central City*, 86th TRB Annual Meeting, Washington：TRB, 2007.

[2] 熊文：《城市慢行交通规划：基于人的空间研究》，博士学位论文，同济大学，2008 年。

并参考交通宁静化技术与人车分离手段对宁静步行网络与安宁过街设施进行优化。在规划中利用少量支路资源,结合干路过街设施为城市步行优先创造良好条件,其步行道路里程仅占中心城道路长度的13%,即可使大多数居民出门就可融入步行优先、通达性强的良好慢行环境。

第五节 关于郑州慢行交通规划的建议

通过以上慢行交通规划方法以及实例分析,针对目前郑州市慢行交通发展现状,提出如下几点建议:

首先,城市规划中要增强对慢行交通评价体系的关注度,完善慢行交通管理中的人性化评判依据。目前的情况是,若某路段交通环境恶化,行车速度大幅度降低,则能够被传感器感知并上传至监控管理中心,输出检查报告,进而根据该路段的问题进行排查和优化,如配时不合理、交叉口"瓶颈"影响、机非干扰等,优化后车速得以小幅度提升,而慢行者的时空损失则被搁置。实际上,微小的车速提升有时需要以慢行交通者数倍的时空损失以为代价,因为车速改善效果可以量化统计,而慢行交通者的延误和风险却不在交通规划设计以及其评价体系之内。

其次,解决好干路快慢冲突问题,确保慢行交通者安全。在城市道路中,各级别干路是慢行交通事故的高发场所,据统计,干路单位里程慢行交通者受伤害人数为支路的8—10倍。[①] 尽管人车分离,机非分流一定程度上保障了慢行交通者的出行安全,但其目的偏重于机动车行车效率。《城市道路交通规划设计规范》规定,当道路宽度超过双向四车道时,应设置二次过街安全岛,但在郑州即便是双向八车道道路,仍有很多未设置安全岛。另外,《城市道路交通规划设计规

[①] 陈圣迪、陆键:《城市慢行交通的系统障碍与理性破解》,《上海城市管理》2011年第7期。

范》提出，城市干路过街设施间距不宜超过 300 米，但郑州市部分干路过街设施间距超过该指标，导致部分行人横穿机动车道。

最后，防止服务于慢行交通的部分城市支路被机动车蚕食。出于对慢行交通者的时空补偿，吸引慢行交通，支路慢行环境相对干路更为良好，但由于监管乏力，机动车常利用支路抄近道，慢行通道存在违章停车侵占慢行空间的现象也十分普遍。受交通流理论影响，慢行通道设计强调运输作用而忽略了作为街道的生活功能，《城市道路交通规划设计规范》建议人行道宽度为 1.5 米，该尺度满足交通流理论中机械人流的空间需求，但对于日常生活中步行活动而言显然偏窄。与机动车路网类似，非机动车也需要构建骨干路网，保障自行车行驶的贯通性，而郑州市许多通达性强的支路陆续升级为次干路以及主干路，因此，在交通规划中需要根据慢行交通规划依据，改造支路网为非机动车分流，形成通达的非机动车网络，并实施规范化管理，减少机非冲突，加强助动车管理。

参考文献

1. 来有为:《推动服务业高质量发展需解决的几个关键问题》,《经济日报》2018年7月12日。
2. 齐慧:《为服务"一带一路"感到骄傲和自豪》,《经济日报》2018年7月10日。
3. 徐惠喜:《亚洲经济体有望超预期增长》,《经济日报》2018年3月30日。
4. 华义:《国外如何建设社会信用体系》,《参考消息》2018年6月28日。
5. 钟华林:《成都高新自贸区争当改革创新领头羊》,《经济日报》2018年1月8日。
6. 李哲:《创客孵化创客 升级倒逼升级》,《经济日报》2018年1月8日。
7. 薛志伟:《生态环境高颜值 经济发展高素质》,《经济日报》2018年6月25日。
8. 孙静:《河南全面取消出入境货物通关单"单子"再减通关更快》,大河网,2018年6月5日。
9. 商务部:《2017年中国国内贸易发展回顾与展望》,2018年6月1日。
10. 郑州市统计局:《新跨越新突破新成就——郑州十二五发展辉煌成就》。
11. 李春霞、周明阳:《世界各大机构近期上调中国经济增长预期——中国对全球经济增长贡献最大》,《经济日报》2017年12月20日。

12. 赵文静：《市政府今年廉政工作要点确定》，《郑州日报》2018年7月16日。
13. 肖林、周国平：《卓越的全球城市》，上海人民出版社2017年版。
14. 蔡书凯、蔡荣：《我国城市全域城市化竞争力评估及发展对策》，《公共管理》2014年第2期。
15. 温田勇：《全域城市化视角下的大连城市空间结构优化措施》，《山西建筑》2015年第9期。
16. 范艳鹏：《郑州市建设国家中心城市的前景及其发展战略研究》，《江苏科技信息》2017年第10期。
17. 鲍宗豪：《国际大都市文化战略规划论》，《中国名城》2008年第1期。
18. 陈恭：《国际文化大都市建设语境下上海文博人才发展战略思考》，《科学发展》2013年第4期。
19. 胡霁荣、张春美：《国际文化大都市语境下上海文化产业转型发展》，《上海文化》2017年第6期。
20. 刘士林、刘永：《上海浦江镇的文化资源与发展框架》，《南通大学学报》（社会科学版）2009年第3期。
21. 林少雄：《上海国际文化大都市的内涵建设》，《上海大学学报》（社会科学版）2008年第5期。
22. 刘新静：《文化大都市建设与非物质文化遗产保护》，《南通大学学报》（社会科学版）2010年第3期。
23. 吕玉洁、葛菁：《国际文化大都市公共图书馆服务体系建设与规划》，《图书馆杂志》2016年第1期。
24. 沈露莹：《上海文化大都市战略与文化产业发展》，《上海经济研究》2008年第9期。
25. 伍江：《国际文化大都市的空间特征与规划策略》，《科学发展》2016年第12期。
26. 杨剑龙：《上海加快推进国际文化大都市建设的机制与动力》，《毛泽东邓小平理论研究》2011年第12期。
27. 阎智力、李小英：《上海体育文化大都市建设研究》，《体育文化导刊》2009 年第 4 期。

28. 张来春：《借鉴国际经验的上海国际文化大都市建设思路》，《南通职业大学学报》2015 年第 10 期。

29. 张佑林、张晞：《西安国际化大都市的战略定位：文化大都市》，《经济论坛》2011 年第 6 期。

30. 吴志强、李德华主编：《城市规划原理》，中国建筑工业出版社 2010 年版。

31. 饶会林主编：《城市文化与文明研究》，高等教育出版社 2005 年版。

32. ［美］理查德·桑内特：《肉体与石头：西方文明中的身体与城市》，世纪出版集团、上海译文出版社 2006 年版。

33. 王旭：《美国城市发展模式：从城市化到大都市区化》，清华大学出版社 2006 年版。

34. 陈立旭：《都市文化与都市精神——中外城市文化比较》，东南大学出版社 2002 年版。

35. 钟纪刚：《巴黎城市建设史》，中国建筑工业出版社 2002 年版。

36. 李翅：《巴塞罗那的城市文化与城市空间发展策略初探》，《国外城市规划》2004 年第 4 期。

37. 胡小武：《品质之城的变味——杭州城市文化品位批判》，《中国名城》2012 年第 4 期。

38. 徐晖：《杭州城市文化人格的魅力及缺憾》，《中共杭州市委党校学报》2000 年第 6 期。

39. 潘盛俊：《论非物质文化遗产的保护与传承——以郑州市为例》，《大舞台》2012 年第 7 期。

40. Burger and Meijers, 2012, "Form Follows Function? Linking Morphological and Functional Polycentricity", *Urban Studies*, 49（5）.